日・英語の発想と論理
認知モードの対照分析

日・英語の
発想と論理

認知モードの対照分析

山梨正明 [著]

開拓社

はしがき

　言葉は，われわれが世界を認識し，世界との相互作用による身体的な経験を動機づけとして発展してきた記号系の一種である。言葉の背後には，身体的な経験に根ざす言語主体の認知能力（より厳密には，この能力に基づく認知プロセス）が，さまざまな形で反映されている。この観点からみるならば，記号の形式，構造に反映される言語主体の認知プロセスとの関連で，言葉の世界を捉え直していく方向がみえてくる。このことは，決して言葉の形式・構造の側面それ自体を軽視することを意味する訳ではない。むしろ，形式，構造に関わる制約は，根源的に，意味・運用に関わる言語主体の認知的制約によって動機づけられている，という視点に立つことを意味する。本書は，以上の認知的アプローチの観点から，日・英語の言葉の形式から意味，運用に関わるさまざまな現象を考察していく。
　認知的アプローチというと，「認知的」という用語だけを特別視して，言葉のメンタルな側面を強調する言語学のアプローチである，というように考えられるかも知れない。また，世界を認識する主体の「身体的経験の動機づけ」を考慮したアプローチというと，人間の生得的な能力の側面よりも経験的な側面を強調する言語学のアプローチであると考えるかも知れない。しかし，このいずれの見方も一面的である。生きた言葉は，その記号系を生みだし運用する言語主体を無視して考えることはできない。言葉の背後には，具体的な生活文脈のなかで生きている主体としての人間が存在する以上，言葉の世界にはメンタルな側面，経験的な側面のいずれも反映されている。また，人間の認知能力には，生得的な側面と経験的な側面の双方が反映されている。認知的アプローチは，言語主体の認知能力を重視すると同時に，世界を認識していく主体の経験的な制約にも注目する。

したがって，このアプローチは，単純に生得主義，経験主義いずれかの見方によって一面的に位置づけられる訳ではない。言語習得のプロセス，言葉の歴史的な変化，言葉の創造的な拡張のプロセスをみていくならば，言語現象の背後には，これらの側面が総合的に反映されていることが明らかになってくる。

　本書では以上の点を考慮しながら，異言語の対照分析の観点から，日・英語の形式・意味・運用に関わるさまざまな言語現象を考察していく。

　第 1 章では，日・英語の対照分析の背景となる言葉と心のプロセスの関係，言語能力と認知能力の関係，個々の言語を特徴づける発想と固有性の問題を考察するとともに，個別言語のスタイル，好まれる言い回し (fashions of speaking)，等の概念の認知言語学的な位置づけを試みる。次章以降では，言葉の発現の基盤となる認知能力の観点から，日・英語に関わるさまざまな言語現象の形式・意味・運用の諸相に関する分析を試みる。第 2 章では，特に母語話者の認知能力の中核となる図・地の反転の認知プロセスとの関連で，日・英語の形式と意味を特徴づける言語現象を分析していく。第 3 章では，記号のグラウンド化に関わる認知能力の観点から，発話文脈とテクスト・談話文脈における日・英語の語用論的機能の諸相を考察していく。第 4 章では，日・英語の言葉の綾 (figure of speech)，思考の綾 (figure of thought) を特徴づける修辞的技巧の対照分析を試みる。第 5 章では，母語話者の認知能力を特徴づける具体的な認知プロセス (e.g. スキャニング，焦点化と焦点シフト，ズーミング，イメージ形成，スキーマ変換，等) との関連で，日・英語の形式・意味・運用に関わる言語現象を分析していく。第 6 章では，日・英語の翻訳のメカニズムの問題を考察する。第 6 章の前半では，日・英語の翻訳に関わる認知プロセス (特に，誤訳・難解訳に反映される認知プロセス) の分析を通して，直訳・意訳に反映される日・英語の発想と論理の問題を考察していく。同章の後半では，さらに認知的観点から，文学言語の直訳的文体，翻訳的文体を特徴づける修辞的技巧の諸相を考察する。第 7 章では，

認知言語学の観点から，これまでの日・英語の比較・対照研究の記述，説明に関する一般的な問題を検討し，今後の言語研究の新たな探求の方向を探っていく。

本書では，日・英語のテクストを構成する言語スタイルとジャンルの多面性にも注意しながら，両言語の対照分析を試みている。分析対象としては，日本語，英語のいずれの場合も，話し言葉だけでなく書き言葉も分析の対象としている。話し言葉を分析の対象とする場合，実際の日常会話における話し言葉と小説，戯曲，等の文学作品における口語的な台詞（e.g. 会話，対話，等の台詞）が考えられる。本書では，これらのいずれも日・英語の対照分析に含んでいる。また，いわゆる書き言葉には，新聞，評論，随筆，小説，戯曲，詩，等の異なるジャンルの書き言葉が存在するが，これらのいずれの書き言葉も考察の対象として分析を進めた。

また，本書では，特に古典的な文学作品からの引用も心がけている。文学作品の引用例に関しては，できるかぎり出典として作者，作品名，出版社，刊行年，引用部分のページ，等を明示している。ただし，本書で引用した国内外の文学作品はかなりの数にのぼるため，本文中での出典の情報は，［作者，作品のタイトル，引用部分のページ］に限定しており，［出版社，刊行年］は，省略している。個々の作品の出版社と刊行年に関しては，さらに巻末の〈引用例出典〉を参照されたい。

とかく言語研究における引用は，「時よ止まれ，お前は美しい！」（ゲーテ，『ファウスト』より）のように，出典の引用部分，著者，作品名は示しても，その作品の出版社，出版年度，引用箇所のページまでは示さない引用が一般的に多い。しかし本書では，引用部分の前後の文脈を読者が自ら具体的に確かめることができるように，出典として，引用部分，作者，作品名だけでなく，引用部分のページを明示している。（これは，これまでに執筆した拙著における出典の基本的な方針でもある。）

国内外を問わず，最近の理論言語学の研究者の用例は，とかく（理論，仮説の検証に役立てばよしとする研究態度により）作例に偏っており，古

典的な文学作品の用例を引用する傾向は薄れてきている。言葉の形式や表面的な意味だけでなく，言葉の創造性／想像性，芸術性を理解し，さらにその背後の歴史・文化的な背景を理解するためには，古典的な文学作品の味読が重要な役割をになう。また，古典的な文学作品の分析を通して，言語学の研究をさらに深めていくことが可能となる。本書の文学作品の引用が，より広い視野に基づく言語研究への入り口になれば幸いである。

　本書の出版にあたっては，開拓社の川田 賢氏に，編集，校正の各段階でいろいろお世話になった。川田氏からは，これまでにも拙著の出版に際し，いろいろ適切なアドバイスをいただくとともに，迅速かつ適切な編集作業をしていただき，出版にこぎつけることができた。今回の拙著の出版の作業が予定以上にスムーズに進んだのも，川田氏のお陰である。この場を借りて，心よりお礼を申し上げたい。

2019 年 10 月吉日
山梨　正明

目　次

はしがき　v

第1章　序　論 ………………………………………………… 1
1.1. 言葉と心のプロセス ……………………………………………… 1
1.2. 言語能力と認知能力 ……………………………………………… 2
1.3. 言葉の発想と認知能力の諸相 …………………………………… 4
1.4. 母語／外国語の固有性と言語感覚 ……………………………… 6
1.5. 分析対象としての言語の多様性 ………………………………… 8

第2章　言葉のゲシュタルト性と反転現象 ………………… 11
2.1. 認知能力と言葉のゲシュタルト性 ……………………………… 11
2.2. 図／地のゲシュタルト的反転 …………………………………… 12
2.3. 図・地の反転と言語現象 ………………………………………… 13
2.4. セッティングと参与者の反転現象 ……………………………… 17
2.5. 視線の双方向性と反転の認知プロセス ………………………… 23
2.6. セッティング／参与者の反転と存在モードの制約 …………… 25
2.7. 視点の転換と図／地の反転の制約 ……………………………… 32
2.8. メタファー表現における図／地の反転 ………………………… 34
2.9. 主観性と異言語の視点構成の相違 ……………………………… 38
2.10. 「統合的」認知と「離散的」認知の反転 ……………………… 40
2.11. 視覚行為における反転現象 ……………………………………… 44
　　2.11.1. 視線移動の知覚表現 ……………………………………… 45
　　2.11.2. 知覚刺激の移動表現 ……………………………………… 48
2.12. 論理的世界—肯定と否定の反転 ………………………………… 52

ix

第 3 章　日・英語における発話の語用論的機能 ･･････････････ 69
  3.1.　記号のグラウンド化と発話の遂行的側面 ･･････････････････ 69
  3.2.　発話と遂行レベルの記号化の違い ･････････････････････････ 72
  3.3.　引用における伝達動詞の背景化 ･･･････････････････････････ 75
  3.4.　談話レベルの省略と背景化 ･･･････････････････････････････ 79
  3.5.　グラウンド化と事態の参与者の背景化 ･････････････････････ 82
  3.6.　省略可能性とプロ・ドロップの有無 ･･･････････････････････ 87
  3.7.　言葉の簡潔性と冗長性 ･･･････････････････････････････････ 89

第 4 章　日・英語――修辞的技巧の対照分析 ････････････････ 95
  4.1.　修辞的技巧と日常言語 ･･･････････････････････････････････ 95
  4.2.　メトニミーの修辞的技巧の違い ･･･････････････････････････ 96
  4.3.　メタファーの修辞的技巧の違い ･･････････････････････････ 107
    4.3.1.　擬音・擬態モードと叙述性 ･････････････････････････ 108
    4.3.2.　擬人的修辞モードと言葉の技巧性 ･･･････････････････ 113
  4.4.　誇張法における修辞効果の違い ･･････････････････････････ 123
    4.4.1.　英語の口語表現と誇張法 ･･･････････････････････････ 124
    4.4.2.　日本語の誇張表現 ･････････････････････････････････ 129

第 5 章　日・英語の発想と認知プロセスの諸相 ･･････････････ 141
  5.1.　認知能力と言葉の発想 ･･････････････････････････････････ 141
  5.2.　スキャニングの認知プロセスと事態認知 ･･････････････････ 142
  5.3.　焦点シフトの認知プロセスと探索表現 ････････････････････ 147
  5.4.　ズーミングの認知プロセスと時空描写 ････････････････････ 150
  5.5.　経路フォーカスと着点フォーカス ････････････････････････ 156
  5.6.　対象世界の認知モードの諸相 ････････････････････････････ 163
    5.6.1.　「統合的」認知モードと「離散的」認知モード ･･･････ 163
    5.6.2.　複数個体と連続体のイメージスキーマ変換 ･･････････ 166
    5.6.3.　境界性と可算・不可算の相対的区分 ･････････････････ 167
  5.7.　デジタル的認知とアナログ的認知 ････････････････････････ 171
  5.8.　ネクサスとジャンクションの認知モード ･･････････････････ 173
  5.9.　ジャンクションの〈収斂性〉と〈拡散性〉 ････････････････ 179
  5.10.〈モノ的〉叙述性と〈コト的〉叙述性 ･････････････････････ 180

- 5.11. 照応現象と主観的認知プロセスの諸相 …………………… 182
  - 5.11.1. 人称と対人的な視点の切り換え ………………………… 182
  - 5.11.2. 日本語の代名詞の特異性 ………………………………… 184
  - 5.11.3. 人称と自・他の視点の反転 ……………………………… 186
  - 5.11.4. 人称代名詞の空間性と方向性 …………………………… 189
  - 5.11.5. コソア系の空間表現の代名詞化 ………………………… 194
  - 5.11.6. 擬人化／擬物化と照応現象 ……………………………… 198

第6章　翻訳のプロセスと日・英語の認知モード ………… 211

- 6.1. 言葉の発想と翻訳のプロセス ………………………………… 211
- 6.2. 翻訳研究の射程 ………………………………………………… 212
- 6.3. 誤訳・難解訳の基本的な問題 ………………………………… 213
- 6.4. テクストの誤訳・難解訳 ……………………………………… 214
  - 6.4.1. 主・従モードの変換 ……………………………………… 215
  - 6.4.2. 自・他モードの変換 ……………………………………… 216
  - 6.4.3. 抽象・具象モードの変換 ………………………………… 220
  - 6.4.4. 省略・補完モードの変換 ………………………………… 221
- 6.5. 日本文学における翻訳的文体の諸相 ………………………… 224
- 6.6. 欧文的・直訳文体と「異化」の修辞的技巧 ………………… 234

第7章　結語と展望 ……………………………………………… 241

- 7.1. 認知能力と母語の発想 ………………………………………… 241
- 7.2. 母語の固有性とクレオール性 ………………………………… 242
- 7.3. 言語スタイルとジャンルの多様性 …………………………… 244
- 7.4. 対照分析における一般化の問題 ……………………………… 245
- 7.5. 比較研究の今後の課題 ………………………………………… 247

引用例出典 ……………………………………………………………… 251

参考文献 ………………………………………………………………… 257

索　　引 ………………………………………………………………… 261

第1章 序　論

1.1. 言葉と心のプロセス

　言葉と心の世界を探求していく場合には，基本的に二つの相補的な方向が考えられる。その一つは，言葉から心の世界を探求していく方向，も一つは逆に心の世界から言葉の世界を探求していく方向である。

　前者のアプローチの背後には，基本的に「言葉は心の鏡である」という言語観が認められる。この言語観は，言葉の形式，意味，機能，等を明らかにしていくことにより，心の世界を理解していくことが可能である，という前提に基づいている。ただし，このような言葉の諸相の分析が，直接的に心の世界を明らかにしてくれる訳ではない。言葉の分析は，心の世界の諸相の一面をあくまで間接的に反映するにとどまる，という点に注意する必要がある。

　もう一つのアプローチ（すなわち，心の世界から言葉の世界を探求していくアプローチ）は，「言葉の世界は，我々の心の世界の表れ（ないしは，現れ）である」という言語観に基づいている。この言語観は，次の『古今和歌集』の仮名序の和歌（やまとうた）の言語観に通じると言える。

やまとうたは，人の心を種として，万の言の葉とぞなれりける。世の中にある人，ことわざ繁きものなれば，心に思ふことを，見るもの聞くものにつけて，言ひ出せるなり。

（『古今和歌集』，仮名序：冒頭）

　本書は認知言語学の視点から言葉の諸相を考察していくが，認知言語学は，言葉の背後に存在する人間の認知能力に基づいて，言葉の形式と意味の諸相を明らかにしていくアプローチをとる。ここで問題にする認知能力を，広い意味での人間の心に関わる能力というように解釈するならば，認知言語学の言語観は，上記の『古今和歌集』の仮名序の言語観に通じると言える。ただし，本書では，人間の〈認知能力〉を，単純に〈人の心〉という一般的な言葉と同一視する訳ではない。

　本書では，言葉の背後に存在する人間の認知能力を次のような意味で理解する。すなわち，この能力は，生物の延長としての人間が，環境との相互作用による身体的な経験に基づいて外部世界を解釈し，意味づけしていく根源的な能力として理解する。さらに具体的に言うならば，この能力は，空間認知，五感，運動感覚，イメージ形成，視点の投影，視点の転換，カテゴリー化，参照点能力，等に関わる人間の一般的な能力の一種として理解する。

1.2. 言語能力と認知能力

　これまでの伝統的な文法研究や言語学の研究には，言葉の背後には，記号の形式と意味に関わる自律的な言語能力（ないしは文法能力）が存在し，この内在的な能力が言葉の形式と意味の諸相を特徴づけている，という言語観が存在する。本書では，このような言語能力の自律性を前提とする立場はとらない。本書では，いわゆる言語能力は，自律的に存在する能力ではなく，根源的に人間の身体的な経験に起因する一般的な認知能力から発

現する能力の一種として相対的に位置づける．換言するならば，これまでの伝統的な文法研究や言語学の研究が自律的に存在するとしてきた言語能力（ないしは文法能力）は，生物の延長としての人間の身体性を反映する一般的な認知能力の発現の一形態として位置づけられる．

本書のこの言語観は，言語現象の発現の基盤となる能力は，空間認知，五感，運動感覚，イメージ形成，視点の投影，視点の転換，カテゴリー化，参照点能力，等に関わる人間の一般的な認知能力から独立した自律的な能力としては規定できない，という視点に立脚している．この視点は，身体性に関わる前-表象的，前-記号的な生きた経験の場から，言語現象の発現と記号化のプロセスを根源的に問い直していく立場を意味する．

以上の認知能力に言語分析の基盤をおく言語学のアプローチは，日常言語だけでなく，文学言語，詩的言語，芸術言語，等に関わる言葉の創造性の根源を，人間の一般的な認知能力から包括的に捉え直していくアプローチをとる．またこのアプローチは，狭い意味での言語的な記号系を前提とする現象（すなわち，ヴァーバルな記号現象）だけを分析の対象とするのではなく，身振り，手振り，手話，等のノン・ヴァーバルな記号系のメカニズムをより包括的に捉え直していくアプローチを可能とする．記号の世界を広く解釈した場合，ヴァーバルな伝達の手段である話し言葉や書き言葉だけが記号系である訳ではない．身振り，手振り，手話，等のノン・ヴァーバルな伝達の手段も，形式と意味の関係からなる記号系の一種である．

人間の一般的な認知能力に現象の記述・説明の基盤をおく本書の認知的アプローチは，身体性に関わる前-表象的，前-記号的な生きた経験の場から，ヴァーバルな記号現象だけでなく，ノン・ヴァーバルが記号現象の発現と記号化のプロセスも根源的に問い直していく立場をとる．この点で，本書のアプローチは，言語的な記号系と非-言語的な記号系に対するより包括的な研究を可能とする．

1.3. 言葉の発想と認知能力の諸相

　本書では，対照言語学的な視点から，日・英語を中心とする日常言語の形式と意味の諸相を考察していく。複数の言語を比較していく場合，基本的に各言語を個別に特徴づけている母語話者のいわゆる「発想」の違いが問題にされる。例えば，英語と日本語の違いを問題にする場合には，「英語的な発想」と「日本語的な発想」の違いが問題にされる。これまでの伝統的な日英語の対照研究では，個々の言語の違いは，母語話者のいわゆる「発想」の違いに起因するとされている。しかし，従来の研究では，この「発想」という用語の実質的な意味が明示的には定義されないまま，比較される言語の違いが主観的に考察される傾向にある。

　また，これまでの言語比較の研究でよく使われる注目すべき用語として，Whorf（1956）の"fashions of speaking"（好まれる言い回し）という用語が挙げられる。この用語は，母語を特徴づけるその言語に独特の表現の仕方ないしは言い回しに関係している。Whorfは，この用語を，次のように説明している。

> … the ways of analyzing and reporting experience which have become fixed in the language as integrated "fashions of speaking" and which cut across the typical grammatical classifications, so that such a "fashion" may include lexical, morphological, syntactic, and otherwise systemically diverse means coordinated in a certain frame of consistency.　　　　　　　　（Whorf 1956: 158）

この定義における"fashions of speaking"は，基本的に，母語話者が経験を分析し伝えようとする際の方法（"the ways of analyzing and reporting experience"）であり，この方法が個々の言語に慣習的に固定されていることになる。しかし，この用語も，上述の個々の言語を特徴づける「発想」という用語と同様，多分に主観的な定義の域を出ているとは言えない。

本書では，異なる言語を特徴づける「発想」ないしは"fashions of speaking"という用語によって異なる言語の諸相を考察していく代わりに，外部世界の主観的な解釈と意味づけを可能とする母語話者の「認知能力」の観点から，言葉の形式と意味の諸相を考察していく。

ただし本書の考察では，異なる言語を特徴づける要因を，単に個々の母語話者の「認知能力」の違いとするのではない。本書では，母語話者の外部世界の解釈と意味づけに関わる「認知能力」を構成する要因を，以下のような具体的な認知プロセスに起因する能力として位置づけ，この種の認知プロセスとの関連で，異なる言語の形式と意味の諸相を考察していく。

　　図-地の分化　図-地の反転，前景化／背景化　焦点シフト
　　スキャニング，イメージ形成，スキーマ化，メタファー変換
　　メトニミー変換，等の認知プロセス

この種の認知プロセスに起因する認知能力が，どの程度，普遍的でどの程度，個々の言語の話者によって異なるかは経験的な問題である。しかし，上に指摘した認知プロセスの基本的な部分は，異言語の話者に共通する認知能力の一面と考えられる。どの言語の母語話者も，基本的に，図-地の分化／反転，前景化／背景化　焦点シフト，スキャニング，等の認知プロセスを介して事態を把握し，この種の認知のモードを反映する形で問題の事態の諸相を言語化していく。したがって，個々の言語の形式と構造には，母語話者の事態把握に関わる様々な認知プロセスが反映されている。

ここで特に興味深い点は，異言語の話者の事態把握に関わる認知モードの違いにある。同じ事態を把握する場合でも，異なる言語の話者の投げかける認知的な視点は必ずしも同じではない。ある言語の話者が焦点を当てる領域（i.e. 図として前景化する領域）を，他の言語の話者は地として背景化する場合がある。また，ある言語の話者は，問題の事態を距離をおいて客観的に把握するのに対し，ある言語の話者は，事態の中に自己を投入して主観的に把握していく場合も考えられる。さらに，同じ事態を把握す

る場合でも，その事態の側面をどのようなイメージによって具体的に解釈し意味づけしていくかは，異言語の話者によって厳密には異なる。

　異なる言語の話者の事態把握に関わるこの種の認知モードの違いは，個々の言語の形式と構造の違いに反映されている。換言するならば，異言語の話者による事態把握の能力を特徴づける様々な認知プロセスの違いが，個々の言語の形式と構造の違いに反映されている。本書では，具体的な言語事例の綿密な分析を通して特に異言語の発想の諸相を考察していくが，個別言語を特徴づける発想の内実を，以上に指摘した母語話者の様々な認知プロセスの諸相（ないしは認知モードの諸相）との関連で考察していく。

1.4. 母語／外国語の固有性と言語感覚

　本書では，特に日本語と英語の対照分析を通して，両言語の発想の諸相を考察していくが，ここで考察の対象となる日本語と英語の位置づけに関し注意すべき点をいくつか指摘したい。その一つは，考察の対象となる各言語の固有性の問題である。まず日本語を考察する場合，純粋な日本語が存在するかどうかが問題になる。日本語が，過去から現在に至るまで歴史的に外国語からの影響を一切受けず，いわゆる大和言葉だけから成立しているならば，純粋な日本語が現在でも存在すると言える。しかし現実には，そのような意味での日本語は明らかに存在していない。過去における日本と中国，西洋との交流の歴史から明らかなように，現在の日本語には，語彙の借入，翻訳，等を介して，漢語の特性や西洋語の特性が，語彙レベル，文法レベル，文体レベルに何らかの形で影響を与えている。

　歴史的にみた場合，現在の日本語は，語彙的には漢語や西洋語からの外来語の一部を組み込み，文法的には，漢語や西洋語の翻訳調の文体の特性の一部を取り込むことによって成立している。

　基本的に大和言葉には，抽象的な概念を表現する語彙は少ないが，漢語

の導入により，抽象的な概念を漢語で表現することが可能になっている。例えば，現代日本語の語彙の一部を構成する漢語表現の「自由」,「自然」,「思想」,「科学」,「契約」,「権利」,等は，中国語から輸入した漢字の組み合わせによって作られた抽象名詞であり，現代日本語の語彙体系のかなりの部分を構成している。この種の語彙は，漢文を特徴づける中国語の抽象概念の理解に役立つだけでなく，西洋語の抽象的な概念を日本語に翻訳するためにも重要な役割をになっている。

現代日本語は，以上の語彙レベルだけでなく，文法レベル（ないしは文体レベル）においても影響を受けている。日本語の構文は，基本的には自動性によって特徴づけられる述語文が基本であるが，西洋語の翻訳調の文体の影響により，無生物主語の他動詞構文の一部も慣用化されて使われている。この種の翻訳調の西洋的な文体は，歴史的には言文一致を試みた明治以降の日本語の文体の変革の時期から始まっている。このタイプの構文は，当初は不自然な構文としての印象は免れなかったと言えるが，現代日本語の構文としては，この種の構文の一部はかなり慣用化され，定着している。

日本語のいわゆる「日本語らしさ」を論じる場合には，現在でも無生物主語に代表される他動詞構文の使用に関しては賛否の意見が分かれる。和文的，伝統的な日本語を重視する場合には，この種の構文は依然として翻訳調の不自然な表現と判断されるかも知れない。しかし，現代日本語の使用者の言語感覚からみた場合には，この種の表現の一部は，翻訳調的な印象（ないしは翻訳臭）を感じない慣用的な表現として使用されている。この点は，日本語の翻訳調の文体に関する三島由紀夫の次の言明からも明らかである。

> われわれはみずから翻訳的な文章を日本語で書くようになりました。戦前には，『あいつの文章は翻訳調である』ということは悪口と思われていました。しかし戦後には，もはやそうではありませ

> ん。なぜならば翻訳調の文章がいまでは主流になって，日本的な文章はむしろまれになってきたからであります (三島 1978: 40)。
>
> 現在では翻訳調の文章は，人の感覚に抵抗を与える効果というものは，すべて失ってしまったのであります。われわれは翻訳文の氾濫によって，もはやどんな不思議な日本語もさほど不思議と思わなくなるに至りました (ibid.: 41)。

翻訳調の表現に関するこの三島の意見には誇張がみられる。しかし，この三島の指摘は，現代日本語における翻訳調の表現に関する言語感覚の変容の一面を明らかにしている。

ここまでは，構文の翻訳的な文体に関する言語感覚に注目したが，西洋語の主語，目的語の文法カテゴリーや代名詞，等の翻訳の影響も，現代日本語においては決して無視できない。日本語は，主語，目的語を明示しない述語文が基本的である。しかし，特に明治以降の翻訳に際し，文法的に明示されている西洋語の主語，目的語も翻訳文に反映する表現が，次第に日本語の構文の一部として慣用的に組み込まれ，現代日本語の文法と文体に影響を与えてきている。伝統的な日本語には，西洋語に対応する主語は認められないが，以上のような翻訳調の構文の慣用化の過程で，（擬似的な）「主語-述語」構文が現代日本語の構文の一部として慣用化されている。また日本語には，基本的に西洋語の代名詞のカテゴリーは認められないが，翻訳的な構文には（擬似的な）代名詞が慣用的に使われる事例も広範に認められる。

1.5. 分析対象としての言語の多様性

本書では，特に日本語と英語の対照分析を通して，日常言語に反映される認知プロセスの諸相を考察していく。以下では本書の考察に際し，さらに本研究が特に分析の対象とする日本語と英語のスタイルの多面性に注意

したい。

　基本的に言語のスタイルを問題にする場合には，次の点を考慮する必要がある。その一つは，問題の分析対象としての言語の話し言葉／書き言葉の違いである。本書では，話し言葉も書き言葉も分析の対象としている。前者の話し言葉を問題にする場合，実際の日常会話における話し言葉と小説，戯曲，等の文学作品における口語的な台詞（e.g. 会話，対話，等の台詞）が考えられるが，本書では，これらのいずれも分析の対象に含まれる。また，いわゆる書き言葉には，新聞，評論，随筆，小説，戯曲，詩，等の異なるジャンルの書き言葉が存在するが，本書では，これらのいずれの書き言葉も考察の対象とする。

　分析の対象となる言語のスタイルの問題としては，さらに前節で考察した母語のスタイルと翻訳調のスタイルの問題が考えられる。この点に関しては，本書では，理想化された話し手／聞き手（ないしは理想化された書き手／読み手）の純粋な母語のスタイルという視点はとらない。前節の考察から明らかなように，日本語，英語も含め実際の言語は，（歴史的に閉ざされた世界で使用されてきた言語を除き）何らかの形で外国語の影響を受けている。例えば，日本語の場合には，音韻・形態レベル，語彙レベル，文体レベル，等において，漢語や西洋語の影響を受け，英語の場合には，ギリシャ語，ラテン語，等の影響を受けている。したがって，本書で日本語，英語のいわゆる母語らしさを考察していく際には，外国語の影響から自由な純粋に日本語的（ないしは純粋に英語的）な言語現象の分析が可能である，という立場はとらない。本書では，むしろ両言語とも，厳密にはその言語使用の一部に外来的な言葉の特徴を反映する要因も含まれており，そこに各言語の独自性と多様性が反映されている，という立場をとる。

　本書では，以上の言語観を背景にして，日・英語の発想，スタイル，等の違いや固有性を，特に認知言語学的な視点から考察していく。ここで注目する認知言語学的な視点は，次のような言葉と認知の関係を前提とす

る。すなわち，言葉の形式のあらゆる側面には，その言語を使用する母語話者の認知的意味が何らかの形で反映されている，という視点を前提とする。また，ここで問題とする言葉の「形式」は，（話し言葉，書き言葉に関わる）音韻・形態レベル，語彙レベル，文レベル，談話・テクストレベルのいずれのレベルにも関係する。

　従来の一般的な言語観（特に，形式文法のアプローチに基づく言語観）は，言葉の形式的な側面の一部は恣意的であり，この種の言語形式には主体の認識を反映する認知的意味は存在しないことを前提としている。これに対し，本書の認知言語学のアプローチは，言葉の形式のあらゆる側面（すなわち，当該言語の音韻・形態，語順，文体，等のあらゆる形式的な側面）には，母語話者の認識に関わる認知的意味が反映されている，という立場に立っている。また，ここで注目する認知的意味は，具体的には，母語話者の外部世界の解釈と意味づけに関わる認知プロセス（e.g. 図-地の分化，図-地の反転，焦点シフト，スキャニング，イメージ形成，メタファー変換，メトニミー変換，等の認知プロセス）に関わる意味に関係している。本書では，以上の認知言語学的な視点から，日英語を中心とする日常言語の発想，スタイル，等の独自性と個々の言語に反映される思考パターンと認知のメカニズムの諸相を考察していく。

第 2 章　言葉のゲシュタルト性と反転現象

2.1. 認知能力と言葉のゲシュタルト性

　言葉は，一見したところ，われわれの心の世界を特徴づける認知能力や行為，行動を可能とする運用能力からは独立した，自律的な記号の世界として存在しているようにみえる。しかし，言葉の世界には，外部世界を主観的に解釈し，意味づけしていく人間の認知プロセスがさまざまな形で反映されている。外部世界の同じ状況を理解していく場合にも，その状況に対する主体の視点の投げかけ方，焦点の置き方，スタンスのとり方，等の違いによって，様々な言語表現が可能になる。別の観点からみるならば，日常言語を特徴づける多様な言語表現のなかに，言語主体の視点の投げかけ方，焦点の置き方，スタンスのとり方，等に関わる認知プロセスが反映されている。

　この種の認知プロセスのなかでも，ゲシュタルト知覚に関わる認知プロセスは，日常言語の形式と意味の関係を明らかにしていく際に重要な役割をになう。ゲシュタルト知覚の認知プロセスは，日常言語の形式と意味のさまざまな側面に反映されている。この種の認知プロセスのなかでは，特に図／地の反転に関わる認知プロセスが注目される。本章では，この図／

地の反転に関わるゲシュタルト知覚の認知プロセスが、日常言語の形式と意味の世界にどのように関わっているかを考察していく。特に本章では、この種の認知プロセスのうち、セッティングと参与者の反転、分散認知と統合認知の反転、視覚行為（ないしは知覚行為）の反転、主観的な視点構成の反転、等の認知プロセスが、日常言語の形式と意味にどのように反映されているかを、日英語の統語現象と意味現象の比較を通して明らかにしていく。

2.2. 図／地のゲシュタルト的反転

われわれがある対象を認知する場合には、その対象のもっとも際立った部分に焦点をあてながら認知していく。この場合、一般にこの際立っている部分ないしは焦点化されている部分は「図」(figure)、その背景になっている部分は「地」(ground) とみなされる。（別の見方からすれば、前景となっている部分が図、背景となっている部分が地ということになる。）[1]

同じ対象を知覚する場合にも、実際にその対象のどの部分を図として前景化して知覚し、どの部分を地として背景化して知覚するかにより、同じ対象の理解に多義性が生じる。この多義性が生じる原因は、図と地の反転 (figure-ground reversal) に起因する。

この点は、次の図1、図2から明らかになる。

図1　　　　　図2

例えば図1の場合，黒い部分を地として背景化し白い部分を図として焦点化した場合には，人の顔が見える。これに対し，逆に白い部分を地として背景化し，黒い部分を図として焦点化した場合には，楽器を吹いている人物が浮き上がって見える。

図2の場合にも，基本的に図と地の反転が可能である。例えば，この図を風を作り出すファン（i.e. 送風機）として見た場合，白い領域を図として焦点化した場合には，この部分がファンの羽根として知覚され，黒の領域は地として背景になる。また逆に，黒い領域を図として焦点化した場合には，この領域がファンの羽根として知覚され，白の領域は地として背景になる。

このように客観的な外部世界の対象としては同じ図形であっても，そのどの部分を前景とするか背景とするかによって図と地の解釈が交互に変わる図形は，一般に反転図形（ないしは多義図形）と呼ばれる。

2.3. 図・地の反転と言語現象

図／地の反転のプロセスは，われわれの知覚を律する認知プロセスであるが，この種の認知プロセスは，形式と意味の関係からなる日常言語の記号系のさまざまな側面に反映されている。

この図・地の反転の認知プロセスを反映する言語現象の典型例としては，次のような構文の対が挙げられる。

(1) a. Half of the apple is rotten.
　　b. Half of the apple is not rotten.
(2) a. They left the project half done.
　　b. They left the project half undone.

(1)の場合，リンゴの半分は腐っているが，半分はまだ腐っていない状態にある。したがって，この状況では，(1a)，(1b)のいずれの表現も真で

あり，両者はこの点でパラフレーズの関係にある。しかし，認知的な観点からみた場合，問題のリンゴの半分が腐っている状態に焦点が当てられているか，腐っていない状態に焦点が当てられているかに関して両者は異なる。換言するなら，(1) の対の文は，認知的にみてこれらのどちらの側面を図にし，どちらの側面を地にするかの視点に関して異なる。基本的に同様の点は，(2) の構文の対に関してもあてはまる。

この種の図と地の反転の関係は，図3に示される（山梨 2000: 71, 2009: 73）。

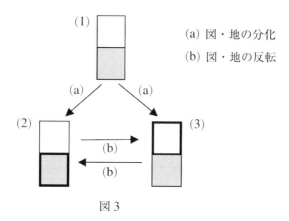

図3

図1の (1) は，図・地の分化が起こる前の対象世界の状況を示す。この状況に対し，網かけの部分が焦点化され図として認知され，白抜きの部分が地として認知された状況は (2) に示される。これに対し，図・地の関係が反転した状況（すなわち，白抜きの部分が焦点化されて図として認知され，網かけの部分が地として認知された状況）は (3) に示される。上の (1)，(2) の対の構文は，図3に示される図・地の分化と図・地の反転によって相対的に関係づけられている。

次の (3) の例には，時間に関わる人間の主観的な解釈に図と地の反転が反映されている。

(3) a. Time goes, you say? Ah no!
　　　　 Alas, Time stays, we go.
　　b. ああ，時は過ぎゆく，と君は言うがね，ちがうよ！
　　　　時はとどまって，ああ，ぼくたちが過ぎてゆくのだ。

（鹿島祥造『英語名言集』: p. 44）

　(3) の時間の解釈には，基本的に二つのメタファーが関わっている。その一つは，時間が空間の中を移動していく存在として把握されるメタファーである。このメタファーでは，例えば「〈去(さ)る〉2010年の5月17日」，「〈来(きた)る〉2020年の8月8日」の例にみられるように，過去が未来よりも先に〈去り〉，未来が過去を追いかけて〈来る〉存在として理解される。(3) の場合には，(3a) と (3b) の文の前半の表現 ("Time goes, …"／「時は過ぎゆく，…」) が，このタイプのメタファーの典型例になっている。

　これに対し，もう一つのメタファーは，時間が人間が移動する背景とみなされ，この背景としての空間の中を人間が過去から未来に向かって移動して行く存在として把握されるメタファーである。この種のメタファーは，例えば，「さあ，過去は振り返らないで，未来に向かって進んで行こう！」のような表現にみられる。上の (3) の例では，(3a) と (3b) の文の後半の表現 ("Time stays, we go …"／「時はとどまって，…ぼくたちが過ぎてゆくのだ」) が，このタイプのメタファーの典型例になっている。

　図と地の反転の観点からみた場合，以上の二つのメタファーは，時間と人間のどちらを移動する存在として焦点化するか（すなわち，図として認知するか）に関して異なる。前者のメタファーの場合には，時間が移動していく存在として焦点化され，人間はこの時間の移動の観察者として背景化されている。これに対し，後者のメタファーの場合には，逆に人間が移動する存在として焦点化され，時間は，人間が移動する空間的な背景とみなされている。この点で，ここで問題にしている二つのメタファーは，図

と地の反転の観点からみて相補的な関係にあると言える。(この種のメタファー表現における図と地の反転の問題は，さらに2.7節で考察する。)

　図と地の反転の認知プロセスは，日常言語の形式と意味の世界に，想像以上に広範に関わっている。本節では，基本的にパラフレーズの関係にある構文の対が，図と地の反転の観点からみて相補的な関係にある構文の例 (e.g. 上の (1), (2) の構文の対) と時間表現のメタファーの例 ((3) の日英語の例) を考察した。この種の例は，図と地の反転の認知プロセスが関わる言語現象のほんの一面に過ぎない。以下では，語彙レベル，句レベル，文レベル，等の多様な言語現象に，この種の認知プロセスがどのように関わっているかを具体的に考察していく。

N.B. (i) の例には，連体修飾の表現が，人称代名詞の「私」，「あなた」を修飾する日本語に特有の文が使われている。

(i) a. いくつかのウェブメディアで連載を持っている私だが，いちばん力を入れているのは SNN のツイッターにコメントをくれた人たちとのやり取りだ。」
（香山リカ「批判との対話 希望の芽」，朝日新聞（朝刊），2018.8.21）
b. 責任感の強い，そして正義感も強いあなたなんですね。… あなたのふるまいは一貫しています。
（上野千鶴子「悩みの」るつぼ），朝日新聞（朝刊），2018.8.25）

(i) の例で，連体修飾が関わる文は (ii) に示されるが，これらの文は，それぞれ (iiia, b) の文とパラフレーズの関係にある。

(ii) a. いくつかのウェブメディアで連載を持っている [私] だが …。
b. 責任感の強い，そして正義感も強い [あなた] なんですね。
(iii) a. [私] は，いくつかのウェブメディアで連載を持っているが …
b. [あなた] は，責任感が強く，そして正義感も強いんですね。

　(ii) と (iii) の文のパラフレーズの関係は，本節で問題にしている図／地の反転のプロセスからみても興味深い。(ii) の文の場合には，被修飾部の位置にきている人称代名詞の「私」，「あなた」に（新情報として）焦点が当て

られている。これに対し，(iii) の文の場合には，これらの人称代名詞は，(既知情報として) 主語の位置に話題化されている。以上の新情報／既知情報の観点からみた場合，(ii) と (iii) の文のパラフレーズは，図／地の反転の関係にあると言える。

(ii) と (iii) の構文はパラフレーズの関係にあるが，これらの二つのタイプの構文のうち，(ii) のタイプの構文は日本語に特有の構文であり，英語にはこの種の構文はみられない。

2.4. セッティングと参与者の反転現象

図と地の反転は，セッティング (setting) と参与者 (participant) によって構成される世界の認知プロセスに反映される。一般にある世界を把握する場合，運動や行為に関わる存在 (すなわち，参与者) は図として前景化され，この存在の運動や行為のなされる静的な場所 (すなわち，セッティング) は，地として背景化されて把握される傾向がある。しかし状況によっては，この図と地の関係が逆転する場合も考えられる。

この図と地の反転の関連でみた場合，次の (1), (2) の日本語の対の表現は興味深い。

(1) a. 通行人が，店から出てくる犯人を目撃した。
　　b. 通行人が，犯人が店から出てくるところを目撃した。
(2) a. 子供は，川面に浮かんできた水草をすくい上げた。
　　b. 子供は，水草が川面に浮かんできたところをすくい上げた。

(1a)（ないしは (2a)）の場合には，目撃する対象（ないしは，すくい上げる対象）は，犯人（ないしは水草）である。これに対し，(1b)（ないしは (2b)）の場合は，犯人が店から出てくる状況（ないしは，水草が浮かんできた状況）が目撃の対象（ないし，すくい上げる対象）として理解される。

以上の (1), (2) の対の認知的な意味の違いは，図4の (a), (b) の違い

として規定される。(図4の (a), (b) の太線のサークルと四角は，その部分が図として前景化していることを示す。また，細線のサークルと四角は，その部分が地として背景化していることを示す。)

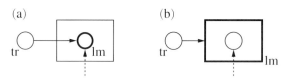

図4 (山梨 2004: 147)

　図4の (a) は，(1a)(ないしは (2a)) のタイプの文の基本的な認知図式，(b) は，(1b)(ないしは (2b)) のタイプの文の基本的な認知図式を示している。これらの図式の左のサークルは，問題の犯人を目撃する主体(ないしは，水草をすくい上げる主体)の通行人(ないしは，子供)，右のサークルは犯人(ないしは水草)，左のサークルから右に延びる実線の矢印は，目撃する行為(ないしは，すくい上けげる行為)に関わる力，下から上に延びる破線の矢印は，犯人の移動(ないしは，水草の移動)を示すものとする。また，この後者のサークルを囲む四角は，犯人が店から出てくる状況(ないしは，水草が浮かんできた状況)を示すものとする。なお，(a), (b) の図の tr と lm は，それぞれ (1), (2) の文の主語と目的語をマークするトラジェクター (trajector) とランドマーク (landmark) に対応している。(トラジェクターとランドマークの基本概念に関しては，Langacker (1987: 231-236, 1990: 9-10)，山梨 (2000) の第1章 (1.4.4節)，第4章 (4.2節) を参照。)

　　N.B. 文の構成要素の相対的な際立ちの観点からみた場合，主語，直接目的語，間接目的語は，図 (i) に示される焦点連鎖を形成している (Langacker 1987: 231-236, 1990:9-10, 山梨 2004: 20)。

⟨1次的焦点⟩		⟨2次的焦点⟩		⟨3次的焦点⟩	…
NP_S	>	NP_{DO}	>	NP_{IO}	
(tr)		(lm_1)		(lm_2)	…

図 (i)

この場合，主語（S = Subject）は，1次的な焦点として認知される対象に対応する。この1次的な焦点としての際立ちを持つ対象は，トラジェクター（tr = trajector）として規定される。これに対し，直接目的語（DO = Direct Object）は，2次的な焦点としての際立ちを持つランドマーク（lm_1 = landmark₁），間接目的語（IO = Indirect Object）は，3次的な焦点としての際だちを持つランドマーク（lm_2 = landmark₂）として規定される。

文の構成要素の相対的な際立ちの観点からみた場合，主語，直接目的語，間接目的語は，一連の焦点連鎖を形成している。この焦点連鎖の関係は，図 (ii) に示される。

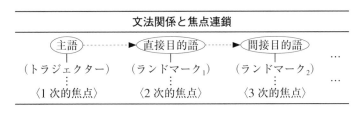

図 (ii)

以下の考察では，図 (i) と図 (ii) の焦点連鎖とトラジェクター (tr)，ランドマーク (lm) に基づく認知図式によって，言語表現の文法関係を認知的に規定していく。

図4の場合，四角で囲まれた領域は，探索領域としてのサーチドメイン（search domain），四角のなかのサークルは，その探索の対象とみなすこともできる。

日・英語の比較の観点からみた場合，日本語では，上にみた (1), (2) の a, b の対のいずれの表現も可能であるが，英語では，b のタイプの表現は不可能である。

(3) a. A passer saw a criminal who came out of the store.
    b. *A passer saw {where / the place in which} a criminal came out of the store.
(4) a. A child picked up a water-weed which floated to the surface of the river.
    b. *A child picked up {where / the place in which} a water-weed floated to the surface of the river.

　(3), (4) の例は, 英語の場合には, 探索の対象は動詞の目的語になるが, 探索領域としてのサーチドメインは動詞の目的語にならないことを示している。これに対し, 日本語の場合には, 探索領域もその探索の対象も動詞の目的語になることが可能である。

　探索領域とその対象の双方を目的語にとる日本語の文を比べた場合, 探索領域を目的語にとる文は, 一見したところ非論理的な表現のようにみえる。(例えば, 上の (2a), (2b) の文を比べた場合,「水草が浮かんできたところ」という探索領域 (ないしはセッティング) を「すくい上げる」という動詞の目的語にとる (2b) の文は, 非論理的な表現のようにみえる。) 常識的な見方からするならば, 一般に行為の対象は, 物理的なモノであり, セッティングとしての状況それ自体 (すなわち, 探索領域それ自体) は行為の対象ではない。したがって, この理屈からするならば, 上の (2b) のタイプの文は不自然な表現のように考えられる。

　しかし, 日常生活における主観的な事態認知の観点からみた場合, その世界に対する焦点のおき方 (ないしは視点の投影の仕方) によって, 同じ世界が異なった事態として解釈される。この認知的な視点からみるならば, 上の (1) と (2) の例のうち, a のタイプは, 探索対象としてのセッティングにおける参与者に焦点をおいた〈モノ的認知〉を反映する表現, b のタイプは, 探索領域 (すなわち, セッティング) に焦点をおいた〈状況的認知〉を反映する表現として, いずれも自然な文として理解すること

第 2 章 言葉のゲシュタルト性と反転現象

ができる。

　以上の〈モノ的認知〉と〈状況的認知〉の違いを典型的に反映する例としては，(5) の対の文が考えられる。

　(5) a. 彼は，マンションから出てきた女優を写真に撮った。
　　　 b. 彼は，女優がマンションから出てきたところを写真に撮った。

(5a) の文では，写真に撮られたのは女優という存在である。この点で，(5a) の文は，〈モノ的認知〉を反映する文である。(ここで〈モノ的認知〉と言う場合の〈モノ〉は，無生物だけでなく，広い意味で有性の存在も含む。) (5a) の文と対照的に，(5b) の文では，写真に撮られたのは，女優がマンションから出てきた状況である。この点で，(5b) の文は，〈状況的認知〉を反映する文である。

N.B. 上の例をみる限り，英語では，探索領域としてのサーチドメインは動詞の目的語にならない。しかし，英語の場合にも，前置詞の目的語の位置に，探索領域としてのサーチドメインがくる例が存在する。

　(i) a. A cockroach appeared from under the table.
　　　b. A kitten came from {behind/beneath} the bed.
　　　c. The bartender appeared from behind the counter.
　　　d. A gurgle of water issued forth from beneath the ground.
　(ii) He is going to come on a bike from behind.

(ia-d) の例の場合，前置詞の from は，その目的語として，前置詞句 (under the table, {behind/beneath} the bed, behind the counter, beneath the ground) をとっているが，これらの前置詞句は，探索領域としてのサーチドメインを意味する。(ii) の例の前置詞の from の目的語の位置には，前置詞句ではなく，もう一つ別の前置詞の behind がきているが，この場合，behind と共にサーチドメインを起動する具体的な名詞が背景化されている。

　英語の場合には，さらに，探索領域としてのサーチドメインを意味する前置詞句は，(iii) に示されるように，主語の位置にくることも可能である。ただし，(iii) のように前置詞句が主語の位置にきた場合には，容認性にゆ

れがみられる。((iii) の例の文頭の (%) は，この容認性に関するゆれを示す。)

(iii) a. (%)Under the table is dusty.
b. (%)From Chicago to LA is a long distance.

以上の英語の例に対応する日本語としては，以下の例が考えられる。

(iv) a. ゴキブリがテーブルの下から出て来た。
b. 子猫がカウンターの奥から現れた。
(v) 彼が，後方からバイクに乗ってやって来る。
(vi) a. ベッドの下が埃っぽい。
b. シカゴからロスへの道のりは長い。

一見したところ，この種の日本語の例も，サーチドメインに関係する例のようにみえる。しかし，日本語の場合には，「下」，「奥」，「後方」，「道のり」のような表現から明らかなように，英語のサーチドメインに対応する部分には，その場所ないしは空間を指示する名詞がきている。日・英語の空間認知は，この点で基本的に異なる。

これまでの言語研究では，一般に主語，目的語として機能する基本的な文法カテゴリーは，名詞のカテゴリーである，という前提のもとにシンタクス（ないしは文法）の研究が進められている。したがって基本的に，主語，目的語の位置には，前置詞句のような文法カテゴリーがくることは統語的に許されない。もし，この種のカテゴリーが主語や目的語の位置にくる場合には，非文となる。

この点で，上の N.B. で指摘した (i) や (iii) の英語に関する事例（すなわち，サーチドメインに関わる前置詞句（ないしは，(ii) のように，目的語が背景化されている前置詞）が主語や目的語の位置にくる事例）は，日常言語に関する従来の統語論や形式文法の決定的な反例になる。しかし，認知言語学の文法論は，主語，目的語の位置にくるカテゴリーに関し，この種の文法カテゴリーに関する先験的な制約は前提にしていない。

この点で，(i)–(iii) の英語に関する事例は反例にはならない。

2.5. 視線の双方向性と反転の認知プロセス

われわれの外部世界の知覚には，様々な視線が関わっている。広い意味での知覚の中には，視覚，聴覚，味覚，嗅覚，触覚といった五感に関する感覚が含まれるが，この種の知覚のうち，特に視線が関わる感覚は視覚である。もちろん，「視線が関わる感覚は視覚である」という言い方は，「視線」の「視」という語が既に視知覚を前提としている点で，同語反復（ないしはトートロジー）である。しかしここで注目したいのは，視覚の場合には，知覚対象に対し，眼を柔軟に動かして問題の対象世界を知覚していく点である。知覚対象に対し，眼を柔軟に動かして対象を知覚するということは，知覚対象に向けて視線を柔軟に移動していくことを意味する。この視線の移動は，日常生活の知覚経験において常に意識される訳ではない。しかし，この種の視線の移動は，例えば，絵を知覚していく経験を通して確かめることができる。

図5の，エッシャーのトリックアートの絵（「昼と夜」）を見てみよう。この絵を知覚していく場合，視線を右方向ないしは左方向に動かして，この絵から喚起される視覚イメージを動的に把握していく。

図5

この絵の場合，右方に視線を向けた場合には，鳥が右方向に向かって飛翔している絵に見える。しかし，逆に，この図の左の方向に視線を向けた場合には，鳥が左方向に向かって飛翔している絵に見える。このエッシャーの絵の狙いは，双方向への視線の反転を引き起こすことにより，多義的なイメージの世界に鑑賞者を誘っていく点にある。

　この双方向への視線の反転の認知プロセスは，日常言語の言語表現にも反映されている。次の (1)-(3) の英語の対の文をみてみよう。

(1) a.　The hill gently rises from the bank of the river.
　　b.　The hill gently falls to the bank of the river.
　　　　　　　　　　　　　　　　　　　　(Langacker 2008: 82)
(2) a.　The new highway {goes/runs} from the valley floor to the senator's mountain lodge.　　(Langacker 1990: 327)
　　b.　The new highway {goes/runs} from the senator's mountain lodge to the valley floor.
(3) a.　(%)From Chicago to LA is a long distance.
　　b.　(%)From LA to Chicago is a long distance.

これらの各対の文は，真理条件的にはパラフレーズの関係にある。例えば，(1) の対の文は，どちらも同じ事態を描写している。しかし，認知的な観点からみた場合には，認知モードとしての意味は異なる。(1a) の文では，この事態を描写する主体の視線は，川の土手から丘に向かって移動している。これに対し，(1b) の文では，逆に主体の視線は，丘の上から川の土手に向かって移動している。換言するならば，(1a) と (1b) の対の文は，視線の移動が反転している点で，その認知的な意味は異なる。基本的に同様の点は，(2) と (3) の対の文にも当てはまる。((2a) の文は Langacker (1990) からの引用であるが，(2b) の文は (2a) の文に基づく筆者の作例である。)[2]

　視線の反転の認知プロセスは，次の日本語の対の文にも反映されている。

(4) a. シルクロードが東から西に向かって延びている。
　　b. シルクロードが西から東に向かって延びている。
(5) a. 彼は手首から肩まで包帯を巻いている。
　　b. 彼は肩から手首まで包帯を巻いている。

以上の例に比べた場合，(6) の対の文の視線の移動は解りにくい。

(6) a. 川がここから狭くなっている。
　　b. 川がここから広くなっている。

しかし (6) の場合は，次のような状況を考えた場合に理解できる。例えば，川に沿って散歩している途中，ある地点で川幅が急に変化する場所に来たという状況を考えてみよう。この場合，もし散歩している人が，川幅が広くなっている方から，この急に川が狭くなっていく方向に視線を向けた場合には，その状況を (6a) のように表現することが可能である。また逆に，川幅が狭くなっている方から，この急に川が広くなっていく方向に視線を向けた場合には，問題の状況を (6b) のように表現することが可能である。この点で，(6) の対の文には，視線の反転の認知プロセスが反映されていると言える。

2.6. セッティング／参与者の反転と存在モードの制約

　日常言語には，主体の視点の切り換えに関わる認知プロセスがさまざまな形で反映されている。ここまでに考察した視点の切り換えの認知プロセスのなかには，次のような認知プロセスが含まれる。

　A. 認知ドメインの焦点化に関する反転
　B. セッティングと参与者の焦点化に関する反転
　C. 視点の移動の方向性に関する反転

これらの反転の認知プロセスのうち，A のタイプの反転に関わる言語現象は 2.2 節，B のタイプの反転に関わる言語現象は 2.3 節，C のタイプの反転に関わる言語現象は 2.4 節で考察した。本節では，これらの反転の認知プロセスのうち，さらに B のセッティングと参与者の反転が関わる言語現象を詳しくみていく。

2.3 節でみたように，基本的にセッティングは，文字通りの意味での物理的な場所（ないしは状況），参与者は，そのなかに位置づけられる物理的な存在として理解される。しかし，セッティングと参与者の関係は，さらに広い意味で解釈することが可能である。

次の対の表現を考えてみよう。

(1) a.　Harry has trouble.
　　b.　Harry's in trouble.

(Lakoff and Johnson 1999: 195)

(2) a.　彼はやっかいな問題を抱えている。
　　b.　彼はやっかいな問題に巻き込まれている。

(1) と (2) の a, b の対は，一方が真であるならば他方も真である（あるいは，一方が偽であるならば他方も偽である）という点で，真理条件的にはパラフレーズの関係にある。しかし，各対の a と b の文は，主体と主体が抱えている問題のどちらがどちらに含まれているかに関し，相補的な関係にある。いずれの対の場合にも，a の文では，主体がセッティングで，トラブル (i.e. 問題) が参与者の関係にある。すなわち，主体がセッティングとして，そのなかに参与者としてのトラブル (i.e. 問題) を含んでいる関係にある。これに対し，b の文では，逆にトラブル (i.e. 問題) がセッティングで主体が参与者の関係にある。すなわちこの場合には，トラブル (i.e. 問題) がセッティングとして，そのなかに参与者としての主体を含んでいる関係にある。

この種の図と地の反転は，次の英語の対の例にもみられる。

(3) a.　This bottle contains water.
　　 b.　Water is in this bottle.
(4) a.　That box contains a pear.
　　 b.　A pear is in that box.

これらの対のセッティングと参与者の反転の関係は，図6に示される（山梨 2004: 149）。

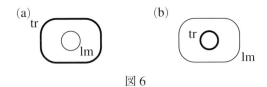

図6

図6の (a) は各対の a の文に，また (b) は各対の b の文に対応する。（図6の (a), (b) の tr と lm は，それぞれ (3), (4) の文の主語と目的語をマークするトラジェクター(trajector) とランドマーク(landmark) に対応している。）

　上の英語の場合には，参与者とセッティングの反転は可能であるが，これに対応する日本語の場合には，この種の反転には制約が存在する。

(5) a.?*このボトルは水を含んでいる。
　　 b.　水がこのボトルに入っている。
(6) a.?*あの箱は梨を含んでいる。
　　 b.　梨があの箱に入っている。

このタイプの例をみる限り，日本語では，入れ物としてのセッティングが主語にくる a のタイプの文は不適切である。
　一般に，これまでの日・英語の比較研究や英語教育の文法書では，(5),(6) のタイプの言語事実に基づき，日本語には，英語の have や contain のような動詞をとる所有構文に直接対応する構文は存在しない，という説

明がなされている。[3]

　しかし，日本語と英語の比較でよく指摘されるこの種の一般化は，必ずしも適切ではない。日本語の場合，次の例から明らかなように，逆に英語の所有構文に対応する表現（have や contain のような動詞をとる所有構文に直接的に対応する表現）のほうが適切な例も存在する。

　　(7) a.　この野菜はダイオキシンを含んでいる。
　　　　b.　?この野菜にはダイオキシンがある。
　　(8) a.　このガーゼは水を含んでいる。
　　　　b.　?このガーゼには水がある。

興味深いことに，この場合には，一般にこれまでの日・英語の比較研究で適切であるとされている (7), (8) の b のタイプの存在構文のほうが逆に不自然である。[4]

　(7), (8) の例は，包含関係に関し，一見したところ (5), (6) のタイプの例と同じ意味関係にあるようにみえる。しかし，両者の包含関係は厳密には異なる。(7), (8) のタイプの例では，入れ物とそこに存在する対象との間には，〈緊密な包含関係〉が成り立っている。この種の例では，問題の対象は入れ物から安易に出し入れできる関係（e.g. 図 6 にみられる関係）ではない。換言するならば，問題の対象（ダイオキシン／水）は入れ物（野菜／ガーゼ）の中に分離不可能な状態で緊密に包含されている。

　この種の〈緊密な包含関係〉は，以下の図 7 の (a) に示される。(図 7 の (a) における枠内の細かな点は，問題の野菜（ないしはガーゼ）に含まれるダイオキシン（ないしは水）が，野菜（ないしはガーゼ）から分離不可能な包含関係のモードを示す（cf. 山梨 2004: 151）。これに対し，図 7 の (b) は，分離可能な包含関係のモードを示す。これら (a) と (b) の図の tr (i.e. トラジェクター) でマークされている楕円形は，言語的には主語としてコード化される。（この楕円形は，セッティングに相当する。）これに対し，lm (i.e. ランドマーク) でマークされている (a) の図の細かな点な

いしは (b) の図の ○ は，言語的には目的語としてコード化される。（この細かな点ないしは小さな ○ は，参与者に相当する。）

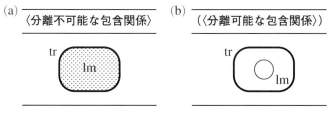

図 7

日本語の場合，図7の (a) のような〈緊密で分離不可能な包含関係〉が成り立つ場合には，(7), (8) の a のタイプの所有構文の表現（「この野菜はダイオキシンを含んでいる」，「このガーゼは水を含んでいる」）が可能になる。この種の所有構文が，日本語にも存在するという事実は，異言語間の構文の分布関係を予測する際に重要な意味をもつ。

この種の所有構文は，基本的には英語に典型的とされてきた構文である。これまでの日・英語の比較研究では，一般に所有構文は，英語としては自然な表現であるが，日本語では不自然な表現とされている。日本語では，一般的に存在構文が自然であるとされている。異言語間の所有構文と存在構文の分布関係を，適切に予測していくためには，以上に考察したセッティングと参与者の存在モードに関わる制約（i.e.〈分離可能な包含関係〉と〈分離不可能な包含関係〉に関する制約）を綿密に検討していく必要がある。[5]

N.B. ここまでは，図／地の反転の認知プロセスに関わる興味深い言語現象をみてきた。言語現象に関わる興味深い認知プロセスとしては，さらに図 (i) にみられるような，奥行き知覚に関わる認知プロセスが考えられる。

図 (i)

　これは「ネッカーの立方体」と呼ばれる図形であるが，二つの異なる立方体として知覚することが可能である(cf. Koffka 1935: 159)。この図形は，以下の図 (ii) に示されるように，正方形として認知される側面のどの面に焦点をおくかによって，二つの異なる方向に向いている立方体として知覚できる。図 (ii) の (a) の場合には，編みかけの正方形の面が右上の前方に突き出ている立方体として知覚できる。これに対し (b) の場合には，編みかけの正方形の面が左下の前方に突き出ている立方体として知覚できる。この点で，図 (ii) の図形には多義的な解釈が可能となる。

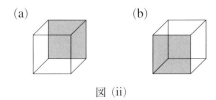

図 (ii)

　奥行き知覚の多義的な解釈に関わる視点の切り換えは，線状的な記号列からなる日常言語の意味の多義性の解釈にも関わっている。日常言語には，表層レベルの記号列としての文や語句それ自体をみただけでは，その意味が一義的に決まらない曖昧な表現が存在する。

　例えば，(i) の a, b の表現は，二つの意味に解釈することが可能である。

(i) a. (&)白いチーズを食べたネズミ
　　b. (&)John shot the man with a gun.

まず，(ia) の意味は，「白い」という形容詞が「チーズ」を修飾するのか，「ネズミ」を修飾するのかに関して曖昧である。この二つの意味は，それぞれ図 (iii) の (a) と (b) の二つの修飾関係の違いとして理解することができる。

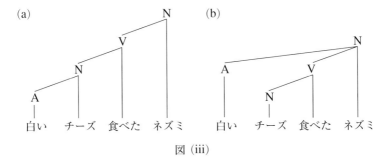

図 (iii)

この種の曖昧性は，記号と記号の結びつきに関する修飾関係が構造的に異なるという点で，一般に構造的曖昧性 (structural ambiguity) と呼ばれる。

基本的に同種の曖昧性は，(ib) にも認められる。この文は，ジョンが銃でその男を撃ったのか，ジョンが銃を持った男を撃ったのか，に関して曖昧である。この二つの意味は，それぞれ図 (iv) の (a) と (b) の二つの修飾関係の構造的曖昧性として理解することができる。

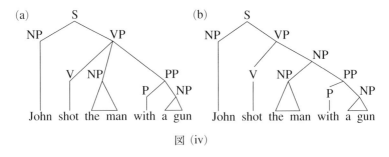

図 (iv)

この種の構造的曖昧性が関わる典型例としては，さらに以下の例が挙げられる。

(ii) a. The famous mayor's son is smiling.
b. We saw a man with a telescope.
c. I ate the apples in the garden.
(iii) Visiting relatives can be tiresome.

(iia) では famous が mayor と son のどちらを修飾するのか，(iib) では with a telescope が man と saw のどちらを修飾するのか，(iic) では in the garden が the apples と ate のどちらを修飾するのか，に関して曖昧である。

また (iii) の場合には, visiting relatives が訪ねて来ている親戚なのか, 親戚を訪問することなのかで曖昧である.

以上の日常言語の構造的曖昧性とネッカーの立方体の奥行き知覚に関する多義性（ないしは曖昧性）は, その知覚対象（ないしは認知の対象）が, 一次元の記号の組み合わせか二次元の平面図の記号の組み合わせか, という点では基本的に異なる. しかしいずれの場合にも, その解釈に, 視点の切り換えの認知プロセスが関わっている点では共通している.

2.7. 視点の転換と図／地の反転の制約

図と地の反転の認知プロセスは, 日常言語のさまざまな現象に関わっているが, この種の反転のプロセスは, 異言語を比較していく際にも重要な役割をになう. 図と地の反転が個別言語にどのように関わっているかは, 対照言語学の観点からみても興味深い問題である. 特に, 図と地の反転による個別言語のパラフレーズの問題は興味深い.

次の英語と日本語の対を比較してみよう.

(1) a.　The statue is on the pedestal.
　　b.　The pedestal is under the statue.
(2) a.　The statue is {standing, sitting, resting} on the pedestal.
　　b.　The pedestal is {sitting under, supporting} the statue.

(Langacker 1990: 109)

(3) a.　鍋がテーブルの上にある.
　　b.　?テーブルが{鍋を支えている／鍋の下にある}.
(4) a.　銅像が暖炉の上にある.
　　b.　?暖炉が{銅像を支えている／銅像の下にある}.

Langacker (1990) は, (1), (2) の英語の対の文は, いずれも適切な文であり, 図／地の反転の視点からみてパラフレーズの関係にあるとしている. しかし, 日本語の場合, (3), (4) の a のタイプの文は適切であるが,

第 2 章　言葉のゲシュタルト性と反転現象　　　　　　　　　33

これに対応する b の文は適切ではない。
　日・英語におけるこの図／地の反転の適否の関係は，図 8 の (a) と (b) に示される。

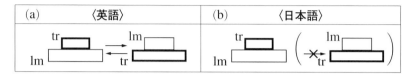

図 8

　図 8 の (a) は，(1)，(2) の英語の対に反映される図／地の反転の関係を示している。(図／地の反転の関係は，双方向の矢印で示される。) この図の太線のボックスは，図として焦点化されている存在を，また細線のボックスは地として背景化された存在を示している。これらのボックスのうち，図になっているボックスは tr(i.e.トラジェクター) で規定され，この tr でマークされた存在が，言語的には主語としてコード化される。これに対し，地になっているボックスは，lm(i.e.ランドマーク) によって規定され，この lm でマークされた存在が，言語的には目的語としてコード化される。
　ここまでは，(1)，(2) のタイプの英語の例文に関係する図 8 の (a) の説明である。図 8 の (b) は，(3)，(4) のタイプの日本語の例文に関係する規定である。この場合にも，太線のボックスは図として焦点化されている存在，細線のボックスは地として背景化されている存在を示す。日本語の場合には，上のボックスに相当する存在 (tr) が太線で規定され，下のボックスに相当する存在 (lm) が細線で規定される。日本語の場合は，英語と異なり，この図／地の関係の事態把握がなされた場合には，(3a)，(4a) のタイプの適切な表現が可能となる。しかし，これと反対の図／地の関係を示す事態把握がなされた場合には，適切な日本語の表現にはならない。(図 8 の (b) では，この後者の事態把握は，括弧によって囲まれて

いるが，これは図／地の関係が反転した後者の事態把握は，日本語としては不適切であることを示している。

　日本語の場合にも，「鉄骨が屋根を支えている」，「男性のダンサーがバレリーナを支えている」の例にみられるように，表面的に後者のタイプの文に対応する表現も存在する。しかし，この種の例の述語の「支えている」は，単にモノの静的な上下関係（ないしは位置関係）を示すために使われている述語ではない。もし，この述語がこの種の静的な関係を示すために使われているならば，逆に「?屋根が鉄骨の上にある」，「?バレリーナが男性のダンサーの上にいる」のような表現が適切であるはずである。しかし，このタイプの文は日本語としては自然な表現ではない。

　また，(3), (4) のタイプの日本語の対の場合，a のタイプの文（「～の上にある」）に対し，b のタイプの文（「～の下にある」）も図・地の反転からして論理的には可能であるが，実際にはこの種の文（?「テーブルが鍋の下にある」, ?「暖炉が銅像の下にある」）は適切な表現ではない。

2.8. メタファー表現における図／地の反転

　ここまでに考察した図と地の反転に関わるパラフレーズの例は，文字通り（ないしは字義通り）の意味に関わるパラフレーズの例である。しかし，この種の反転は，メタファーが関わる言語表現のパラフレーズの対にも関係している。その典型例は，移動のメタファーに基づく次のような時間表現に観察される (Lakoff 1993: 218, Lakoff and Johnson 1999: 146)。

(1) a.　Chirismas is coming up (on us).
　　b.　We're coming up on Christmas.

この対は，(1a) のように，時間を移動する存在として前景化するか，(1b) のように，主体を移動する存在として前景化するかによって異なる。

　同種の反転現象は，一見したところ，日本語にも当てはまるようにみえ

る。しかし，日本語では，反転が関わる対の適切性に差が認められる。次の例を考えてみよう。

(2) a. クリスマスがだんだん近づいてくる。
　　b. ?クリスマスにだんだん近づいていく。
(3) a. 年の瀬が近づいてくる。
　　b. ?年の瀬に近づいていく。

日本語の場合には，(2a)，(3a) のように，時間を移動する存在として前景化する表現は適切である。これに対し，(2b)，(3b) のように，主体を移動する存在として前景化する表現は（論理的なパラフレーズとしては可能であるが）適切な表現ではない。

　一般的な傾向として，日本語の場合には，主体としての人間の空間移動を前景化する言語表現は，認知対象の移動の主観的な知覚を前景化する言語表現よりも適切性が低くなる。日本語でも，論理的には「私達はクリスマスにだんだん近づいていく」のような比喩的な表現を，上の英語の (1b) の訳として考えることは不可能ではない。しかし，日本語の慣用的な表現としては，この種の表現は自然ではない。

　図／地の分化と反転の問題は，言語主体ないしは発話者のグラウンド化の問題とも密接に関係している。一般に，言語主体と話し手はグラウンド化されており，このグラウンド化された地点から外部世界の対象を知覚する。この点は，以下に示される「マッハの自画像」からも理解できる（マッハ 1971: 16)。

図 9

このマッハの自画像の図では，椅子に横たわる知覚主体は背景化され，知覚主体の鼻の左側の視界に，胴，肢，足，等が部分的に見えている。言語主体としての話者のグラウンド化は，この図からも明らかである。

　グラウンドの地点は，外部世界の対象を知覚する際には背景化され，むしろ知覚対象のほうが前景化される傾向にある。このグラウンドにおける主体の背景化の傾向は，特に日本語に顕著にみられる。(4)，(5) の対の文を比較してみよう。

　　(4) a.　おーい！海が近づいて来たぞ！
　　　　b.　?おーい！海に近づいて行くぞ！
　　(5) a.　ほら，岩山がだんだん迫って来る。
　　　　b.　?ほら，岩山にだんだん迫って行く。

これらの対のうち，a のタイプの文に比べ，b のタイプの文は適切性が下がる。この適切性の違いは，やはり知覚主体の位置するグラウンドは背景化され，知覚対象のほうが前景化される傾向にある，という日本語の主観性に起因する。基本的に，ある対象が知覚されるということは，知覚する主体の視界にその対象が入っていることを意味する。例えば，われわれが海（ないしは岩山）に向かって進んで行く場合，（視界をさえぎる物がな

い限り）海（ないしは岩山）がやがて視界に入ってくる。したがって，このような状況で，(4), (5)のaのような文が発せられるのは自然である。[6]

これに対し，(4), (5)のbの場合，海（ないしは岩山）に向かって進んで行く主体は，（背景化されているグラウンドに位置しているため）移動していく主体としての自分自身は視界の外にある。したがって，このような状況で (4), (5)のbのタイプの文を発するのは不自然になる。（上の(2)と(3)の日本語の時間のメタファー表現の場合，bの文が日本語として不自然なのも，この日本語の傾向に起因する。）

ただし，日本語でも，次のような表現が発せられる状況も存在する。

(6) a. 僕は海に少しずつ近づいているよ。
  b. 私達は岩山にだんだん迫っています。

例えば，もし海（ないしは岩山）に向かって移動して行く自分自身を（メタ認知的に）もう一人の自分が客観的に意識した場合はどうか。この場合には，（このメタレベルに位置する自分の視点から）自分自身が移動していく状況を，(6)のように言うことは可能である。このメタ認知的な視点からみた場合には，日・英語のいずれ場合にも，問題の対の双方の文が，図と地の反転の認知プロセスにより可能となる。次節では，以上の問題を，さらに主観性と視点構成の観点から考察する。[7]

N.B. 1. (6)の例は，認知主体（i.e. 対象を知覚する主体）が海（ないしは岩山）に近づいて行く状況を，主体自身が語っている文である。この種の語りが可能であるためには，以下の図に示されるように，海（ないしは岩山）に近づいて行く主体としての自分を，もう一人の自分が客観的に認知していることが前提となる。

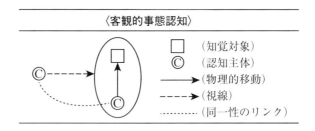

この図の □ は知覚対象，Ⓒ は認知主体，実線の矢印は主体の物理的移動，破線の矢印は，主体自身が対象に向かって移動して行く状況を（この状況の外側から）認知しているメタ的な視線を示している。また，この図の移動して行く認知主体（Ⓒ）と，この状況をその外部から認知している主体（Ⓒ）を結ぶ点線は，この二つの認知主体が同一人物であることを示している。

N.B. 2. 上にみてきたように，空間移動の表現は，比喩的に時間の経過を表現する比喩表現に拡張することが可能である。しかし興味深いことに，日本語におけるこの種の比喩表現には，図と地の反転に関する制約が存在する。

　日本語の場合にも，英語と同様，時間が比喩的に認知主体に近づいてくる状況を意味する表現は可能である（「年の瀬が近づいて来る」，「クリスマスが近づいて来る」）。この場合には，時間が比喩的に移動する存在として（図として）前景化し，主体が（地として）背景化している。しかし，この図と地が反転した表現（「?年の瀬に近づいて行く」，「?クリスマスに近づいて行く」）は，日本語としては適切な表現ではない。これに対し，本節の (1) の例（"Chirismas is coming up (on us)."/"We're coming up on Christmas."）のように，英語では，比喩的な時間表現の対のどちらも適切である (Lakoff 1993b: 218, Lakoff and Johnson 1999: 146)。この点で，図／地の反転の認知プロセスからみた日・英語における時間の比喩表現の適否の問題は興味深い。

2.9. 主観性と異言語の視点構成の相違

　前節にみた (1)-(3) の移動のメタファーに基づく日・英語の時間表現

の適切性の相違は，主観性（subjectivity）に関係している。日常言語に反映される主観性の問題を考える際には，Langacker の主観性に関わる二つの視点が参考になる。Langacker（1985）は，日常言語の主観性の視点構成を，標準的視点構成（canonical viewing arrangement）と自己中心的視点構成（ego-centric viewing arrangement）に区分している。前者は，話者（ないしは認知主体）が与えられた事態を外側から客観的に捉える視点構成，後者は，話者（ないしは認知主体）が問題の事態の中に自分自身の視点を投入して，その事態を自らの経験として主観的に捉える視点構成を意味する。この二つの視点構成の相違は，それぞれ図10の（a）と（b）に示される（Langacker 1985: 121）。

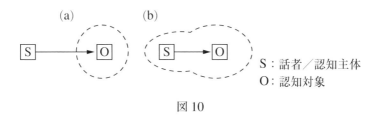

図 10

Langacker のこの区分に従った場合，一般に，英語のような言語は前者の客観的な標準的視点構成を基本とする言語であり，日本語は後者の主観的視点構成を基本とする言語として位置づけられる。

　事態認知に関わるこの視点の相違からみるならば，前節にみた日・英語の移動のメタファーに基づく時間表現の適切性の相違（(i) a. Christmas is coming./b. We're coming up on Christmas. (ii) a. クリスマスがだんだん近づいてくる。/b. ?クリスマスにだんだん近づいていく。(iii) a. 年の瀬が近づいてくる。/b. ?年の瀬に近づいていく。）は，これらの言語に関わる視点の違いから理解することができる。

　この種の例のうち，基本的に英語では，話者（ないしは認知主体）が問題の事態を外側から客観的に捉える視点構成をとるため，上の例の a, b の時間ないしは主体自身の移動に関わる事態を客観的に表現することが可

能である。これに対し，基本的に日本語では，時間を移動する存在として前景化するaのタイプ表現は適切であるが，主体を移動する存在として前景化するbのタイプの表現は適切な表現ではない。これは，日本語の場合，基本的に話者（ないしは認知主体）が問題の事態のなかに自分自身の視点を投入して，その事態の内側から主観的に捉える視点構成をとるため，bのタイプの例のように，主体自身が移動していく事態は客観的には捉え難い。そのため，bのタイプの表現のように，基本的に，主体自身が移動していく事態を表現する文は，（仮に移動の主体が表層レベルに主語として表現されていなくても）適切性が下がることになる。

N.B. Langacker（1985）は，英語のような言語に特徴的な客観的視点構成を「標準的」(canonical)としているが，これは英語をはじめとする欧米言語の言語使用者の（自己中心的な）主観を反映している視点と言うこともできる。確かに，この欧米中心的な視点からみるならば，日本語のような言語は，西洋的な視点からみて，「非標準的」な視点構成の言語ということになる。しかし，言語類型論的な立場からみるならば，「標準的」という言葉は，日本語にも欧米語にも相対的に適用することが可能である。この立場からみるならば，いわゆる客観的視点構成が，英語のような欧米語では「標準的」であり，主観的視点構成が，日本語のような言語では「標準的」であると言うことも可能である。この言語類型論的な立場は，言語の標準性，典型性，等の判断は，言語現象を分析する研究者の主観性（ないしは主観的視点）に多分に左右されることを示している。

2.10.「統合的」認知 と「離散的」認知の反転

一般に英語の場合には，次の例に示されるように，先行詞が単数の場合にはこれに照応する代名詞は単数，先行詞が複数の場合にはこれに照応する代名詞は複数になる。

(1) a. John bought two pens and three notebooks and gave them to

Mary.
b. Mary and Bill live in New York. They got married last month.

これに対し，日本語では，その指示内容が複数の存在でも，照応的には単数形の代名詞ないしはゼロ照応の代名詞（φ）でうけるのが自然である。

(2) a. 太郎は，赤い鉛筆と青い鉛筆を買って，[それ]/[φ]を花子にあげた。
b. ?太郎は，赤い鉛筆と青い鉛筆を買って，[それら]を花子にあげた。
(3) a. 見舞に来てくれた友達が，春子に花を一輪ずつプレゼントして帰った。彼女は，喜んで，[それ]/[φ]を花瓶にいけた。
b. ?見舞に来てくれた友達が，春子に花を一輪ずつプレゼントして帰った。彼女は，喜んで，[それら]を花瓶にいけた。

基本的に同様の点は，次の日本語の例にもあてはまる。

(4) がまの油売りは，やおら刀をとり出して客が差し出した一枚の大きな紙を，大声を出しながら二枚，四枚，八枚と次々に切り裂き，最後に{[それ]/[φ]/?[それら]}をパッと空中に乱舞させた。

しかし，この種の事実から，日本語の照応に関わる代名詞は単数形という一般化が単純に成り立つ訳ではない。日本語の場合でも，複数形の代名詞が適切な例も存在する。実際に，単数形，複数形のどちらの代名詞が使われるかは，問題の指示対象をどのように認知するかによって決められる。

次の例をみてみよう (cf. 山梨 1992: 19-20)。

(5) a. 一枚の紙を，二枚，四枚と切っていき，[それ]をパッと空中

にまいた。
  b. ?一枚の紙を，二枚，四枚と切っていき［それら］をパッと空中にまいた。
(6) a. 博士は，モルモットを試験台に乗せ，［それら］を一匹ずつ丹念に調べた。
  b. ?博士は，モルモットを試験台に乗せ，［それ］を一匹ずつ，丹念に調べた。

(5) の文脈では，二枚，四枚と切られた紙自体は複数であるが，これを空中に乱舞させる前の段階では，紙は一まとまりになっているという認識が働いている。したがって，この文脈では，この一まとまりの集合体としての紙に言及する単数形の「それ」のほうが，複数形の「それら」よりも適切である。これに対し，(6) の文脈では，試験台に乗せて調べていく際のターゲットとなる対象は，一まとまりのモルモットの集合それ自体ではなく，そのメンバーとしての個々のモルモットである。したがって，この場合には，複数形の代名詞のほうが適切である。

一般に，(5), (6) のタイプの照応現象の背後には，図11に示されるような外部世界の成員の集合の認知に関わるイメージスキーマが働いている。

図 11

図 11 の (a) は，われわれの認知のフォーカスが統合的に〈集合それ自体〉におかれる場合，(b) は認知のフォーカスが離散的に〈集合のメンバー〉におかれる場合を示すものとする。ここでは，(a), (b) のスキーマを，そ

第 2 章　言葉のゲシュタルト性と反転現象　　43

れぞれ〈統合的スキーマ〉と〈分散的スキーマ〉と呼ぶことにする。

　このイメージスキーマの観点からみるならば，(1)-(6) のタイプの照応において，単数形の代名詞の「それ」が使われる場合は〈統合的スキーマ〉に基づく認知作用が働く場合，複数形の代名詞の「それら」が使われる場合は〈分散的スキーマ〉に基づく認知作用が働く場合として，これらの代名詞の相補的な分布を一般的に予測していくことが可能となる。換言するならば，以上の照応現象にみられる代名詞の単数形と複数形の分布は，〈統合的スキーマ〉と〈離散的スキーマ〉の反転の認知プロセスに基づいて自然に予測していくことが可能となる。

　以上は，日本語における照応現象の例であるが，この種のスキーマの反転プロセスは，英語にもみられる。次の例を考えてみよう。

(7) Fry the onions in the butter till [they]'re tender. Add the carrots, parsely, salt, and pepper, and put [it] all into a buttered casserole dish. Pour the cream on top, cover, and bake at 350 for forty-five minutes.

(Peg Bracken, *The I Hate to Cook Book*: p.43)

(7) は，料理の作り方を説明しているマニュアルからの引用である。英語のような言語では，一般に先行詞と代名詞は人称や数の上で一致する。したがって，例えば先行詞が複数であれば基本的に後続の代名詞は複数形，先行詞が単数であればこれに対応する代名詞も単数形になるはずである。

　しかし，(7) の例では，この種の一般化は成り立たない。ここでは，後続の代名詞は，複数の [they] になったり，単数の [it] になったりしており，前後の文脈の形式的な手がかりだけからは，この代名詞の表層の分布関係は一律には予測できない。

　(7) のテクストの第一文の文脈では，まずオニオンをバターで柔らかくなるまで炒めると述べており，この文脈ではその意味内容からして，複数の代名詞 [they] が呼応している。しかし，第二文では，この炒められた

ものにキャロットとパセリと塩とペッパーを加え，この全体をバターをしいた蓋つきのディッシュに入れるように指示しており，この時点ではこの料理全体が一つのまとまりとして，単数の代名詞の [it] で示されている。

(7) の例では，このようにその事態の変化（この場合には料理の進行に沿った変化）に応じて，問題の指示対象がダイナミックに変化し，この指示対象の変化を柔軟に推定しながら代名詞の [they] を選ぶか [it] を選ぶかを決めている。この場合，単数の代名詞が選ばれる場合には，図 11 の〈統合的スキーマ〉の認知作用が働き，複数形の代名詞が選ばれる場合には，〈離散的スキーマ〉の認知作用が働いている。(7) のテクストの単数と複数の代名詞の表層分布は，テクストの展開における，この二つのスキーマの反転の認知プロセスによって予測することが可能となる。

N.B. 本節で考察した〈統合的スキーマ〉と〈離散的スキーマ〉は，集合とメンバー（ないしは成員）の関係として理解することができる。すなわち，前者のスキーマは，メンバーを統括するセッティングに焦点をおいたスキーマ，後者のスキーマは，メンバーに焦点をおいた参与者とみなすことができる。

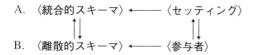

この点で，〈統合的スキーマ〉と〈離散的スキーマ〉の反転の認知プロセスは，〈セッティング〉と〈参与者〉の反転の認知プロセスの一種として規定していくことが可能となる。

2.11. 視覚行為における反転現象

基本的に，視覚の行為には二つの認知プロセスが関わっている。その一つは，知覚する主体の視線が知覚対象に向かって行くプロセス，もう一つは，知覚する対象の刺激（i.e. 知覚刺激）が主体の知覚器官である目に向

かって来るプロセスである。この二つの認知プロセスは，移動の方向が逆になっている。言語学の研究では，この種の認知プロセスが，心理学，生理学，脳科学などの関連分野においてどのように位置づけられるかを問題にする訳ではない。言語学の研究においては，むしろこの種の認知プロセスが，言語現象にどのように反映されているかが問題となる。

ここでは，以上に指摘した知覚に関する二つの認知プロセスを，次のように図示する (cf. Yamanashi 2010: 165)。

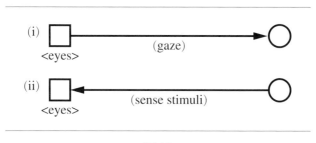

図 12

この図の左側の □ は知覚主体の目を，右側の ○ は知覚対象を示すものとする。また，知覚主体の目から知覚対象に向かう矢印は視線，逆に知覚対象から知覚主体の目に向かう矢印は知覚刺激の移動を示すものとする。

2.11.1. 視線移動の知覚表現

日常言語には，図 12 に示される二つの知覚の認知プロセスを反映する興味深い表現が広範にみられる。まず，知覚主体の目から知覚対象に向かう視線の認知プロセスを反映する表現の典型例としては，次のような表現が挙げられる。[8]

(1) a. 太郎は公園の森のほうに目を向けた。
　　b. 彼女はその家の居間から台所に目を転じた。
　　c. 男は廊下の床に目を落とした。

d. 彼は脇に目をそらした。
(2) a. John turned his eyes to the wall.
   b. The girl fixed his eyes on the diamond ring.
   c. She set eyes on the mailbox.
   d. John laid eyes on the floor.

(1), (2) の「目」/"eyes" は，典型的なメトニミー表現の名詞であり視線を意味している。「目」/"eyes" は，基本的に（身体部位としての）視覚器官を意味するが，この名詞は，メトニミーの拡張プロセスにより，表1のような意味に拡張されている。（「目」/"eyes" の意味は，表1の意味に限られる訳ではないが，メトニミー的な意味の典型例を示している。）[9]

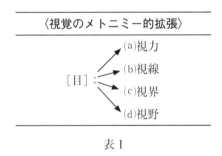

表1

上の (1), (2) の例の「目」/"eyes" の意味は，表1の (b) の意味として慣用化している。

(1), (2) の例は，知覚主体の視線が知覚対象に移動していくことにより，知覚行為が成立することを示す例であるが，英語の場合には，この種の知覚行為を示す表現として，さらに (3)-(5) のタイプの例が存在する。

(3) a. Gabriel's eyes, …, wandered to the wall above the piano.
   b. His eyes moved to the chair over which she had thrown some of her clothes.　　(James Joyce, *The Dead*: p.128, p.157)
(4)　His eyes went over the mass of swarming white bodies climb-

ing up the screen toward him.

(John Steinbeck, *The Snake*: p.418)

(5) Automatically he reached in his pocket for the big black knife, but it was not there. His eyes searched the ground.

(John Steinbeck, *Flight*: p.473)

これらの例の主語の "eyes" は，〈移動〉の動詞（"wander", "move", "go over", 等）と共起しているが，この場合，これらの移動動詞によって叙述されるのは，身体部位としての目（eyes）そのものではなく，この文字通りの身体部位としての感覚器官からメトニミー的に拡張された意味（すなわち，〈視線〉の意味）で使われている。

(3)-(5)のタイプの例は，日常会話の口語表現ではなく，むしろ文学テクスト（小説，物語，等）における人物描写や人間行動の描写に使われる表現である。しかし，日本語の場合には，この種の表現は不可能である。（例えば，太郎が壁を見たという意味で「*太郎の目は壁に移動して行った」とか，学生が家の門を見たと言う意味で「*学生の目が家の門に向かって行った」のように表現するのは不自然である。）

N.B. 以下に示される (i), (ii) の "eyes" は，接触に関わる前置詞の "on" と共起しているが，この場合も，知覚の対象に到達しているのは文字通りの視覚器官の目ではなく，やはりその対象に注がれる視線である。

(i) a. She had moved over in front of the new cage; her black eyes were on the stony head of the snake again.
    b. Her eyes were on the snake where it lay still.

(John Steinbeck, *The Snake*: p.418)

(ii) During the circus performance I kept my eyes more on Hautboy-than on the celebrated clown.

(Herman Melville, *The Fiddler*: p.29)

この種の英語の表現も，文学テクストにおける人物描写や人間行動の描写

に使われる表現であるが，これに直接対応する日本語の表現はやはり不自然である。

2.11.2. 知覚刺激の移動表現

以上，前節にみた視覚表現は，知覚主体の視線が知覚対象に向けられていく認知プロセス（図12の（i）の視線の移動に関わる認知プロセス）を反映する言語表現である。これに対し，逆に知覚する対象の刺激（i.e. 知覚刺激）が主体の知覚器官である目に向かってくる認知プロセス（図12の（ii）の知覚刺激の移動に関わる認知プロセス）を反映する視覚表現も存在する。

その典型例としては，次の例が挙げられる。

(6) a. 東南アジアでは日本人の観光客が目につく。
  b. あのときの光景が目にこびりついている。
  c. 彼女の顔が目に焼きついて離れない。

(7) 掘立て小屋が，ほとんど横倒しになって埋もれているのが目にとまった。　　　　　　　　　　（安部公房『砂の女』：p.169）

(8) The beautiful landscape caught his eye.

(9) a. The view blew me away.
  b. The view knocks me over.　　　　　（Lakoff 1993a: 232）

(6) と (7) の日本語の視覚表現は，(「つく」，「こびりつく」，「焼きつく」，「とまる」のような動詞から明らかなように）主体が知覚対象に対して視線を投げかけていくのではなく，（主体の意図の有無には関係なく）問題の知覚刺激が視覚器官に到達して，イメージ，等の視覚情報として付着する，という主観的な表現になっている。この種の日本語の表現に比べて，(8) と (9) の英語の例には，日本語の「つく」，「こびりつく」，「焼きつく」のような動詞は使われていない。しかし (8)，(9) の場合には，知覚対象の景色（the beautiful landscape, the view）が，擬人的な主体として知覚

主体を捕らえたり，圧倒したという比喩的な表現になっている。そして，この {捕らえた／圧倒した} という比喩的な表現から，間接的に，問題の景色が知覚刺激として知覚主体の視覚器官に達したことが自然に推論される。

N.B. 古い唄の一節に，「諸国諸大名は弓矢で殺す，糸屋の娘は目で殺す」のような表現があるが，この場合の「目で殺す」の部分の「目」は，相手に向けられる能動的な視線ないしはまなざしの意味にも解釈できる。五感の観点からみた場合，視覚と触覚は文字通りには異なる感覚であるが，次の例のように，この両者が共起する例もみられる。

(i) a. なめるように見る。
    b. なぞるように見る。

「なめる」，「なぞる」は，触覚に関わる表現である。したがって，視覚に関わる表現とこの種の表現が共起するのは意外にみえる。しかし，視線が移動し知覚対象に到達するという観点からみるならば，目がメトニミー的にその知覚対象に〈接触〉すると解釈されるのは自然である。この点からみれば，(ii)，(iii) のような英語の視覚器官としての eyes と接触に関わる前置詞 on が共起する表現も自然に理解される。

(ii) a. She had moved … her black eyes were on the stony head of the snake again.
    b. Her eyes were on the snake where it lay still.
(iii) During the circus performance I kept my eyes more on Hautboy than on the celebrated clown.

以上の視覚表現では，基本的に目が知覚刺激の到達点になっている。これに対し，日常言語の視覚表現の中には，「目」が到達点ではなく，この「目」からメトニミー的に推論される〈視界〉ないしは〈視野〉(view, visual field)（前節，表1の (c), (d) を参照）を意味する例が広範に存在する。この種の視覚の認知プロセスは，以下の図に示される (cf. Yamanashi 2010: 166)。

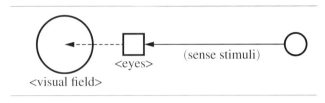

図 13

　図 13 の左端のサークルは，参照点としての身体部位の「目」によって起動されるターゲットとしての〈視界〉(ないしは〈視野〉) を意味する。目から視界に向かう破線の矢印は，知覚刺激が視界(ないしは視野)に入るプロセスを意味する。
　この種の知覚の認知プロセスを反映する視覚表現の典型例としては，以下の例が挙げられる。[10]

(10)　白いペンキで小川町停留所と書いた鉄の柱がすぐ彼の眼に入った。
　　　　　　　　　　　　　　　　　　　　　　(夏目漱石『彼岸過迄』：p.97)
(11)　予想もしなかった光景が目に入ってきた。
(12)　森を抜けると富士山が目に飛び込んできた。

(10), (11) の例の「{眼／目}」は，〈視界〉(ないしは〈視野〉) を意味する典型的なメトニミー表現である。(12) の「目」も，基本的にはメトニミー表現として機能している。(12) の例では，この感覚刺激(ないしは感覚情報)が入ってくるプロセスが文字通りに表現されているのではなく，(「飛び込んで来た」という表現から明らかなように) メタファー的に表現されている。この点で，(12) の「目に飛び込んできた」という表現には，メトニミーとメタファーに基づく認知プロセスが複合的に関わっている。
　以上の考察から明らかなように，(10)-(12) のタイプの「{眼／目}」は，〈視界〉(ないしは〈視野〉) を意味する。そして，この種の名詞は，移動動詞 (「入る」，「飛び込む」) と共起している。この事実は，「{眼／目}」が意味する〈視界〉(ないしは〈視野〉) は，限定された空間領域としての

〈容器〉として比喩的に理解されていることを示している。

　日本語の場合には，「{眼／目}」だけでなく「視界」や「視野」という名詞も，次の例に示されるように，「入る」などの移動動詞と共起することができる。

(13) a. 予想もしなかった光景が視界に入ってきた。
　　 b. 森を抜けると富士山が視界に入ってきた。
(14) a. 都心に近づくと，高層ビルがようやく視野に入ってきた。
　　 b. 前方を見ているが，敵の飛行機はまだ視野に入ってこない。

　次の例に示されるように，英語の場合にも，〈視界〉（ないしは〈視野〉）を意味する"view"，"sight"が容器の意味で使われる。[11]

(15) a. Mt. Fuji came into view.
　　 b. There was no shelter within view anywhere.
(16) a. The bridge was full in sight.
　　 b. He came within sight of the church.

　ただし，日本語と英語では，この種の視覚表現の用法に関し次のような違いがある。日本語の場合には，以上の具体例から明らかなように，視覚器官を示す「眼／目」も視覚領域を示す「視界／視野」も，「入る」のような移動動詞と共起することができるが，英語の場合には，視覚器官の"eye(s)"は，移動動詞とは共起できない。

(17) a. *Mt. Fuji came into (my) eye.
　　 b. *There was no shelter within (my) eye anywhere.
(18) a. *The bridge was full in (my) eye.
　　 b. *He came within (my) eye of the church.

　英語の場合には，感覚器官としての{眼／目}それ自体が，知覚刺激（ないしは知覚情報）が入ってくる容器をメトニミー的に意味する用法は基本

的に認められない。

　以上の視覚表現は，容器とみなされる視界（ないしは視野）に知覚刺激や知覚情報が入ってきた場合に，〈見える〉という知覚行為が可能になることを示している。

　次の情景描写は，この種の視覚的な空間に外部世界の情報が入ってくるか否かという観点からの叙述によって可能になっている。

(19)　目標に定めた部落の明りも，はてしないうねりの峰にさえぎられてめったに視界に入ってこない。　　（安部公房『砂の女』：p.176)
(20) a.　迷いながら，振返ってみると，さいわい火の見は小高い砂の隆起にさえぎられて，視界から切れている。　　（同：p.169)
　　　b.　規則正しく刻まれた風紋を横切って進むと，ふいに視界が切れて，深いほら穴を見下ろす崖際に立っているのだった。
　　　　　　　　　　　　　　　　　　　　　　　　　　　（同：p.18)
(21) a.　やがて，部落の外れに出たらしく，道が砂丘の稜線に重なり，視界がひらけて，左手に海が見えた。　　（同：p.168)
　　　b.　見とおしがわるいせいか，同じような風景が，際限もなくつづくのだ。それから，とつぜん視界がひらけて，小さな部落があらわれた。　　　　　　　　　　　　　　　　　　（同：p.8)

　これらの例に使われている動詞のうち，「入る」は，文字通りに限定された視覚空間としての〈容器〉への出入りを，「切れる」はこの視覚空間の限定を，「ひらける」は新しい視覚空間の出現を叙述する表現になっている。[12]

2.12.　論理的世界——肯定と否定の反転

　基本的に，ある状況や事態を表現する場合には，どの言語を用いるにせよ，（その事態や状況の真偽の判断に基づき）肯定的ないしは否定的な表

第 2 章　言葉のゲシュタルト性と反転現象　　　　　　　　　　53

現のどちらかを用いて表現するのが普通である。例えば，ある男が腹一杯食べたのを見た場合，（その状況からの常識的な判断に基づいて）日本語では「彼は満腹だ」，英語では "He is full." のように肯定的な表現を使うのが普通である。

　しかし，異なる言語が常にある状況，事態を共に肯定的に表現し，またある状況，事態を共に否定的に表現するとは限らない。例えば，『007』シリーズのジェームズ・ボンド主演の映画に，「007は二度死ぬ」という映画があったが，この映画の原題は，"You Only Live Twice" である。[13]

　　英語のタイトル：　　"You Only Live Twice"
　　日本語のタイトル：「007は二度死ぬ」

この映画の原題は，主人公が〈人生を2度生きる〉というように，肯定の表現になっている。これに対し，日本語訳のタイトルは，主人公が〈2度死ぬ〉というように否定的な表現になっている。換言するならば，英語の表現においては，〈生〉に焦点がおかれているのに対し，日本語では，逆に〈死〉に焦点がおかれ，両言語の間に生と死に関する意味の反転が認められる。[14]

　この種の違いは一見したところ恣意的にみえるが，日・英語には，このような肯定と否定に関する違い（肯定と否定の表現の逆転）がかなり広範にみられる。例えば，次の（1），（2）のa, bの日・英語の対の表現を比較してみよう。

　(1) a.　稀には電気を用いることもあります。しかし大抵は電気も用いません。　　　　　　　　　　　　　　（芥川龍之介『河童』: p.99）
　　　b.　There is, I admit, the electric chair, but we reserve it for very rare and exceptional circumstances.
　　　　　　　　　　　　　　　　　　　(Ryunosuke Akutagawa, *Kappa*: p.108)
　(2) a.　こら，こら，そう覗いてはいかん。（芥川龍之介『河童』: p.104）

b. I say! Hey! Do stop staring in at us like that!

(Ryunosuke Akutagawa, *Kappa*: p.115)

(1), (2) の日本語の例は, 芥川龍之介の短編（『河童』）からの引用であるが, これらの例における「大抵は電気も用いません」,「そう覗いてはいかん」という否定表現が, 英訳では, それぞれ "we reserve it for very rare and exceptional circumstances.", "Do stop staring in at us like that!" のように, 肯定文の表現で訳されている。（後者の英語の文は, stop という動詞の使用からみるならば, 意味的には否定的な文であるが, not や never のような否定辞は使われていない。これに対応する否定文は, むしろ "Do not stare in at us like that!" のような表現になるはずである。）[15]

N.B. 以下の例は, 芥川の短編（『鼻』）の冒頭の一文であるが, この文も否定表現（厳密には, 二重否定の表現）になっている。

(i) 禅智内供の鼻と言えば, 池の尾で知らない者はない。

(芥川龍之介『鼻』：冒頭)

この冒頭の日本語の文は, 論理的には, (ii) のように肯定の表現にパラフレーズすることが可能である。

(ii) 禅智内供の鼻と言えば, 池の尾では誰もがみな知っている。

しかし, 修辞的な観点からみるならば, 否定を二度繰り返して（ここでの主人公の）知名度を強調している (i) の二重否定の表現のほうが技巧的で効果的な表現になっている。

この種の修辞性を考慮した場合には, 日本語だけでなく, 英語でも否定表現を使う方が技巧的な表現になる。例えば, (iii) にみられるように, 上記の『鼻』の冒頭文の英訳も二重否定の表現になっている。

(iii) There was not a soul in Ikeno-o who did not know about the Imperial Chaplain's nose.

(Ryunosuke Akutagawa, *The Nose*: p.66)

日・英語の肯定／否定の対比は，次のような表現にもみられる。(3)-(10) の場合，英語の文には，the last, only, all のような限定表現が使われているが，これに対応する日本語の文では，この限定表現が関わる命題内容が否定表現になっている。

(3) a. He is the last man to tell a lie.
    b. 彼は決してうそをつくような人ではない。
(4) a. He is the last man for such a job.
    b. 彼はそのような仕事には不向きな人間だ。
(5) a. He was the last person I expected to run into in London.
    b. まさかあの人にロンドンで出会うとは思いもしなかった。
(6) a. It's the only thing I know.
    b. これしか知りません。
(7) a. That's the only way to handle a question like that.
    b. ああいう質問をさばくにはこれしかない。
(8) a. Only one family lives on this floor.
    b. この階には1家族しか住んでいない。
(9) a. That's all I know.
    b. 私はそれだけしか知りません。
(10) a. That's all I remember.
    b. 私はそれだけしか覚えていません。

次の英語の最上級の肯定表現にも，日本語では否定表現が対応している。[16]

(11) a. That's the funniest looking thing I've ever seen.
    b. こんな奇妙なもの見たことないよ。
(12) a. He was the most delightful person l have ever met with.
    b. これまで会ったなかで，彼ほど愉快な人はいなかった。

(13) a. This is the most interesting book I've ever read.
　　　b. こんな面白い本は読んだことがない。

英語の far from, free from, short of などは，意味的には否定に関わる表現であるが，この種の表現自体は，字義通りには，遠近，自由度，長短などの叙述に関わる形容詞である。したがって，以下の (14)-(18) の a の英語の文はいずれも肯定表現であるが，これに対応する (14)-(18) の b の日本語の訳としては，否定表現が自然である。[17]

(14) a. She is far from happy.
　　　b. 彼女はちっとも幸福でない。
(15) a. He is far from being handsome, with a narrow forehead and a snub nose.
　　　b. 額はせまいし，鼻はペッチャンコで，とても好男子とは言えない。
(16) a. She is free from care and anxiety.
　　　b. 彼女には心配や不安がない。
(17) a. His dog is free from cleverness.
　　　b. 彼の犬は利口ではない。
(18) a. The arrow fell short of the mark.
　　　b. 矢は的に届かなかった。

以上の考察から，英語は肯定的な表現を多用する傾向があるのに対し，日本語は否定表現を用いる傾向があると言える。この傾向は，次のような日・英語の諺にも認められる。

(19) a. Silence is gold.
　　　b. 言わぬが花。
(20) a. The best thing to do now is to run away.
　　　b. 三十六計逃げるにしかず。

第 2 章　言葉のゲシュタルト性と反転現象　　　　　　　　　　57

(21) a. One good turn deserves another.
　　 b. 情けは人のためならず。
(22) a. Seeing is believing.
　　 b. 百聞は一見にしかず。
(23) a. Let sleeping dogs lie.
　　 b. 触らぬ神に祟りなし。
(24) a. Make hay while the sun shines.
　　 b. 好機逸すべからず。

(19)-(25)のタイプの諺は，日常生活におけるわれわれの行動に関する一般的な指針，忠告などに関する諺である。この場合，英語の諺は肯定の表現であるのに対し，これに対応する日本語の諺は否定表現になっている。[18]

　次のタイプの諺は，人生における一般的な真理を述べている諺であるが，この場合にも，英語は肯定的，日本語は否定的な表現になっている。[19]

(25) a. There is kindness to be found everywhere.
　　 b. 渡る世間に鬼はなし。
(26) a. Old age tires both body and soul.
　　 b. 寄る年波には勝てない。
(27) a. Once a beggar, always a beggar.
　　 b. 乞食は三日もやれば止められない。
(28) a. A wise person profits by his mistakes.
　　 b. 賢い人は転んでもただでは起きない。
(29) a. The husband is always the last to know.
　　 b. 知らぬは亭主ばかりなり。
(30) a. Every rose has its thorn.
　　 b. 棘のない薔薇はなし。
(31) a. By the time you wish to be a good son, your parents are long gone.

  b. 親孝行したいときには親はなし。

　以上の諺の日本語の表現は、いずれの場合も、基本的に〈否定〉の表現を伴っているが、(32) の諺の対は、英語も日本語も肯定表現になっている。

(32) a. Love me, love my dog.
  b. 坊主憎けりゃ、袈裟まで憎い。

　しかし、(32) の日本語の諺も、(この諺自体はどこにも否定の語句は含んでいないが)「憎けりゃ」、「憎い」という語句から明らかなように、意味的には否定的な表現になっている。この点で、(32) の英語と日本語の諺は、愛憎のどちらの動詞を選ぶかに関し、反転の関係にあると言える。

　この種の肯定／否定の反転の関係は、日・英語の慣用句やスピーチアクト・イディオムにもみられる。例えば、(33) と (34) の英語の慣用句の anything but 〜 は、日本語では「〜でない」に対応する。また、(35) の before long は「まもなく」に、(36) と (37) の before {I / you} forget は、「忘れないうちに」に対応する。

(33) a. Her point of view is anything but bad.
  b. 彼女の見解は決して悪くない。
(34) a. He is anything but a musician.
  b. 彼が音楽家だなんてとんでもない。
(35) a. I'm looking forward to seeing you again before long.
  b. まもなくお会いできるのを楽しみにしています。
(36) a. Before I forget, I'll write down your phone number.
  b. 忘れないうちに、君の電話番号を書き留めておこう。
(37) a. Do it right now, begore you forget.
  b. 忘れないうちに、それをしなさい。

日・英語の肯定／否定の関係は，次のスピーチアクト・イディオムにもみられる。

(38) a. I'm afraid I took your umbrella by mistake.
  b. 間違って君の傘を持っていったんじゃないかと思う
(39) a. How about some dinner?
  b. 夕食に行かない？
(40) a. Remember Pearl Harbor!
  b. パールハーバーを忘れるな。
(41) a. Keep the change.
  b. おつりはいらない。
(42) a. God forbid that you should disparage him.
  b. 彼をけなすようなことは絶対にないように。
(43) a. I miss you.
  b. 君がいなくて淋しい。

次の表現は，いわゆる慣用句（ないしはスピーチアクト・イディオム）ではないが，やはり肯定／否定に関する対立がみられる。[20]

(44) a. The butterfly is gone.
  b. チョウチョがいなくなった。
(45) a. He is absent.
  b. 彼は来ていません。
(46) a. Is there anyone who speaks Japanese?
  b. 日本語を話す人はいませんか？
(47) a. Do you have everything?
  b. 忘れ物はない？

これらの例は，存在や所有に関わる表現であるが，一般的な傾向として，英語の場合には〈存在する（ないしは所有する）〉という肯定的な側面に

焦点を当てて表現する．これに対し，日本語の場合には，〈存在しない（ないしは所有しない）〉という否定的な側面に焦点を当てて表現する傾向が認められる．[21]

[注]

[1] 地と図の概念は，Rubin によって提唱された概念であるが，この図と地の関係は，一般に以下の図（「ルビンの盃」）によって理解される（Rubin 1958: 201）．

この図の白い部分に注目した場合（すなわち，白い部分を〈図〉，黒い部分を〈地〉として見た場合）には，「盃」に見える．これとは反対に，黒い部分に注目した場合（すなわち，黒い部分を〈図〉，白い部分を〈地〉として見た場合）には，向かい合った人間の顔に見える．

[2] 類例としては，次の (i)-(iv) が挙げられる．これらの各対の文の場合にも，問題の共通事態に対して投げかけられる視線の移動が関わっている．

 (i) a. An ugly scar runs from his elbow to his wrist.
   b. An ugly scar runs from his wrist to his elbow.
                （Langacker 2008: 529）
 (ii) a. The roof slopes upward at a steep angle.
   b. The roof slopes downward at a steep angle.
 (iii) a. The line from point A to point B is straight.
   b. The line from point B to point A is straight.
                （Langacker 1988: 87）

[3] 英語の所有構文とこれに対応する存在構文としては，次の例が考えられる．

 (i) a. This room has five windows.
   b. There are five windows in this room.
 (ii) a. This jacket has three pockets.   （Hornby 1954: 7）

b. There are three pockets in this jacket.
(iii) a. Bill has three of these books.
　　　b. Three of these books belong to Bill.
[4] この種の状況を伝える場合には，a のような能動文だけでなく，次のような受動文も可能である．

(i) この野菜には，ダイオキシンが含まれている．
(ii) このガーゼには，水が含まれている．

[5] 本節で考察したセッティングと参与者の反転の認知プロセスは，異なる言語における認知モードの違いを特徴づける要因として重要な役割りを担っている．
　次の日本語と韓国語の例をみてみよう．

(i) a. ここはどこですか？
　　b. 여기가 어디입니까?

この種の疑問文は，いずれも日常会話において場所を尋ねる疑問文として使われる表現である．(i) の日本語と韓国語の疑問文の場合には，場所を問う主体は背景化され，問題の場所が質問の対象として焦点化 (i.e. 前景化) されている．(換言するならば，日本語と韓国語の場合には，セッティングとしての場所が図として前景化され，参与者としての人間は地として背景化されている．)
　欧米の言語（例えば，英語，仏語，独語，スペイン語）の場合には，(ii) に示されるように，参与者としての人間が図として前景化され，セッティングとしての場所は地として背景化されている．

(ii) a. Where are we?
　　 b. Où sommes-nous ?
　　 c. Wo sind wir?
　　 d. ¿Dónde estamos?

　以上の前景化，背景化の認知プロセスの違いを考慮した場合，疑問文の認知モードの基本的な違いは，次の二つの認知図式の違いとして規定することができる．

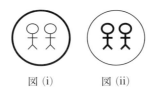

図 (i)　　図 (ii)

　図 (i) は，例文 (i) の日本語と韓国語の疑問文の認知図式，図 (ii) は，例文 (ii) の英語・仏語・独語・スペイン語の疑問文の認知図式に対応する．
　これらの図式のサークルは，問われている問題の場所，このサークルの中の人の

イメージは，場所を問う主体と対話の相手を示すものとする。また，これらの図式の太線は，問題の領域が焦点化ないしは前景化されている状態，細線は背景化されている状態を示すものとする。

　図の (i) と (ii) の規定から明らかなように，場所を問う日本語と韓国語の疑問文の場合には，参与者としての主体と対話者が位置づけられる場所 (i.e. セッティング) が図として前景化され，主体と対話者はセッティングの中に地として背景化されている。これに対し，英語・仏語・独語・スペイン語の疑問文の場合には，逆に場所を問う参与者としての主体と対話者が図として前景化されている。換言するならば，後者の言語の場合には，問題のセッティングにおける個としての参与者と対話者の位置づけが問題になっている。

　ただし，ここでで比較した異言語間の違いは，あくまでそれぞれの言語の一般的な発想（ないしは認知モード）の違いを反映したものであり，この種の認知モードとは異なる表現が不可能なわけではない。実際，日本語でも，上記の図 (ii) の認知モードに基づいて，「私達はどこにいるのですか？」のような主体を前景化した表現を使うことも，状況によっては可能である。しかし，自分の居場所などを尋ねる日本語の会話では，「ここはどこですか？」のタイプの表現が慣用化されており，主体を前景化したこの種の表現は一般的には使われない。

　以上の事実は，欧米語が，話者（ないしは認知主体）が問題の事態を外側から客観的に捉える視点をもつ点から理解される。すなわち，この種の言語では，自分がどこにいるかに関する事態を，外から客観的に捉える視点をもっているため，話者である自分を対象化し，一人称の主語として言語化することができる。これに対し，日本語や韓国語の場合には，話者が問題の事態の中に自分自身の視点を投入して，その事態を自らの経験として主観的に捉える視点構成をとるため，話者である自分を客観的に対象化して表現しないことになる。

[6] (4), (5) の例が意味する状況では，知覚対象としての海や岩山は，知覚主体の視界に入っているが，この対象を知覚する主体自身は，視界からは排除されている。この状況は，以下の図に示される。

この図の人物の上の広角の線で囲まれる領域は視界，この領域の中にある □ は，知覚対象，上に向かって延びている破線は視線を意味する。

第 2 章　言葉のゲシュタルト性と反転現象　　　　63

[7] この種の知覚の反転の相対的な関係は，次の図に示される。以下の図の (i) と (ii) の ◎ は認知主体 (i.e. 知覚する主体)，□ は知覚対象，右から左に向かう実線と破線の矢印は知覚対象の主観的移動の方向，左から右に向かう実線と破線の矢印は認知主体の物理的移動の方向を示す。

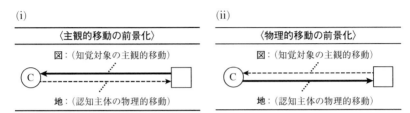

(i) の場合には，知覚対象の主観的移動の矢印が太線になっているが，これは知覚対象の主観的移動が図として前景化していることを示す。また (ii) の場合には，認知主体の物理的移動の矢印が太線で示されているが，これは逆に主体自身の物理的移動が図として前景化していることを示している。

[8] (1) のタイプの類例としては，次のような表現が挙げられる。
  (i)　千重子はその目を本堂の屋根にあげた。　　　（川端康成『古都』: p.26）
  (ii)　眼を走らせて，二本の赤い鉄柱の距離を目分量で測ってみると…。
　　　　　　　　　　　　　　　　　　　　　　　　　　　　　　　（同：p.98）
  (iii)　敬太郎は，… この手袋が女の白い手頸を三寸も深く隠しているのに気が付いた。彼は … 眼を転じて又電車に向かった。　　　（同：p.102）

[9] 英語の "eye(s)" のメトニミー的な意味の典型例は，以下の図に示される（Yamanashi 2010: 158）。

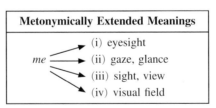

[10] 身体部位の「目」に関わる慣用表現の代表例としては，さらに次の例が挙げられる。（ここでは，外部世界の知覚，視覚に関わる慣用表現の一部を挙げるにとどめる。）

〈「目」の慣用表現〉

目を向ける　目を遣る　目を配る　目を落とす
目に入る　目にする　目に触れる　目に浮かぶ
目に見える　目に留まる／目に留める　目を転じる
目を付ける／目に付く　目を通す　目を走らせる
目を離す　目を引く
---

[11] この種の表現としては，さらに次の例が考えられる。

(i) The helicopter passed out of view.
(ii) The car went out of view.
(iii) The ship disappeared behind the horizon and passed out of sight.

[12] 知覚表現の文学的なメタファーとしては，次の例が挙げられる。

(i) 雨の奥から松らしいものが，ちょくちょく顔を出す。出すかと思うと，隠れる，雨が動くのか，木が動くのか，夢が動くのか，何となく不思議な心持ちだ。　　　　　　　　　　　　　　　（夏目漱石『草枕』：p.15)
(ii) 里の路に出ると，父のかくれている尼寺は，竹林にかくれてしまった。
　　　　　　　　　　　　　　　　　　　　　（川端康成『古都』：p.35)

(i) と (ii) の「顔を出す」と「隠れる／かくれてしまった」という表現は，いずれも擬人的なメタファーの表現である。ただしこの場合，厳密には，前者の「顔を出す」のほうが，後者の「隠れる／かくれてしまった」という表現よりも生きた比喩としての修辞性が高い。後者の表現のほうが相対的に慣用化の度合いが高い。

[13] この映画のタイトルの場合，英語の原題では，一般人称の用法としての you が使われている。これに対し，日本語では，主人公の固有名詞（「007」）が使われている。

[14] この種の反転は，次の (i) の英語の諺とその翻訳である (ii) の表現にもみられる。

(i) a. A man can only die once.
　　b. A man can die but once.
(ii) 人間，一度しか死ねないものだ。

この場合にも，英語は肯定的な表現，日本語は否定的な表現になっている。もちろんこの場合，英語でも，否定辞を使って，"A man cannot die more than once." のように言うことも可能であるが，諺としては，(ii) のような肯定的な表現が慣用化されている。

[15] 以下は，日本のテレビにおけるヒーロー番組の元祖と言われる『月光仮面』の主題歌である。

第 2 章　言葉のゲシュタルト性と反転現象　　　　　　　　　65

　　　どこの誰かは　知らないけれど
　　　誰もがみんな　知っている
　　　月光仮面の　おじさんは
　　　正義の味方よ　よい人よ
　　　疾風（はやて）のように　現れて
　　　疾風のように　去ってゆく
　　　月光仮面は　誰でしょう
　　　月光仮面は　誰でしょう

　　　　　　　　　　（川内康範 作詞，「月光仮面は誰でしょう」
　　　　　　　　　　　　https://www.uta-net.com/song/1748/）

　この主題歌の 2 行目（「誰もがみんな知っている」）は，論理的には，ここで問題にしている二重否定を使って，「誰も知らないものはいない」と言うことは不可能ではない。しかし，この二行目の歌詞の直前の文が，「... 知らないけれど」という譲歩的否定文になっているため，修辞的には，この否定的文脈における対比文として，「... 知っている」という肯定文が使われている。また，「誰も知らないものはいない」という二重否定文は，この主題歌を構成している各行の文の韻律的な簡潔性と統一性の修辞的技巧からみても，回りくどい稚拙な表現である。この点でも，この二重否定の表現は適切ではない。

[16] (11)-(13) の英語の表現の代わりに，否定辞を伴う表現として，例えば I've never seen such a funny looking thing. (I've never met with such a delightful person, etc.) のように言うことも可能である。これに対し，(11)-(13) の日本語の表現の代わりに，「これが私の見た最も奇妙なものだ」（「これが私が会った最も愉快な人だ」，等）のように肯定の表現で言うのは不自然である。

[17] 日本語でも，例えば far from に対応する「〜から程遠い」のような表現が存在する。したがって，(14a) の文は，「彼女は幸福からは程遠い」のように訳すことも不可能ではない。しかし，この種の訳は，日本語の表現としては直訳的で自然な表現とは言えない。

　英語の far from, free from のような表現は，距離や自由度に関する形容詞であり，この種の表現だけをみた場合には否定を意味する表現と解することはできない。これに対し，以下にみられる fail, little, few などの表現は，意味的には否定に関わる表現である。ただし，この種の表現は，これに対応する日本語の表現にみられる否定辞「ない」を伴う否定表現とは異なる。

　　(i)　a.　We failed to make friends with her.
　　　　b.　私たちは彼女と友達になれなかった。
　　(ii)　a.　I have few good friends.
　　　　b.　よい友人がほとんどいない。

(iii) a. I have little money.
         b. お金がほとんどない。
   (iv) a. Little did I dream that his plan would come true.
         b. 彼の計画が実現するなんて，ほとんど夢にも思わなかった。

[18] 次の諺の場合には，例外的に，英語と日本語のいずれも否定表現になっている。

   (i) Nothing ventured, nothing gained.
   (ii) 虎穴に入らずんば虎子を得ず。

[19] 厳密には諺ではないが，次の聖書の箴言的表現の日・英語の対も，肯定／否定に関し，反転の関係になっている。

   (i) Do to others as you would be done by.
   (ii) 己の欲せざるところを他人に施すなかれ。

[20] 日・英語の肯定／否定の対比に関しては，次の例も興味深い。

   (i) a. I can pay fifty dollars at most.
         b. 私はせいぜい50ドルしか払えない。
   (ii) a. Is that your best price?
         b. もっと安くならないの？
   (iii) a. They come back after five p.m.
         b. 午後の5時にならなければ帰ってきません。
   (iv) a. I'm still tired.
         b. まだ疲れが抜けていない。
   (v) a. It may rain.
         b. 雨が降るかもしれない。

[21] 次の看板や張り紙の注意書きにも，同様の違いがみられる。

   (i) a. Staff Only
         b. 関係者以外，立ち入り禁止。
   (ii) a. Keep off the Grass.
         b. 芝生に入るべからず。
   (iii) a. Keep off the Dog.
         b. 犬を近づけるな。

(ii), (iii) のタイプの用法としては，さらに次の例が挙げられる。

   (iv) a. Keep your dirty hands off me.
         b. 汚い手で私にさわるな。

(v) a. Keep away from my daughter.
　　b. 私の娘に手を出すな。
(vi) a. Keep away from fatty foods.
　　b. 油っこい食べ物は口にするな。

第 3 章　日・英語における発話の語用論的機能

3.1. 記号のグラウンド化と発話の遂行的側面

　一般に，文法に関わる言語現象は，文レベルにおける言語現象に焦点があてられており，話し手，聞き手，発話の場所・時間を特徴づける場ないしはグラウンド（G＝Ground）に関わる言語現象の分析は，体系的にはなされていない。日常言語の表現は，さまざまな形でグラウンド化されている。またグラウンド化は，日常言語の主観性に密接に関わっている。グラウンド化に関わる主観性は，次のような言語現象に関係している：(i) 発話行為における遂行動詞の有無，(ii) 発話の話し手，聞き手に関わる人称表現の有無，(iii) 発話の命題レベルにおける主語，目的語，等の有無，(iv) 発話の引用レベルにおける伝達動詞の有無，(v) 文レベルにおける思考，認識，等の命題態度に関わる動詞の有無，(vi) 文レベルの知覚行為を反映する動詞の有無，(vii) 文レベルの知覚行為に関わる主体表現の有無，(viii) 異言語間の翻訳における省略表現の有無，等。以下では，認知言語学の観点から，グラウンド化に関わるこの種の言語現象を，主に文の命題レベル，文の遂行レベル，テクスト・談話レベルの日英語の言語現象の比較を通して考察していく。まず本節では，日常言語の事態認知の背

景となるグラウンド化の基本的枠組みから考察を進める。

認知言語学の規定では，事態認知を反映する言語表現のグラウンド化の基本的な枠組みは，図1に示される (cf. Langacker 2009: 150)。

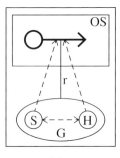

図1

図1の楕円形のサークルで囲まれた G は，話し手 (S: Speaker) と聞き手 (H: Hearer) の位置するグラウンド (Ground)，OS は認知対象としての事態ないしは行為の位置づけられるオンステージ領域 (OS = Onstage Region) を示す。(オンステージ領域 (OS) の中の矢印は，事態ないしは行為のプロセスを示す。) また，(i) グラウンドの話し手 (S) ／聞き手 (H) からオンステージ領域 (OS) に向かう破線の矢印は視線，(ii) グラウンドの双方向の破線の矢印は話し手と聞き手の相互作用，(iii) グラウンドとオンステージ領域の事態（ないしは行為）の矢印を結ぶ実線は，グラウンド化 (Grounding) の関係 (r: relationship) を示している。

日常言語の伝達の文脈を考えた場合，以上の規定におけるグラウンド (G) は，話し手 (S)，聞き手 (H) が位置づけられる場面に対応する。グラウンド化による規定で重要な点は，言語表現が，言語使用の文脈から遊離した記号系として存在するのではなく，話し手と聞き手が関わる日常言語の伝達の場（ないしは発話行為の場）に関連づけられる点にある。この点は，図2にみられる発話行為の遂行に関わる言語表現のグラウンド化による規定から明らかになる (Langacker 2009: 157)。

第3章　日・英語における発話の語用論的機能　　71

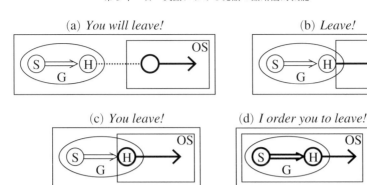

図 2

　図 2 の (a)–(d) の発話（You will leave!, Leave!, You leave!, I order you to leave!）は，聞き手が去る行為を叙述（ないしは陳述）する発話ではなく，いずれも話し手が聞き手に対し，発話の場から去ることを命令する遂行的な発話である。((a)–(d) の図の話し手から聞き手に向かう二重線の矢印は，命令の発話の力を示している。) ただし，これらの (a)–(d) の発話の認知的意味（ないしはゲシュタルト的な意味）は異なる。(換言するならば，これらの発話は，厳密には異なる事態認知のモードを反映している。)

　図 2 の (a) の発話は，話し手が，聞き手に去ることを命じる発話であるが，この場合には，(聞き手を示す you が言語的に明示されていることからも明らかなように) 聞き手自身がオンステージにプロファイルされている。((a) の図のオンステージ上の行為の主体のサークルとグラウンドの中の聞き手を結ぶ点線は，両者が同じ存在であることを示している。) これに対し，(b) の発話の場合には，(聞き手の you が言語化されていないことから明らかなように) 去ることを命じられている聞き手は，オンステージではなく，グラウンドの中に背景化されている。(c) の場合には，去ることを命じられている聞き手は，グラウンドに位置づけられていると同時に，オンステージにプロファイルされている。

(c) の発話と (a) の発話の場合，いずれも言語的には聞き手を示す主語の you が言語化されているが，聞き手の位置づけに関する主観性のモードに関して両者は異なる。(c) の場合には，グラウンドの聞き手はオンステージ上にプロファイルされている。これに対し，(a) の場合のグラウンドの聞き手は（行為の主体でもあるが）オンステージから背景化されている。換言するならば，(a) の聞き手が去る行為は，オンステージから離脱しているグラウンドの中の話し手と聞き手によって，より客観的な視点から把握されている。この点で，(a) の事態認知は，聞き手の去る行為に関し，より客観的なモードを反映する事態認知になっている。これに対し，(c) の場合は，発話の場としてのグラウンドを構成する聞き手自身が，逆にオンステージ上に客観化されていると言うことができる。

　以上の (a)-(c) の発話の場合には，去る行為に関する命令 (order) の発話の力とこの命令の行為を遂行する話し手は，オンステージからは背景化されており，言語化されていない。これに対し，最後の (d) の発話は，明示的な遂行発話 (explicit performative utterance) の例であり，この場合には，命令の行為の遂行者としての話し手と聞き手と命令の発話の力のいずれもオンステージ上にプロファイルされている。この点で，(d) は，発話の遂行に関し，より客観的なモードの事態認知を反映していると言うことができる。

3.2. 発話と遂行レベルの記号化の違い

　日・英語を比較した場合，前節の (d) の明示的な遂行レベルの表現性に違いがみられる。日本語の口語的な表現は，これに対応する英語と比べて，一般に発話の遂行レベルの表現は明示されないほうが自然である。この点は，次の日・英語の口語表現の比較から明らかになる。

　(1) a.　ちょっとあの河童を取り調べて下さい。(p.96)

第 3 章　日・英語における発話の語用論的機能　　　　　　　73

　　　　(I say! Would you just question that chap for me? (p.104)
　　b.　それはどうも不合理ですね。(p.99)
　　　　(But I must say I find this a very irrational interpretation. (p. 107)
　　c.　稀には電気を用いることもあります。しかし大抵は電気も用いません。(p.99)
　　　　(There is, I admit, the electric chair, but we reserve it for very rare and exceptional circumstances. (p.108)
　　d.　こら，こら，そう覗いてはいかん。(p.104)
　　　　(I say! Hey! Do stop staring in at us like that! (p.115)
　　　　　　　　　　　　　　　　　　　　　　（芥川龍之介『河童』）
　　　　　　　　　　　　　　　　　　　　(Ryunosuke Akutagawa, *Kappa*)
(2) a.　あれもう決めてるよ。(p.19)
　　　　(But I tell you, it's all settled. (p.94)
　　b.　井戸の中へでも財産を隠しておいでなんだろう。(p.40)
　　　　(I'll bet you've got a fortune hidden away inside the family well. (p.124)
　　c.　いじわるなお兄さん。でも冷淡なところがちょっと魅力だなあ。(p.33)
　　　　(How rude he is! But I must say, there's something charming about his coldness. (p.115)
　　d.　御注意申上げるが，'しかし'というのはインテリの言い草ですよ。(p.41)
　　　　(I beg to inform you, "however" is a word which can only be used by intellectuals. (p.126)
　　　　　　　　　　　　　　　　　　（三島由紀夫「邯鄲」，『近代能楽集』）
　　　　　　　　　　　　　　　　　　　　(Yukio Mishima: *Kantan*)
(3) a.　ぜんたい，ここらの山はけしからんね。(p.96)

(I must say, the country round here is really awful. (p.43)

b. どうもそうらしい。(p.99)

(I must say, it seems like it. (p.46)

(宮沢賢治『注文の多い料理店』)

(Kenji Miyazawa, *The Restaurant of Many Orders*)

以上の例は、日本の小説の口語表現とその英訳の比較であるが、この場合、英訳の例では、発話行為の遂行を明示する I (must) say, I admit, I tell you, I'll bet, I beg to inform you のような表現が使われている。一方、これに対応する日本語の表現には、(2d)の例を除いて、この種の遂行表現は使われていない。

日本語にも発話行為の遂行を明示する表現がない訳ではない。日本語でも、口語表現ではなく、フォーマルで儀礼的なスタイルの表現には、状況に応じて遂行的な表現が使われる。例えば、(2d)の例（「御注意申上げるが、'しかし' というのはインテリの言い草ですよ」）の「御注意申上げるが」の部分は、明らかに発話行為（この場合には、言明の発話行為）を明示するフォーマルな表現になっている。

この種のフォーマルで儀礼的な発話行為の遂行表現の典型は、(4)に示される。

(4) a. 日本国民は、国家の名誉にかけ、全力をあげてこの崇高な理想と目的を達成することを誓ふ。　　（『日本国憲法』：前文）

b. ここから退去するよう命じる。

c. 正々堂々、戦うことを誓います。

(5) a. あえて言わせてもらう。君は間違っている。

b. あえて言わせてもらいます。あなたは間違っているわ。

しかし、(4)のタイプの表現は、基本的には会話にみられるような口語的な表現には使われない。この種の表現は、フォーマルで儀礼的な発話の遂

行表現である。(5) の例は会話の表現としても使われるが，くだけた会話の表現ではない。口語的な会話の表現としては，むしろ「君は間違っているよ」，「あなたは間違っているわ」のように，(「～とあえて言う」のタイプの遂行表現を使うよりも)「～よ」，「～わ」のような終助詞を伴う表現だけを使うほうが自然である。

3.3. 引用における伝達動詞の背景化

　日・英語の発話の遂行性に関わる表現の違いは，発話の遂行を表現する伝達表現が，言語的に明示されるか否かに反映される。基本的に，日本語の場合には，会話における発話の遂行機能を明示する伝達部は言語的に明示されなくても不自然ではないが，英語の場合には，伝達部も明示される傾向がある。

　例えば (1) の場合，日本語では，伝達表現が言語的に明示されていないが，これに対応する英訳の文ではこの部分が表現されている。

(1) a.　「お遊びにいらっしゃいまし。」
　　　　「お遊びにいらっしゃいまし。」
　　　　上の娘も同じことを言って，女達は帰って行った。(p.29)
　　b.　"Come on over," she called to me.
　　　　"Come on over," the younger woman echoed, and the two of them turned back toward their inn. (p.28)

(川端康成『伊豆の踊り子』，原書房)
(Yasunari Kawabata, *The Izu Dancer*)

すなわち，(1a) は「お遊びにいらしゃいませ」という表現（伝達部が明示されていない表現）になっているのに対し，(1b) は，"Come on over," she called to me. のように伝達部 (she called to me) が明示的に表現されている。

基本的に同様の点は，次の例にもみられる。

(2) a. 「遊びにいらっしゃい。」「ええ。でも一人では……。」(p.37)
b. "Come on over to the inn," I called as we passed.
"I couldn't very well by myself." (p.36)
(3) a. 「いいひとね。」
「それはそう，いい人らしい。」(p.55)
b. "He's nice, isn't he," the girl's voice came again.
"He seems to be very nice." (p.54)
(4) a. 「これで明日の法事に花でも買って供えて下さい。」(p.57)
b. "Buy some flowers for the services tomorrow," I said. (p.58)

(川端康成『伊豆の踊り子』，原書房)

(Yasunari Kawabata, *The Izu Dancer*)

(2a) の最初の文には，この発話の伝達に関わる表現は明示されていないが，(2b) の対訳では，伝達部 (I called …) が表現されている。同様の違いは，(3) の最初の文と (4) の文の日英の比較からも明らかである。(3) の英語の文では，伝達部 (the girl's voice came again) が，(4) の英語の文では伝達部 (I said) が表現されている。これに対し，これに対応する (3)，(4) の日本語の文では，問題の伝達部は表現されていない。

この種の事実は，日本語では伝達部が常に表現されない（あるいは英語では，常に伝達部が表現される）ことを示す訳ではない。日本語でも，伝達部が表現される例は存在する。（例えば，上の (1) の 2 番目の日本語の文では，これに対応する英語の文と同様，伝達部も明示されている。）また，逆に英語でも伝達部が表現されない例も存在する。（例えば，上の (2)，(3) の 2 番目の英語の文では，これに対応する日本語の文と同様に，伝達部は表現されていない。）したがって，本節で指摘した発話の引用に関わる日・英語の伝達部の明示性の違いは，あくまで一般的な傾向の違いにとどまる。

以上の日・英語の例とは逆に，日本語のほうが伝達部分を明示し，英語のほうが明示しない事例も考えられる。この傾向は，日・英語の質問-応答の場における次のような例にみられる。

(5) Q: 彼女はなんて言った？
    A: 「あなたには会いたくない」って言った。
(6) Q: 彼女はなんて言った？
    A: (*)「あなたには会いたくない」
(7) Q: What did she say?
    A: She does not want to see you.

日本語の場合，ある人の言ったことを伝達する場合には，(5)の例にみられるように，〈って言った〉という伝達部を明示するのが自然である。(6)のように，伝達部が明示されない答え方は不自然である。これに対し，英語の場合には，(7)に示されるように，伝達部を表現しない表現が可能である。[1]

〈と言う〉という伝達動詞の表現は，(8)の日本語の例にも使われている。これに対し，日本語の例に対応する英語の例では，この種の伝達動詞は背景化されている。

(8) i. a. 昨日はジョンは欠席した。と言うのは，彼は病気だったから。
       b. John was absent yesterday, for he was sick.
    ii. a. 彼は桟橋から落ちた。と言うのは，彼は酔っ払っていたから。
       b. He fell off the pier, because he was drunk.
(9) i. a. 正直に言えば，僕はその仕事にはあまり興味がありません。
       b. To be honest with you, I am not quite interested in that job.

ii. a. 率直に言えば，彼等は医者としては成功しないよ。
　　　　 b. Frankly, he will not succeed as a doctor.
(10) i. a. 知りたいんだったら言うけど，彼等は離婚したんだ。
　　　　 b. 興味があるなら言いますが，彼の妻は女優なんだ。
　　　ii. a. If you want to know, they got divorced.
　　　　 b. If you are interested, his wife is an actress.
(11) i. a. その会社は破産したと言ってもいいくらいだ。
　　　　 b. The company {almost/nearly} went bankrupt.
　　　ii. a. どちらかと言うと，あの車よりこの車のほうがいい。
　　　　 b. I'd rather prefer this car to that one.

(8) の場合，英語の for, because で始まる理由節では，日本語の〈と言う〉に対応する表現は明示されていない。また (9) の場合，日本語の「正直に言えば」，「率直に言えば」には，それぞれ英語の to be honest with you, frankly が対応するが，後者には〈言う〉に相当する表現は明示されていない (frankly speaking, strictly speaking のように，〈言う〉に相当する表現が明示される場合もあるが)。(10) の英語の条件節は，表層レベルでは一見したところ主節を修飾するようにみえるが，意味的には，主節の陳述の発話の力に相当する遂行動詞 (e.g. I tell you) を修飾する。日本語の場合には，この遂行動詞に対応する表現が，条件節に明示的に表現されている。(11) の英語の副詞 (almost/nearly, rather) の日本語の訳としては，〈ほとんど〉，〈むしろ〉のような直訳的な表現も可能である。しかし，一つのこなれた意訳としては，〈と言ってもいいくらいだ〉，〈どちらかと言うと〉というような，文字通りの発話の遂行を示す表現のほうが自然である。

3.4. 談話レベルの省略と背景化

　以上の事実は，言語表現の明示性は，日本語と英語の事例によって異なることを示している。したがって，日本語のほうが英語よりも省略表現（ないしは非明示的な表現）が多いとは一概には言えない。

　しかし，広義の談話文脈のなかで日・英語を比較した場合には，言葉の省略ないしは明示性に関し，基本的な違いが認められる。日本語の談話や会話のやりとりには，かなり断片的な表現が使われる。次の例をみてみよう。

(1) a.　だったら …。
    b.　（そうしたいん／そうであるの）だったら …。
(2) a.　すれば。
    b.　すれば，（いい）。

　一見したところ，(1a) の「だったら」は，自律的な接続詞としての機能をになう談話標識として用法が確立しているようにみえる。しかし，(1b) の例から明らかなように，この種の表現の背後には，「そうしたいん／そうであるの」に対応する条件節の命題が背景化されている。(1a) の「だったら」は，この種の背景化のプロセスに基づく文法化を経て確立された用法とみなすことができる。（この種の接続表現としては，さらに「なら」，「なのに」，「だとすると」，「にもかかわらず」，等が典型例として挙げられる。）

　(2a) の「すれば」はどうか。発話行為の観点からみた場合，この表現は，示唆，忠告，指示，等の発話の力をともなう（いわば，スピーチアクト・イディオムとしての）慣用表現とみなすことができる。しかし，(2b)（「すれば，（いい）」）から明らかなように，このタイプの表現も，条件文の後件の命題（「いい」／「よい」，等）が背景化のプロセスにも基づく文法化を経て確立した用法である。

(1a) と (2a) の表現が文法化され慣用化している点は，さらに (3a) の例から明らかである。

(3) a.　だったら，すれば！
　　b.　（そうしたいん）だったら，すれば（いい）！
(4) a.　P ⟶ Q
　　b.　((P ⟶ Q)) ⟶ R
　　　　[n.b. P =「そうしたい」，Q =「する」，R =「いい」]

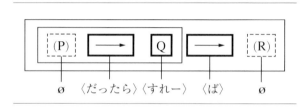

図 3（山梨 2000: 81）

(3a) の表現では，条件文の前件の命題（「そうしたい」）は背景化され，言語化されていない。言語化されているのは，この命題をうける接続助詞（「だったら」）と後件の命題（「する」）だけである。また，(3a) の表現自体は，全体として，さらに「すれば」の接続助詞の「ば」に後続する（背景化されている）命題（「いい」）の前件として機能している。すなわち，(3a) は，(4a) の条件命題が (4b) の前件に埋め込まれた複合的条件文として機能している。（背景化されている部分を復元した，この複合的条件文のパラフレーズは，(3b) に示される。また，この種の条件表現の背景化と構成命題の論理関係は，図 3 に示される。）

　以上の日本語の省略表現に対応する英語の表現は存在しない。例えば，図 3 の「(なら) ば」のような接続助詞は，英語では <If P, then Q> のような条件文の <if> に対応するが，この条件文の前件の P を省略して <if> だけを言語化するような表現は存在しない。

この種の背景化に基づく省略表現の慣用化の例としては，別れの挨拶としての「さらば」,「さようなら」が挙げられる。[2]

(5) a.　さらば
　　 b.　さようなら
(6) a.　さらばと告げて　手を振る君は
　　　　赤いランプの　終列車
　　 b.　思えば　いと疾（と）し　この年月
　　　　今こそ　別れめ　いざさらば

「さらば」の場合には，「然らば，これにて御免つかまつる」のような条件文の後件が背景化された省略表現が別れの挨拶表現として慣用化している。同様に，「さようなら」の場合には，「左様ならば，これにてお暇（いとま）仕（つかまつ）る」といった条件文の後件が背景化され，文法化のプロセスを経て，前件だけの表現が別れの挨拶表現として慣用化している。
　また，日本語の条件文の後件が省略され前件だけが言語化された表現は，次の例にみられるように，発話の力（i.e. 発語内的な力）を誘引する遂行的な表現としても使われる（山梨 2000: 110）。

(7) a.　もう遅いから帰れば！
　　 b.　わからなかったら，誰かに聞いたら！

(7)のタイプの文は，一見したところ，後件が省略された通常の条件文のようにみえるが，この種の表現は，忠告，示唆，等の発話の力をともなうスピーチアクト・イディオムとして慣用化している。また，(7)の例の文末にくる助詞の機能は，接続助詞の用法から，終助詞ないしは感投詞の機能を帯びた助詞として文法化している。
　また次の例も，発話の命題内容を考えた場合，論理的には，主節に相当する部分が省略された慣用表現の一種と考えられる。

(8) a. お湯がわいたけど。
　　b. じゃあ，もうこんな時間ですから。

しかし語用論的には，この種の文は，スピーチアクト・イディオムとして慣用化された表現とみなされる。例えば，(8a) の文は，お湯に入ることに関する勧誘，b の文は別れを含意する遂行的な発話として機能する慣用的な表現の一種と考えられる。(この種の慣用表現の語用論的な位置づけに関しては，さらに山梨（1995: 69-72）を参照。)

N.B. 日本語の場合，本来的には先行事象を示す文の接続助詞としての機能をになっていた表現が，この先行事象の事態認知の背景化によって，自律的な接続表現ないしは談話標識に変化する例がみられる。

(i) a. なら，残しなさい！
　　b. だから，家にいるんだ。
　　c. だったら，電話したらどうなの？
(ii) a. 食べられないなら，残しなさい！
　　b. 今日は休校だから，家にいるんだ。
　　c. 彼女に会いたいんだったら，電話したらどうなの？

一見したところ，(i) の「なら」，「だから」，「だったら」は，自律的な接続詞ないしは談話標識としての用法が確立しているようにみえる。しかし，(ii) の例から明らかなように，この種の表現の背後には，先行条件の事態を示す命題が背景化されている。(i) の「なら」，「だから」，「だったら」は，この種の先行条件を示す命題の背景化のプロセスによる文法化を経て確立された接続表現の一種とみなすことができる。

3.5. グラウンド化と事態の参与者の背景化

ここまでにみてきた背景化に関わる現象は，表層の文レベルの言語現象が中心になっており，話し手，聞き手，伝達の場所・時間などの発話の場に関わる背景化の問題は考慮されていない。この後者の発話の場に関わる

要因は，グラウンド（G: Ground）に関係する要因の一種とみなされる。日本語の場合，グラウンドに関わる要因のかなりの部分が自然に背景化される傾向にある。

日本語の背景化に関わる対象としては，少なくとも次のような要因が考えられる（山梨 2004: 169）。

〈背景化の対象〉
A. 文レベルにおける話し手，聞き手
B. 発話の主体としての話し手，聞き手
C. 知覚，認知の主体
D. 場所，空間の内在的／外在的な領域
E. 主体の感覚的／知覚的な部位

表 1

表 1 の A 〜 C に関わる事例としては，次のような例が考えられる。

(1) a. 好きだよ。
    b. これをプレゼントするよ。
(2) a. 出ていきなさい！
    b. （私は）（君に）退去するよう命令する！
(3) a. このベッドは気持ちがいい。
    b. たくさんの星が見える。

(1) は，表層の文レベルにおける主語，目的語が背景化される日本語の典型例である。これに対し，(2) は，表層レベルの文の背後に存在する伝達の場における話し手，聞き手の背景化に関係している。(2a) と (2b) は，いずれも命令の発話行為を遂行する発話である。この場合，後者の発話は，明示的な遂行表現の形式をとった発話である。これに対し，前者の発話では，発話者も聞き手も背景化されている。(3) は，表層の文レベルに

おいて，知覚主体としての主体が背景化されている。この知覚主体は，英語では背景化されずに表層レベルに言語化され得る (e.g. I find this bed comfortable, We can see many stars)。(ただし，英語でも，(3) の例のように知覚主体の言語化されない表現も可能である (e.g. This bed is comfortable, Many stars are visible)。

表1のDの背景化に関わる事例としては，(4)-(6) が考えられる。

(4) a. 時計をはめた。
    b. (腕に) 時計をはめた。
(5) a. キスした。
    b. (唇に) キスした。
(6) a. 彼女にキスした。
    b. (公園で) 彼女にキスした。

この種の背景化の対象は，場所，空間に関わる内在的な領域と外在的な領域に区分される。(4), (5) のaの文の背景化の対象 (〈腕〉,〈唇〉) は，文脈からは独立して，デフォールト的に，動詞 (「はめる」,「キスする」) の意味から自然に予測される内在的な領域である。(ただし，特殊な文脈では，他の身体部位に時計をはめることも可能である。同様に，キスは，唇以外の身体部位にすることもあり得る。ここでの考察は，あくまでデフォールト的な解釈としての「はめる」,「キスする」の用法を問題にしている点に注意する必要がある。)

これに対し，(6a) の文の背景化の対象 (〈公園〉) は，問題の行為がなされる外在的な領域であり，この点で，(4), (5) のタイプの行為に関わる内在的な領域からは区別される。

表1のEの背景化に関わる事例としては，次の例が挙げられる。

(7) a. 痛い！
    b. (頭が，歯が，etc.) 痛い！

(8) a. だるい！
　　b. （体が）だるい！

(7), (8) の a の文では，b に示される主体の感覚経験の所在としての対象が背景化されている。前者の場合には主体の身体部位が，後者の場合には主体の身体全体が言語的には背景化されている。

　以上の考察から明らかなように，日本語の場合には，問題の行為や事態に関わる主体，知覚・感覚に関わる身体（ないしは身体部位），等が，文脈に応じてデフォールト的に背景化される。

　これに対し，英語の場合には，この種の主体の身体ないしは身体部位の一部は，文脈から明らかであっても言語化される。この点は，次の日英の比較から明らかになる。

(9) a. 彼は胸に手を当てたまま，この鼓動の下に，温かい紅の血潮の緩く流れる様を想像してみた。これが命であると考えた。自分は今流れる命を掌で抑えているんだと考えた．…

（夏目漱石『それから』：p.5）

　　b. With his hand still on his chest, he tried to imagine the warm, crimson blood flowing leisurely to his beat. This was life, he thought. Now, at this very moment, he held in his grasp the current of life as it flowed by.

(Soseki Natsume: *And Then*：冒頭)

(9) の a と b の表現を比較した場合，日本語では主語の「彼」の身体部位の「胸」，「手」は所有代名詞で修飾されていないが，英語の翻訳では所有代名詞が明示されている。また日本語では，後続文の主語は，その先行文の主語（「彼」）との関連で照応的に省略されているが，英訳では，主語の he が後続文でも言語化されている。

　この種の代名詞ないしは所有代名詞の用法の違いは，次の例からも明ら

かである。

 (10) a. 飛行機の音ではなかった。耳の後ろ側を飛んでいた虫の羽音だった。蠅よりも小さな虫は，目の前をしばらく旋回して暗い部屋の隅へと見えなくなった。

(村上 龍『限りなく透明に近いブルー』：p.7)

   b. It was not the sound of an airplane; it was the buzzing of an insect flying behind my ear. Somewhat smaller than a common fly, for a short time it circled before my eyes, then disappeared into a dark corner of the room.

(Ryu Murakami, *Almost Transparent Blue*: p.7)

(10a) では，背景化されている主体の「耳」，「目」の場合には，所有代名詞が明示されていないが，(10b) の英訳の ear, eyes の場合には，所有代名詞が言語化されている。

 (10) の日英の比較では，特に状況に関わる主語の有無が興味深い。(10a) の日本語の第1文と第2文（「飛行機の音ではなかった」，「耳の後ろ側を飛んでいた虫の羽音だった」）では，主語は明示されていない。これに対し，(10b) の英訳ではこの主語に相当する存在が，代名詞の it によって明示されている。この小説のテクストの文脈からして，日本語で省略されている部分（ないしはこれに対応する英語の it の部分）は，飛んでいる虫の羽音であることは明らかである。日・英語の比較で興味深い点は，基本的にこのような状況で指示できる対象を英語では，状況指示の代名詞の it で明示するのに対し，日本語の場合には基本的に背景化するという点である。

 基本的に同様の違いは，次の例にもみられる。

 (11) a. 空を見ろ！ 鳥だ！ 飛行機だ！
     スーパーマンだ！

b. Look up in the Sky! It's a Bird! It's a Plane! It's Superman!

(11)の「空を見ろ！」（ないしは Look up in the Sky!）に後続する発話は，空中を飛行している存在に対して発せられる表現であるが，日本語の場合には，この存在を指示する主語の部分は言語化されていない。これに対し，英語の場合には，この指示対象が it によって表現されている。

3.6. 省略可能性とプロ・ドロップの有無

　言語類型論的な観点からみた場合，基本的に日本語は，テクスト（ないしは談話）の展開において主題が提示された場合，主題が文脈から復元可能な限り，後続文脈において言語化される必要はない。この種の言語は，一般にプロ・ドロップ (pro-drop) 型の言語として位置づけられる。

　これに対し，文脈による予測性に関わりなく主題を言語化する英語のような言語は，非-プロ・ドロップ型の言語とみなされる。英語のような非-プロ・ドロップ型の言語の典型は，第１文の先行詞に対し後続文に代名詞 (he, it) が繰り返される以下の例にみられる。

(1) a. Orlando looked no more. He dashed downhill. He let himself in at a wicket gate. He tore up the winding staircase. He reached his room.　　　(Virginia Woolf, *Orlando*: p. 14)
b. George had cooked the sandwich, wrapped it up in oiled paper, put it in a bag, brought it in, and the man had paid for it and gone out.　　　(Ernest Hemingway, *The Killers*: p. 6)

　言語類型論の視点からみるならば，一般に，日本語はプロ・ドロップの認知モードの表現が自然なスタイルとみなされる。この種の典型例は，次の引用例にみられる。

(2) 彼は … 一人よく町へ瓢箪を見に出かけた。そして，夜は茶の間の隅に胡座をかいて瓢箪の手入れをしていた。手入れが済むと酒を入れて，… それごと火燵へ入れて，そして寝た。

(志賀直哉『清兵衛と瓢箪』: p.17)

(2) の最初の文の主語（「彼」）は，後続文においては言語化されていない。この点で，(2) のタイプのテクストの展開は，プロ・ドロップ型の日本語の典型的なスタイルと言える。

一般に，日本語では，このタイプのプロ・ドロップ型の表現が自然であるとされる。しかし，小説のような文学作品では，以下の例にみられるように，先行文だけでなく後続文においても主語が言語化されている。

(3) 僕は又椅子から立ち上り，発狂することを恐れながら，僕の部屋へ帰るとにした。僕は僕の部屋へ帰ると，すぐに或精神病院へ電話をかけるつもりだった。… 僕はさんざんためらった後，この恐怖を紛らす為に「罪と罰」を読みはじめた。

(芥川龍之介『歯車』: p.67)

(4) 今夜ずっと，僕は働かなければならないだろう，と僕は考えた。… 僕は勢いよく階段を駆け下りたが，僕の喉へこみあげて来る，膨れきった厚ぼったい感情は，のみこむたびに執拗に押しもどして来るのだ。

(大江健三郎『死者の奢り』: p.54)

これらの例では，各文頭の位置と修飾部の一部に「僕」が繰り返されており，非-プロ・ドロップ型の英語のような表現スタイルをとっている。この点で，この種の表現は，英語の表現を直訳したような（日本語としては不自然な）表現スタイルになっている。この種のスタイルを，作者自身があえて意図しているならば，これも一つの文学的な表現スタイルとみなすことも可能ではある。（この種の英語の直訳的なスタイルによる日本語の文学表現の機能に関しては，さらに第 6 章 6.5 節で具体的に考察する。)[3]

3.7. 言葉の簡潔性と冗長性

　以上の考察からも明らかなように，基本的に日本語は英語のような西洋の言語と比べて，相対的により文脈依存的で，省略された表現，簡潔な表現が多い点に特徴がある。この特徴は，これまでにも国語，文学，等に関わる言語論において指摘されてきたところである。この点に関し，谷崎は『文章読本』の中で次のように述べている。

> 国語の長所短所と云うものは，… 国民性に深い根ざしを置いているのでありますから，国民性を変えないで，国語だけを改良しようとしても無理であります。… 国語の構造は，少い言葉で多くの意味を伝えるように出来ているので，沢山の言葉を積み重ねて伝えるようには，出来ていないからであります。
>
> （谷崎潤一郎『文章読本』: p.59）

> 西洋の書き方は，出来るだけ意味を狭く細かく限って行き，少しでも蔭のあることを許さず，読者に想像の餘地を剰さない。… 構造を異にする国語の文章に彼等のおしゃべりな云い方を取り入れることは，酒を盛る器に飯を盛るようなものであります。
>
> （同：pp.67-68）

　日本語と英語の簡潔性（ないしは冗長性）の違いは，特に次のような文学的なテクストの比較から明らかになる。

(1)　目には青葉山ほとゝぎすはつ松魚（がつを）　　　　（山口素堂）

(2)　For the eyes, there are green leaves,
　　 For the ears, the mountain cuckoo's songs,
　　 And for the tongue, the first bonito.

　　　　　　　　　　　　　　（Takahiko Sakai (ed.) *An Anthology
　　　　　　　　　　　　　　of Notable Japanese Literature*: p.45）

(1) の素堂の俳句は、我々の五感を通しての世界（視覚の世界、聴覚の世界、味覚の世界）を五七五の短詩型の言語形式で表現している。この句においては、「青葉」に対しては視覚に関わる感覚器官の「目」が表現されているが、「山ほとゝぎす」に対する聴覚器官の「耳」、「はつ松魚」に対する味覚器官の「舌」は表現されていない。これに対し、(2) の英訳では、視覚に関わる感覚器官の「目」だけでなく、「山ほとゝぎす」に対する聴覚器官の「耳」、「はつ松魚」に対する味覚器官の「舌」も表現されている。（さらに、英訳のほうでは、青葉の存在を表現する there are と列挙の等位関係を表現する and が言語化されている。元の日本語の俳句では、この種の表現は言語化されず、「青葉」「ほとゝぎす」「はつ松魚」という三つの名詞句の表現が、並列的に列挙されているに留まる。）

　この俳句と (2) の英訳は以上の違いはあるが、他の点では、ほぼ逐語訳的に対応している。これに対し、次の俳句とその英訳には決定的な違いがみられる。

(3)　芋の露連山影を正うす　　　　　　　　　　　　　（飯田蛇笏）

(4)　On the surface of the leaves
　　　　of the taro that grows in the field here,
　　　　there are a lot of dewdrops
　　　　shining with the reflected light of the morning sun—
　　Way out in the distance,
　　　　There is a range of mountains,
　　　　Visible in the autumn sky clearly,
　　　　as it should be.

(Takahiko Sakai (ed.) *An Anthology of Notable Japanese Literature*: p.102)

　蛇笏の俳句は、「芋の露」、「連山」、「影を正うす」の語句が五七五の短詩型の言語形式に沿って点描的に表現されているだけである。俳句に限ら

ず，詩的表現の解釈は想像性にあると言えるが，「芋の露」,「連山」,「影を正うす」を解釈の手がかり(i.e. 参照点)として，少なくともその基本的な意味は推定可能である。この句の場合には，芋の葉に露が輝き，遠方に連山がみずから姿勢を正すかのようにくっきりとその姿を現している，といった情景の描写として解釈することができる。

ここからこの俳句の背後の意味を主観的にどこまで補っていくかは，読者の想像性（ないしは創造性）にゆだねられる。上記の英訳は，蛇笏の五七五の三つの句を直訳的に訳すのではなく，読者の側の背景的知識に基づいて補完的に訳している。まず，芋の露は，(芋畑の) 里芋の葉の上に輝いている露であり，その露が早朝の日の光に輝いている。そして，連山が，遥か遠くの秋の空にくっきりと稜線を連ねて見える。しかも，みずから姿勢を正すかのようにくっきりとその姿を現している。上記の英訳のほうは，この補完的な解釈を表現している。

ここではこの英訳が，蛇笏の句を過不足なく適切に訳しているかは問題にしない。ここで興味深いのは，ほんの1行におさまる俳句の表現が，英訳では，その補完的な意味まで考慮して，長々と8行に渡って説明的に（かつ冗長に）訳されている点にある。

修辞的な観点からみた場合，この句には大小，遠近の対比が認められる。近景としての小さな芋の露に対し，遠景としての大きな連山が対比されている。この対比で注目すべき点は，大小，遠近の対比にバランスが保たれている点にある。通常，大小の対比と遠近の対比においては，遠景にある大きな対象を背景に，近景にある小さな対象が前景化される。しかし，この俳句では，近景にある小さな対象も遠景にある対象もバランスをもって前景化されている。この句の対比は，大小，遠近だけではない。小さな芋の露は，いずれは消え行く儚い瞬間的な存在である。これに対し，背後に対置される連山は泰然として動かぬ静的な存在である。したがって，この句には，瞬間と永遠，動と静の世界も対比されている。

以上の対比の観点からみた場合，蛇笏の俳句と上記の英訳で一箇所だけ

対象の知覚に関し，日・英語の単数と複数に関する違いが認められる。問題は，「芋の露」の訳であるが，英訳ではこれを a lot of dew drops と複数の表現に訳している。しかし，蛇笏の俳句の「芋の露」は，日本的な感覚ではむしろ一滴の露と解するほうが自然である。もちろんこの感覚は絶対的なものではないが，以上にみたこの俳句の大小，等の対比の文脈でみた場合，一滴の露のほうが近景への焦点化が凝縮的（ないしは集中的）になり，その分だけ遠景の連山への焦点化との対比が際立つように思われる。さらに，一滴の露と解すならば，この一つの小さな露の小宇宙に大きな連山の遠景がズームインのプロセスを介して映し出されていく。この種の解釈は多分に主観的であるが，俳句の秘める創造的な解釈の可能性を広げていく一つの視点となる。

[注]

[1] この種の事実は，一見したところ，前節の日英語の伝達動詞の表現性の問題と矛盾しているようにみえる。しかし，本節の事例と，前節の事例は，談話・テクストレベルのスタイルに本質的な違いがある。この違いに関しては，さらに以下で考察していく。

[2] (6) の例は，春日八郎の昔のヒット曲からの引用である。

　　白い夜霧の 灯りに濡れて
　　別れ切ない プラットホーム
　　ベルが鳴る ベルが鳴る
　　さらばと告げて 手を振る君は
　　赤いランプの 終列車

　　　　　　　　（『赤いランプの終列車』，作詞：大倉芳郎）
　　　　　　　　（http://j-lyric.net/artist/a000d2a/l01217b.html）

[3] 大江健三郎の一人称の「僕」の多用は，特に彼の初期の作品にみられる。(4) のタイプの代名詞の使用は，さらに次の例にもみられる。

　　　　僕は大学への行き帰りにその舗道を前屈みに歩きながら，十字路へ来るたびに耳を澄した。僕は心の隅で犬の声を期待していたが，まったく聞えない

時もあった。どちらにしても僕はそれらの声をあげる犬の群れに深い関心を持っていたわけではなかった。
　しかし三月の終りに，学校の掲示板でアルバイト募集の広告を見てから，それらの犬の声は濡れた布のようにしっかり僕の躰にまといつき，僕の生活に入りこんで来たのだ。

（大江健三郎『奇妙な仕事』：p.8）

第4章　日・英語——修辞的技巧の対照分析

4.1. 修辞的技巧と日常言語

　言語学の研究では，言葉の形式と構造の解明に関わる文法の研究だけでなく，言葉の意味に関わる研究もかなり進んできている。しかし，これまでの伝統的な意味論の研究が対象とする意味は，文字通りの意味（ないしは字義通りの意味）に関する研究が中心となり，メタファー，メトニミー，アイロニー，等の修辞的な意味に関する研究は等閑視されてきた。この現状に対し，後者の意味の側面に関する分析への突破口を切り開いた研究が，Lakoff and Johnson（1980）のメタファーに関する研究（*Metaphors We Live By*）である。この研究が起点となり，現在，認知言語学の分野を中心として，言葉の文字通りの意味の研究だけでなく，修辞的な言葉の綾に関わる意味の研究も広範になされてきている。ただし現在までのところ，この方面の研究は，主に個々の言語を特徴づけるメタファー，メトニミー，等の個別的な研究が主眼となっており，複数の言語の修辞的技巧に関わる対照分析は本格的にはなされていない。形式と意味の対応関係からなる日常言語の記号系には，普遍性が存在すると同時に，個々の言語の記号系を特徴づける固有性が存在する。後者の個々の言語の固有性のなかで

も，修辞的な言葉の綾に関わる固有性は特に興味深い。本章では，この修辞的固有性の一面を，日・英語の具体事例に基づいて考察していく。

4.2. メトニミーの修辞的技巧の違い

日常言語の表現のかなりの部分は慣用化され，文字通りの意味を表現しているようにみえる。しかし，個々の具体的な表現を分析してみると，一見したところ文字通りの表現として慣用化されている事例に，メタファー，メトニミー，等の修辞性が認められる表現が広範に存在する。

日本語と英語には，次の例にみられるように，同じタイプのメトニミー表現が存在する。

(1) a. 彼女はテーブルを拭いた。
　　b. She wiped the table.
(2) a. 彼はシチューの二皿をたいらげた。
　　b. He ate two plates of stew.
(3) a. 彼はホンダを運転した。
　　b. He drove Honda.
(4) a. 彼女はそのボトルを飲み干した。
　　b. She finished the whole bottle.
(5) a. 日本映画の中では小津が私の好みだ。
　　b. Of Japanese films, Ozu is my favorite.

(1)-(5) の「テーブル」／"table"，「皿」／"plate"，「ホンダ」／"Honda"，「ボトル」／"bottle"，「小津」／"Ozu" は，メトニミー表現として，それぞれ〈テーブルの埃（汚れ，等）〉，〈食べ物〉，〈車〉，〈水（酒，等）〉，〈映画〉を慣用的に意味する。[1]

次の英語のメトニミーの例はどうか？

(6) a. *The Kremlin* threatened to boycott the next round of SALT talks.

　　b. *Wall Street* is in a panic.

(Lakoff and Johnson 1980: 38)

(7) a. The university will change its mind next week.

　　b. The police turned up at about 5.30.

(Littlemore 2015: 4)

(8) 　Plato is on the top shelf. 　　　　　(Fauconnier 1985: 5)

　基本的に，このタイプの英語のメトニミーの例は，日本語でも可能である。例えば，(6) と (7) の制度的な場所に関係するメトニミーの例は，日本語では，それぞれ「クレムリンは次のソルトの会議をボイコットすると脅迫している」，「ウオール街はパニック状態だ」，「大学は来週その方針を変更するだろう」，「警察が 5 時 30 分頃にやって来た」に相当するが，これらの日本語の表現も，慣用的なメトニミーの例として自然な表現である。また，(8) の英語の例は，日本語では「プラトンが棚の一番上にある」に相当するが，この日本語の表現も，慣用的なメトニミーの例として自然な表現である。

　次のような特定の状況において使われる斬新なメトニミー (novel metonymy) の場合はどうか？

(9) 　The *ham sandwich* is waiting for his check.

(Lakoff and Johnson 1980: 35)

(10) 　ハムサンドイッチが勘定を待っている。

(渡部昇一他 (訳，1986): 53)

(10) は (9) のメトニミー表現の直訳であるが，(10) の日本語の文も，特定の状況において使われる斬新なメトニミーの表現として理解できる。

　この種の例をみる限り，英語と日本語のメトニミーの表現性は共通して

いるようにみえる。しかし，両言語の実際の具体例を細かくみていくと，修辞的な表現の仕方に関し違いが認められる。

一例として，まず次の例を考えてみよう。

(11)　THE WOMAN:　Willy, are you going to answer the door! ……
　　　　WIILY:　Will you stop laughing? Will you stop?

(Arthur Miller, Death of a Salesman: p.90)

(12)　a.　John answered the door.
　　　b.　John answered the phone.

(11) の例では，最初の台詞の "… answer the door" が，慣用的なメトニミーの表現になっている。この場合の "the door" は，玄関先に来ている訪問客を意味するメトニミーの表現であり，この場合の "answer the door" は，慣用句として玄関先の訪問客に応対することを意味する。しかし，この種のメトニミー表現に直接に対応する日本語の表現は存在しない。この場合の直訳（「ドアに答える」）は日本語ではメトニミー表現としては機能しない。

基本的に同種の慣用的なメトニミーの表現としては，(12b) が挙げられる。この場合の慣用句の部分（"answer the phone"）は，（文字通りに電話に答えるのではなく）電話をかけてきた相手に応対することを意味する。しかし，やはりこの種のメトニミー表現に直接に対応する日本語の表現は存在しない。この場合の直訳（「電話に答える」）は日本語ではメトニミー表現にはならない。

(11), (12) のタイプの英語の "the door", "the phone" は，空間関係，等の広い意味での隣接関係に基づいて，メトニミー的に応対される人間（i.e. 訪問客，電話をしてきた相手）を意味している。日常言語では，英語に限らず，場所ないしは空間領域を示す表現が，メトニミー的に人間を意味する例が存在する。

次の例をみてみよう。

(13) a. When Miss Emily Grierson died, our whole town went to her funeral …. 　　(William Faulkner, *A Rose for Emily*: p.217)
　　 b. THE WOMAN:　He'll wake the whole hotel.
　　　　　　　　　　　　(Arthur Miller, *Death of a Salesman*: p.91)
　　 c. He heard some people calling.　The world was waking.　A grey, deathly dawn crept over the snow.
　　　　　　　　　　　　(D. H. Lawrence, *Sons and Lovers*: p.397)
(14) a. シリアへの激しい空爆に世界が驚いている。
　　 b. 名にし負はばいざこととはむ都鳥わが思ふ人はありやなしやとよめりければ，舟こぞりて泣きにけり。[2]
　　　　　　　　　　　　　　　　　　　　(『伊勢物語』：九段)

　(13) の our whole town, the whole hotel, the world は，文字通りには場所（ないしは建物としての空間）を意味するが，これらの表現はメトニミー表現であり，この場所に関わる人間を意味する。(14) の日本語の「世界」と「舟」は，それぞれ世界の人々，舟に乗っている人々を意味する点で，同種のメトニミー表現として理解される。ただし，(14b) の「舟こぞりて泣きにけり」におけるメトニミー表現の「舟」は，古典的な文学作品の修辞的な表現であり，現代日本語では，「舟」のこの種のメトニミーの用法は認められない。例えば，「*舟がこちらに手を振っている」，「*舟がみな一斉に文句を言い出した」のような表現は，〈舟の人たちがこちらに手を振っている〉，〈舟の人たちがみな一斉に文句を言い出した〉を意味するメトニミーの用法としては不適切である。

N.B.　次の (i), (ii) の例の「高瀬舟」と「町」も，メトニミー表現として解釈できる。
　(i) 高瀬舟は，黒ずんだ京都の町の家々を両岸に見つつ，… 加茂川を横ぎって下るのであった。　　　　(森 鷗外『高瀬舟』：p.109)

(ii)　町はさすがに，まだ，寝しずまっていた。

(川端康成『古都』：p.241)

　ただし，(i) の文の主語の「高瀬舟」の解釈は，これと共起する後続の述語（「見つつ」，「横ぎって」，「下る」）との共起関係によってその解釈は異なる。これらの述語のうち，「見つつ」という知覚動詞との共起関係からみれば，主語の「舟」の背後に知覚主体としての人間が含意される。しかし，後続の「横ぎって」，「下る」という移動動詞との共起関係からみた場合には，「舟」は移動する存在としての解釈が前景化し，舟に乗っている人間が相対的に背景化される。

　(ii) の「町」は，文学的な修辞性の観点からみて，[町の人々]というメトニミーの解釈が可能である。しかし，[町そのものが眠りについている]という比喩的な解釈も不可能ではない。

　日・英語のメトニミーの用法の違いは，(15)，(16) の例にも認められる。(15) は，コンサート会場でファンに歌手が挨拶する台詞の一例である。

(15)　Hello, New York!
(16) a. *ニューヨーク，こんにちは！
　　　b. ニューヨークの皆さん，こんにちは！

英語では，コンサート会場で (15) のようにその場所の名前だけを使って，ファンに呼びかけるメトニミー表現が可能である。しかし日本語では，(15) に対応する (16a) の表現は不自然である。日本語の場合には，(16b) に示されるように，(問題の場所だけでなく) その場所に存在する人間も言語化する必要がある。(16b) の場合には，「皆さん」のように丁寧な表現になっているが，「ニューヨークのみんな」のようなくだけた表現も可能である。しかし，いずれにせよ，日本語の場合には，基本的に場所で人間を意味する 15 のタイプのメトニミー表現は使われない。

このような違いは，呼び掛けの表現に限らない。例えば，(17) は，上の (13) でみたメトニミー表現 (our whole town, the whole hotel) が関わる文であるが，この種の英語に対応する日本語の直訳 (i.e. (18) の文) は，いずれも不自然である。日本語の場合には，(19) のように，(問題の場所だけでなく) その場所に存在する人間も言語化した表現のほうが自然である。[3]

(17) a. Our whole town went to her funeral.
　　 b. He'll wake the whole hotel.
(18) a. *町全体が彼女の葬儀に出席した。
　　 b. *彼はホテル中を起こしてしまう
(19) a. 町の人達みんなが彼女の葬儀に出席した。
　　 b. 彼はホテルの人みんなを起こしてしまう。

N.B. メトニミーとよばれる現象は多岐に渡る。山梨 (1992) では，広い意味でのメトニミーの一部を，〈トポニミー〉(toponymy) と〈パートニミー〉(partonymy) として区別している。(この区分に関しては，さらにYamanashi (2015: 25-28) を参照。)

メトニミーの下位類
A. トポニミー： 空間／場所の近接関係にもとづく表現
B. パートニミー： 部分／全体の近接関係にもとづく表現

(山梨 1992: 93)

A の〈トポニミー〉の典型例としては，次のような表現が考えられる。

(i) a. 右手をごらん。駿河湾が見えてきたよ。
　　b. 彼は脇にタオルを挟んで風呂に出かけた。

(ia) の「右手」は，文字通りの意味で身体部位の〈右手〉を意味するのではなく，(場所／空間的に) 右手の指し示す方向を意味する。同様に，(ib) の「脇」は，文字通りの意味で身体部位の〈脇〉を意味するのではなく，脇

の隣接空間（i.e. 脇の間）を意味する。いずれの例も，空間／場所の近接関係の認知プロセスが関わる表現という点で，この種のメトニミー表現を〈トポニミー〉の表現の一種とみなす。

Bの〈パートニミー〉の典型例としては，次のような表現が考えられる。

(ii) a. チンパンジーがバナナをむいた。
b. 子供が箸をくわえている。

(iia) の場合には，むかれたのはバナナそれ自体ではなく，バナナの一部分としての皮であることが理解される。(iib) の場合には，くわえられているのは厳密には箸の一部分である。いずれの例も，部分／全体の近接関係の認知プロセスが関わる表現という点で，この種のメトニミー表現を〈パートニミー〉の表現の一種とみなす。

ここまでに考察したメトニミー表現の大半は，場所表現がその空間領域に存在する人間を意味するメトニミー表現であるが，逆に人間を表現する語がメトニミー的に場所を意味する事例も存在する。その典型例としては，(20) の英語の例が挙げられる。

(20) We are open.

(20) の主語は，字義通りには人を意味する代名詞であるが，"be open" のような述部を伴う文脈では，ある場所（店，図書館，等の場所）を意味する。英語では，この種のメトニミー表現が広範にみられる。しかし，日本語の場合には，このタイプの表現を直訳した「＊私達は開いています」のような表現は自然ではない。日本語の場合には，むしろ問題の場所を主語にした (21) のタイプの表現，ないしはその場所で営まれている行為を示す (22) のような表現のほうが自然である。

(21) 店は開いています。
(22) a. 営業中
b. 商い中

英語の人間名詞のメトニミー的な用法としては，さらに次のような例が興味深い。

(23) a. He left me.
　　 b. They went to Mary.
　　 c. Follow me.

(23)の例は，何の変哲もない英語の文のようにみえるが，この種の文の目的語の人間名詞を直訳した場合には，自然な日本語にならない。例えば，(23)の文の直訳（「*彼は私を去った」，「*メアリーに行った」，「*私をフォローして下さい」）は，自然な日本語ではない。(23)の文はむしろ，目的語の人間名詞のあとに場所名詞（「～のところ」，「～の後」）を付け加えて，(24)のように訳すのが適切である。

(24) a. 彼は私のところから去って行った。
　　 b. 彼等はメアリーのところに行った。
　　 c. 私の後をついて来て下さい。

以上の事実は，(23)における英語の人間名詞の目的語はメトニミー表現として機能しているが，日本語の目的語をメトニミー的に用いるのは不自然であることを示している。換言するならば，両言語におけるこの種の人間名詞の目的語の違いは，メトニミー機能の有無にある。

N.B. 次の英語の訳はどうか。

　(i) a. I believe you.
　　 b. Do you love me?

(i)の文の直訳としては，(ii)が考えられる。

　(ii) a. ｛僕／私｝は｛君／あなた｝を信じている。
　　 b. ｛君／あなた｝は｛僕／私｝を愛してる？

(ii) の訳は，現代日本語における翻訳スタイルの表現としては不可能ではない。しかし，日本語としては，(iii) の表現のほうが自然である。

(iii) a.　{君／あなた} の言うことを信じている。
　　　b.　{僕／私} のこと好き？

(iii) の場合には，まず主語が略され，さらに英語のメトニミーとして機能している目的語の you, me が，「{君／あなた} の言うこと」，「{僕／私} のこと」のように補足して訳されている。以上のメトニミー機能の有無の点でも，日・英語の人間名詞には修辞的な機能の違いが認められる。

英語のメトニミーの用法は，以上のような人間名詞に限られるわけではない。この種の用法は，他の生物名詞や無生物名詞の用法にも認められる。次の英語と日本語の例を比較してみよう。

(25) a.　Go to the ant, O sluggard; consider her ways, and be wise.
　　　　　　　　　　　　　　　　　　　　(The Old Testament, Proverbs : 6.6)
　　　b.　怠け者よ，蟻のところに行ってみよ。その道をみて，知恵を
　　　　　得よ。　　　　　　　(旧約聖書『箴言』: 6.6，日本聖書協会・訳)

(25a) の名詞 (the ant) は，間接的に場所を示すメトニミー表現であり，文字通りには日本語に直訳できない。(すなわち，「*蟻に行ってみよ」のような表現は不自然である。) 日本語の場合には，(25b) の訳 (「蟻のところに」) に示されるように，問題の名詞が存在する場所・空間領域も言語化する必要がある。

同様に，(26) の英語の the door と代名詞の her は，日本語の場合には (27) に示されるように「ところに」を伴う表現のほうが自然である。[4]

(26) a.　She walked swiftly to the door and went out.
　　　b.　He walked to her where she stood in front of the snake cage.
　　　　　　　　　　　　　　　　　　　　(John Steinbeck, Snake: p.416, p.421)

(27) a. ｛ドアのところに／＊ドアに｝（歩いて行った）
　　 b. ｛彼女のところに／＊彼女に｝（歩いて行った）

場所・空間の隣接関係に基づくメトニミーの英語の表現としては，さらに次のような例が考えられる。

(28) a. Yes, it was Fat Man Jones, and he began to play even before he was fully in the door.

(Donald Barthelme, *The King of Jazz*: p.11)

　　 b. The boy first remembered him as sitting in the door of the plantation balacksmith-shop … .

(William Faulkner, *The Old People*: p.285)

(29) 　He crowded her into the wall then, trying to break her grip.

(Raymond Carver, *Popular Mechanics*: p.69)

(28), (29) では，the door と the wall のメトニミー的な意味解釈が問題になる。(28), (29) の文脈におけるこれらの名詞は，字義通りの物理的な存在としての建物の一部を意味しているのではない。(28) の the door は，出入口としてのドアのあたりの空間領域を意味している。また，(29) の the wall は，壁の前の空間（ないしは壁を背景とする空間領域）を意味している。この点で，この種の名詞の用法はメトニミー表現の一種とみなすことができる。

ここまでのメトニミー表現は，問題の言語表現が有性か無性かの違いがあっても，その名詞の指示する場所（ないし空間領域）との関係が，慣用的に定着している表現である。しかし，日常言語のなかには，ある特定の場で使われる「状況依存的」なメトニミー表現（situation-based metonymy）も存在する。

次の例をみてみよう。

(30) ROSE: You won't find any rooms vacant in this house.
MR SANDS: Why not? ……
ROSE: He told me he was full up.

(Harold Pinter, *The Room*: p.118)

(31) MEG (to MACCANN): You clink my glass.
LULU (to GOLDBERG): You're empty. Let me fill you up.
GOLDBERG: It's a pleasure.

(Harold Pinter, *The Birthday Party*: p.67)

　(30) の Rose の台詞 (He told me he was full up.) には代名詞の he が二つ生起している。この代名詞は，前後の文脈からみてアパートのオーナーである。ただし，二番目の代名詞の he は，（単なる人称代名詞ではなく）このアパートとしての空間（ないしは場所）をメトニミー的に意味する代名詞として機能している。また，(31) の LULU の台詞 (You're empty. Let me fill you up.) の代名詞の you は，この代名詞の前後の文脈から，メトニミー的にグラスを意味していることが理解される。

　以上の例で問題にしている代名詞 (he, you) は，いずれも人間名詞であり，この種の名詞自体は，通常は場所や空間に関係する表現として使われることはない。しかし，以上の考察から明らかなように，状況によっては，この種の名詞は，その主体に関わる場所や付属物を意味するメトニミー表現として機能することができる。

　この種の「状況依存的」なメトニミーは，次の例に示されるように，日本語でも可能である。

(32) ［場面 (e.g. パーティ，その他)］
あなたに注ぎますので，しっかり持っていて下さい．

(32) の主語（「あなた」）は，この文がパーティなどの状況で発せられた場合には，聞き手ではなく，メトニミー的に聞き手の持っているグラスを

意味する。

次の例はどうか。

(33) On one occasion, ……, when Mark was not drinking milk, Alan called him to his place at the table and said 'I'm a service station. What kind of car are you?' Mark, quickly entering into the make-believe, said, 'Pord.'
Alan: 'Shall I fill her up?'

(Samuel I. Hayakawa, *Through the Communication Barrier*: p.33)

これは，Alan と Mark の兄弟の会話のひとこまである。この場面では，弟の Mark がなかなかミルクを飲もうとしない。Alan は，何とか弟にミルクを飲ませたい。そこで，Alan は自分をガソリンスタンドに見たて，Mark を車に見たてさせて，最後に "Shall I fill her up?" と言っている。

ここで興味深いのは，この Allan の最後の台詞における代名詞（her）の修辞的機能である。この代名詞には，車を修辞的に女性に見立てているという点で，擬人的なメタファーの機能が関わっている。さらに，この擬人的に見立てられた女性は，この文において字義通りに人間を意味するのではなく，（この名詞（her）の前後の fill … up? という文脈から明らかなように）メトニミー的に車のガソリンを入れるタンクを意味している。このように，"Shall I fill her up?" という文の [her] の用法は，メタファー機能とメトニミー機能が複合的に関わっている点で，特に興味深い用法と言える。（以上の (33) の照応現象に関しては，さらに第 5 章の 5.11.6 節で詳しく考察する。）[5]

4.3. メタファーの修辞的技巧の違い

前節では，日常言語におけるメトニミー表現の修辞的技巧の問題を，日・英語の比較を通して考察したが，本節では，さらに両言語の比較を通

して，メタファー表現に関わる修辞的技巧の問題を考察していく。以下では特に，認知言語学的な視点から，擬音・擬態語の比喩的モード，擬人化の比喩に関わる修辞性，比喩形成の基盤となるイメージ性，誇張表現と緩叙表現を特徴づける修辞的技巧，アイロニー表現に関わる修辞的技巧，等の問題を，日常言語と文学言語の具体例に基づいて考察していく。

4.3.1. 擬音・擬態モードと叙述性

　異言語間の修辞的技巧の違い（特にメタファーに関わる修辞的技巧の違い）を考察していく場合に注目される要因の一つは，問題の言語がある対象世界を叙述していく際に，どのような叙述のモードを用いていくかという点にある。ある言語は，問題の対象世界を擬音モード，擬態モードを反映する副詞的な表現によって叙述していく。また，ある言語では，この種のモードを動詞，形容詞，等の述語によって叙述していく。日本語は主に前者の表現手段，英語は後者の表現手段によって対象世界を叙述していく傾向が強い。

　この点は，日・英語の以下の比較から明らかである。

(1) a.　子供がお金をチャラチャラならした。
　　b.　The child jingled the coins.
(2) a.　母親がドカッと椅子に腰をおろした。
　　b.　Mother plumped into a chair.
(3) a.　彼はドンとテーブルをたたいた。
　　b.　He thumped the table.

(1)-(3)の両言語の比較から明らかなように，日本語では，擬音語，擬態語の副詞表現が使われている。これに対し英語では，擬音モード，擬態モードが述語に組み込まれて表現されている。

第 4 章　日・英語——修辞的技巧の対照分析　　109

N.B.　ただし次の例に示されるように，英語にも，擬音モード，擬態モードが副詞表現に反映される例も存在する。

(i) a.　The bell went 'clang clang'.
　　　　（ベルがガンガンなった。）
　　b.　'Pop' went the cork.
　　　　（コルクがポンとなった。）
　　c.　'Bang' went the pistol.
　　　　（ピストルがバンとなった。）
(ii) a.　I heard a dog say 'bark-bark'.
　　　　（犬がワンワンなくのが聞こえた。）
　　b.　The dog said 'bark-bark'.
　　　　（犬がワンワンないた。）

　日本語における擬音・擬態の副詞表現の使用は，さらに次の日・英語の比較から明らかになる。

(4) a.　The rope snapped.
　　b.　ロープがプツンと切れた。
(5) a.　The flag snapped in the wind.
　　b.　旗が風にパタパタと音をたてた。
(6) a.　The branch snapped.
　　b.　枝がポキッと折れた。
(7) a.　He snapped his whip.
　　b.　彼は鞭をピシッと鳴らした。
(8) a.　The dog snapped at his leg.
　　b.　犬がパクリと嚙みついた。

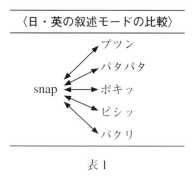

表 1

　この場合，英語では，動詞の snap だけで表現される行為や事態が，日本語では，文脈に応じて擬音語や擬態語の副詞で表される(cf. 表1)。この事実は，日本語で擬音語，擬態語で示される認知のモードが，英語では動詞に組みこまれる傾向を示している。

　この点は，次の日本語のテクストとその英語の翻訳を比べた場合にさらに明らかになる。

(9) a.　熊もいろいろだから，気のはげしいやつならごうごうほえて立ちあがって，…かかっていく。小十郎はぴったり落ち着いて，…，熊の月の輪をめがけてズドンとやるのだった。すると森までががあっと叫んで熊はどたっと倒れ，赤黒い血をどくどく吐き，鼻をくんくん鳴らして死んでしまうのだった。

(宮沢賢治『なめとこ山の熊』: p.233)

　　b.　… there are all kinds of bears, …, and the fiercest of them would rear up on their hind legs with a great roar … Kojuro would remain perfectly calm and, taking aim at the center of the bear's forehead from behind a tree, would let fly with his gun. The whole forest would seem to cry out loud, and the bear would slump to the ground. The dark red blood would gush from its mouth, it would snuffle rapidly, and it would die. (Miyazawa（英訳）: p.11)

(10) a. 風がどうと吹いてきて，草はざわざわ，木の葉はかさかさ，木はごとんごとんと鳴りました。

(宮沢賢治『注文の多い料理店』: p.97)

b. A sudden gust of wind sprang up; the grass stirred, the leaves rustled, and the trees creaked and groaned.

(Miyazawa（英訳）: p.45)

(9) と (10) は，宮沢賢治の『なめとこ山の熊』，『注文の多い料理店』の原文とその英訳である。ここで比較したいのは，両テクストの擬音モードと擬態モードの表現の違いである。両テクストの擬音語，擬態語に関わる表現の対応は，表2に示される。（ここでは，英語の時制は捨象して，その基本的な対応関係だけを示す。）

〈擬音・擬態モードの日・英対応〉

(A) a. こうごうほえて：with a great roar
　　b. ぴったり落ち着いて：remain perfectly calm
　　c. ズドンとやる：let fly with one's gun
　　d. ががあっと叫んで：cry out loud　　e. どたっと：slump
　　f. どくどく：gush　　　　　　　　　g. くんくん：snuffle
(B) a. どうと：spring up　　b. ざわざわ：stir
　　c. かさかさ：rustle　　　d. ごとんごとん：creak and groan

表2

原文の日本語に対応する英訳のほうには，意訳の部分もある。したがって，擬音語，擬態語に関わる両言語の対応は完全に1対1に対応する訳ではないが，その基本的な関係は表2に反映されている。表2の (A) の最初の例を除き，原文の日本語の擬音語，擬態語の部分は，英訳では全て

単一の動詞（ないしは動詞の複合表現）に置き換えられている。唯一の例外にみえる最初の例（i.e., with a great roar）には，擬音語的な名詞の roar が含まれているが，実際には，この部分も動詞の roar で表現することが可能である。

　擬音・擬態語の様態のモードは，(11) の英語の形容詞にも直接的には反映されていない。しかし，この種の様態のモードは，潜在的には，(12) の日本語の意訳に反映されている。

(11)　a.　He is angry.
　　　b.　She was surprised.
　　　c.　The boy is excited.
(12)　a.　彼はカンカンになっている。
　　　b.　彼女はドキッとした。
　　　c.　その少年は{ウキウキ／ワクワク}している。

　日常言語は，外部世界に反映される形やそこにうごめく現実の諸相をそのまま言葉に写すのではなく，その言語社会の認知のフィルターを通して記号化している。それぞれの言語には，その言語の記号系を体系的に特徴づけるコード化の制約が存在する。このような異言語間のコード化の違いは，文法レベルの形式の比較によって確かめられるだけではない。言語によるコード化の制約の相違は，音韻レベルや形態レベルの記号系のコード化にも具体的に反映される。異言語間の擬音・擬態語の比較は，この後者のレベルのコード化の相違を検討していくための一つの叩き台の場として注目される。

N.B.　英語の hungry, happy, slow などの卑近な述語は，日本語でも「空腹だ」,「幸せだ」,「遅い」のように訳すこともできる。しかし，日本語の場合には，以下に示されるように，この種の英語は，身体感覚を反映する擬態語によって訳すことも可能である。

	（日本語）	（英語）
(i)	ぺこぺこだ	hungry
(ii)	うきうきしている	happy
(iii)	のろのろしている	slow
(iv)	がっくりきている	disappointed
(v)	いらいらしている	irritated

この日本語の訳の違いは，伝達効果の違いに重要な影響を与える。例えば，まだ発達段階にある子供と会話をする場合，「空腹だ」，「幸せだ」，「遅い」のような大人の語彙を使うよりは，「ぺこぺこだ」，「うきうきしている」，「のろのろしている」のような身体性を反映する擬態語を使う方が，発達段階にある子供とのより共感的なコミュニケーションが可能となる。

4.3.2. 擬人的修辞モードと言葉の技巧性

外部世界の知覚のプロセスには，われわれの主観的な認知モードが反映されている。この種の認知モードのなかでも，「相貌的知覚」（physiognomic perception）の認知プロセスは特に興味深い。このプロセスは，自然界や外部世界に人間的な表情や容貌を認め，その世界を力動的に解釈していく認知プロセスである（Werner and Kaplan 1963: 210-212）。この種の認知プロセスは，日常言語の擬人化（personification）に基づく言語表現の創造的な基盤になっている。擬人化に関わる言語表現は，日・英語のいずれにおいても広範に認められるが，この種の認知プロセスと各言語の文法や構文との関係に関する考察は本格的にはなされていない。

この問題に関しては，明治時代に日本に滞在したB. H. チェンバレンが英語と日本語を比較して，日本語に関し次のようなネガティヴな意見を述べている。

> "Another negative quality is the habitual avoidance of personification,—a characteristic so deep-seated and all-pervading as to interfere even with the use of neuter nouns in combination with

transitive verbs. Thus, this language rejects such expressions as "the *heat makes me* feel languid," *despair drove* him to commit suicide," … etc. One must say, "being hot, I feel languid," "having lost hope, he killed himself, … and so on."

(Chamberlain 1939: 296)

チェンバレンは，ここで日本語の欠点は，擬人法を避ける傾向にあると批判している。日本語では，一般に抽象名詞が主語にくるような無生物主語の表現（例えば，「熱気が私をだるく感じさせる」(The heat makes me feel languid.)，「絶望が彼を自殺へ追いやった」(Despair drove him to commit suicide.)）のような表現は使われない。日本語では，「暑いので身体がだるい」，「絶望のあまり彼は命を断った」のような表現になる。チェンバレンは，このよう特性は日本語の欠陥であり，英語のような言語と比べて，文学的な創造性に関して劣っていると批判している。

確かに，無生物主語の構文の有無を問題にするならば，主語に抽象的な名詞を擬人的にとる表現は日本語では不自然である。しかし，この事実は，日本語の一面だけをみた一般化である。実際には，日本語にも多種多様な擬人的表現が存在する。ただし，擬人的表現に関しては，文学的な修辞性を意図した表現と慣用的に使われる表現を区別する必要がある。

前者の修辞的技巧を意図した擬人的表現としては，以下の例が挙げられる。

(1) 雨の奥から松らしいものが，ちょくちょく顔を出す。出すかと思うと，隠れる。雨が動くのか，木が動くのか，夢が動くのか，何となく不思議な心持ちだ。　　　　　　（夏目漱石『草枕』：p.15）

(2) 路は幾筋もあるが，合うては別れ，別れては合うから，どれが本筋とも認められぬ。… 草のなかに，黒赤い地が，見えたり隠れたりして，どの筋につながるか見分けのつかぬ所に変化があって面白い。　　　　　　　　　　　　　　　　　　　　　（同：p.149）

(1), (2)の文の「松らしいものが，ちょくちょく顔を出す。出すかと思うと，隠れる」，「路は幾筋もあるが，合うては別れ，別れては合う」という表現は，文学的な技巧を凝らした斬新な比喩表現である。これらの表現の主語が指示する松や路が，文字通りに顔を出したり，合ったり別れたりする訳ではない。この種の表現は，擬人化に基づくきわめて文学的な比喩表現の一種である。

　類例としては，次のような表現が挙げられる。

(3) 草のなかに，黒赤い地が，見えたり隠れたりして，どの筋につながるか見分けのつかぬ所に変化があって面白い。
(夏目漱石『草枕』：p.149)

(4) 里の路に出ると，父のかくれている尼寺は，竹林にかくれてしまった。
(川端康成『古都』：p.35)

(3)の「黒赤い地が，見えたり隠れたりして」，(4)の「尼寺は，竹林にかくれてしまった」の主語の指示対象である黒赤い地や尼寺が文字通りにある場所から他の場所に移動する訳ではない。したがって，この種の表現も厳密には擬人的表現の一種とみなすことができる。

　ただし，(3), (4)のタイプの表現は，(1), (2)のタイプの表現よりは慣用化された表現になっている。(3), (4)のタイプの表現は，日常会話の次のような表現として使われる。

(5) a. あ，太陽が雲に隠れてしまった。
    b. 島が見えたり隠れたりしている。
    c. 小さい丘が森の後ろに隠れた。

この種の見え隠れに関わる表現はかなり慣用化している。仮に，このタイプの表現の創造に，根源的に擬人化のプロセスが介在していたとしても，現在の日本語の用法としては，そこに生きた比喩 (live metaphor) としての修辞性は感じられない。この点で，(3)-(5)の擬人的表現は，かなり慣

用化された表現になっていると言える。

　『草枕』における上記の (1), (2) の擬人的表現は，漱石の文学的技巧の才能の一端を窺わせる例であるが，興味深いことに，漱石は自身の『文学論』において，擬人的表現の一般的な使用に関する否定的な見解を述べている。

> 「元来余は所謂抽象的事物の擬人法に接する度毎に，その多くの場合がわざとらしく気取りたるに頗る不快を感じ，延いてはこの話法を総じて厭ふべきものと断定するに至れり。…これあたかも多年の修養を都会に積みし田舎漢を再び昔の山出しに引き直し，暫らく十年前の気分に帰れと強ふるが如し，不自然もまた甚だしといふべし。」
> 　　　　　　　　　　　　（夏目漱石『文学論』（下巻）: 20-21）

　この漱石の見解は，一見したところ，彼自身の小説における擬人的表現の使用と矛盾するようにみえる。しかし，この『文学論』における彼の見解は，あくまで日常言語として使用される日本語における擬人的表現に対する見解であり，小説の擬人法の使用に関する見解を示すものではない。

　日本語に限らず，一般に人間が自然界を認識する際には，擬似的（ないしは相貌的）な知覚が働いており，この種の認識のモードが日常言語や文学言語の描写や叙述に反映されるのは自然である。

　漱石自身もこの点をはっきり理解しているものと思われる。その理由は，小説『三四郎』における次の対話から窺うことができる。

(6)　「君，不二山(ふじさん)を翻訳してみた事がありますか」と意外な質問を放たれた。
　　「翻訳とは……」
　　「自然を翻訳すると，みんな人間に化けてしまうから面白い。崇高だとか，偉大だとか，雄壮だとか」
　　三四郎は翻訳の意味を了した。

「みんな人格上の言葉になる。…」

(夏目漱石『三四郎』：p.69)

この対話のやりとりでは「自然を翻訳する」ことが問題になっているが，この場合の翻訳は自然描写を意味する。ここでの三四郎の対話者は，自然を擬人的表現を避けて，字義通りに客観的に表現しようとしても，結局は人間的な叙述に基づく主観的な表現にならざるを得ないと言っている。例えば，不二山の景観を描写する場合，その姿を字義通りに客観的に表現しようとしても，「崇高だ」，「偉大だ」，「雄壮だ」というような人間の属性に関わる表現によって擬人的に描写せざるを得ないと言っている。この三四郎の対話者の台詞は，あくまで『三四郎』というフィクションにおける台詞ではあるが，漱石はこの台詞を介して，小説の書き手としての漱石自身の自然描写（ないしは情景描写）に関する意見を代弁させている。

　ここまでの考察は，日本語にも多様な擬人的表現が存在することを示している。ただし，本節のはじめに紹介したチェンバレンの日本語の批判は，上記の彼の引用をみるかぎり，以下に示されるような無生物主語構文の有無（ないしは適否）の問題と解することができる。

　(7) a.　The heat makes me feel languid.
　　　b.　Despair drove him to commit suicide.

(Chamberlain 1939: 296)

　(8) a.　*熱気が私をだるく感じさせる。
　　　b.　*絶望が彼を自殺へ追いやった。

日本語論でよく指摘されるように，基本的に，(7)のタイプの英語に特徴的な無生物主語の構文に対応する(8)の日本語の構文は不自然である。英語は，基本的に〈行為者-行為-対象〉（Actor-Action-Goal）のいわゆる〈スル的〉的な事態把握を反映する構文が基本的である。(7)のような無生物主語の構文は，この種の他動詞構文のパターンに基づいた擬人的表現

の典型例である。これに対し日本語は，基本的に〈ナル的〉（ないしは〈自然発生的〉）な事態把握を反映する構文が一般的である。したがって，日本語の場合には，(8) のタイプの他動詞構文ではなく，むしろ〈ナル的〉な事態把握を反映する (9) のタイプの構文が自然である。[6]

(9) a. 暑いので身体がだるい。
　　b. 絶望のあまり彼は命を断った。

この種の日・英語の構文の違いは，これまでの日・英語の比較研究で一般的に指摘されているところである。

しかし，現代日本語の具体的な用法を広く観察した場合，英語の〈スル的〉的な事態把握を反映する無生物主語の構文が，かなり慣用化された構文として存在する事実も無視できない。

(10) a. プライドが彼を傷つけた。
　　 b. 運が彼を見放した。
　　 c. 酒が彼を狂わせた。
　　 d. 女遊びが彼を駄目にした。
(11) a. ファンの応援が阪神を優勝に導いた。
　　 b. 彼の誠実な人柄が国民を感動させた。
　　 c. 戦後の国民の努力が現在の日本を作り上げた。
　　 d. 現在の経営体制が我が社の行く末を暗示している。

基本的に，日本語らしさを判断する基準を，日本古来からの「やまと言葉」に基づく日本語らしさとするならば，(10), (11) のタイプの無生物主語の構文は，(典型的には明治以降の) 翻訳的な文体の構文と言える。確かに，現代日本語の用法を考えた場合，(10), (11) のタイプの構文は，きわめてくだけた日常会話の台詞としては固すぎて自然ではない。しかし，知的で気取った会話を好む話し手は，時と場合によっては，この種の構文を会話のなかで使う。[7]

N.B. この種の固いスタイルの他動詞構文は能動文であるが，以下のような受動文の場合には，日本語としても，かなり慣用化された構文になっている。

(i) a. 彼は時間に追われている。
    b. 彼は仕事に振り回されている。
(ii) a. 彼は運に見放された。
     b. 彼は運命に翻弄された。

(i)，(ii) の例文のうち，(ii) の文には修辞的な技巧が感じられるが，(i) の文はかなり慣用的な表現として日本語に定着しており，口語的な会話ではかなり自然に使われる。ただし，厳密な修辞的技巧の点からみた場合，(i) と (ii) の文の修辞性の有無は程度問題であり，両者の間にはっきりした境界線が引ける訳ではない。

以上のにみた現代日本語の無生物主語構文は，修辞的にみた場合，（英語の場合と同様）厳密には擬人的なメタファー表現の一種として位置づけられる。ただし，この種の構文が慣用化して使用される場合には，擬人的な修辞性は感じられない。しかし根源的には，このタイプの構文は，メタファー的な拡張のプロセスを介して発現した構文として位置づけられる。この点は，表3の「不況がその国を襲った」という無生物主語構文の位置づけを考えた場合に明らかになる。

〈構文のメタファー的拡張〉		
（具体的）	A.	覆面の男が銀行を襲った。
：	B.	台風が本州を襲った。
（抽象的）	C.	不況がその国を襲った。

表3

基本的に，「襲う」という動詞は，有生（animate）の主語をとる。したがって，この点からみるならば，表3のAタイプの文が基本的な構文と

いうことになる。しかし，実際の日本語の用法としては，具象から抽象へのメタファーによる拡張により，無生（inanimate）の名詞を主語にとるBのタイプの構文，さらに抽象名詞を主語にとるCのタイプの構文も慣用的な用法として定着している。

　表3のAの文は，基本的に動作主（agent）の役割をになう存在が，ある行為を介して，被動作主（patient）の役割をになう存在に対し，ある力を及ぼす事象を意味する他動詞構文の典型例である。日常言語の構文の拡張の観点からみるならば，BとCのタイプの構文は，図1に示されるメタファー写像（i.e. 比喩的マッピング）により，Aの構文から派生される拡張構文の一種として位置づけられる。

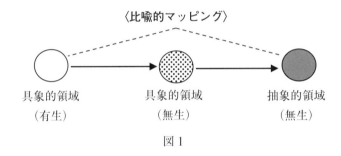

図1

　この種の構文間の規定は，メタファーに基づく具象レベルから抽象レベルへの写像の観点からの規定であるが，日本語の実際の用法では，A～Cの構文はいずれも慣用化された構文として使用されている。したがって，実際の言語使用の文脈における構文の使用頻度からみた場合，メタファー的拡張の起点となるAの構文が基本的で最も高い頻度で使用され，B，Cの構文が特殊な用法として低い頻度で使用される訳ではない。これらの構文のうちどのタイプの構文が，どの程度の頻度で使われるかを明らかにするためには，実際の言語使用のデータを綿密に調べる必要がある。

　ここまでの考察では，擬人化のメタファーを介し，無生物主語構文が，日本語の口語的な表現としてある範囲に渡って慣用的に定着している事例

をみてきた。しかし，口語的な表現だけが現代日本語を構成している訳ではない。小説，詩，戯曲，等の文学的な言語表現も，広い意味で，現代日本語の一部を構成している。基本的に，文学的な表現のなかには，いわゆる〈異化効果〉を意図した修辞的な表現が認められる。

　次の例をみてみよう。

(12) 道がつづら折りになって，いよいよ天城峠に近づいたと思う頃，雨脚が杉の密林を白く染めながら，すさまじい早さで麓から私を追って来た。　　　　　　（川端康成『伊豆の踊り子』：冒頭）
(13) 耳は髪のあいだからのぞいていた。耳たぶの赤みも娘のみずみずしさを老人の胸に刺すほど訴えた。
　　　　　　　　　　　　　　　　　（川端康成『眠れる美女』：p.18）
(14) 茶を飲んだものだろうか，飲まないものだろうか，——こういう思案が…一瞬の間，先生の心を煩わした。
　　　　　　　　　　　　　　　　　　　（芥川龍之介『手巾』：p.11）
(15) ほのじろい紙の反射が，床の間の濃い闇を追い払うには力が足らす，却って闇に弾ね返されながら，明暗の区別のつかぬ昏迷の世界を現じつゝあるからである。
　　　　　　　　　　　　　　　　　（谷崎潤一郎『陰翳礼讃』：p.37）
(16) その豊饒な，杯から溢れ出すほどの過剰な美は殊にその紅色の花にあって彼の心をひきつけた。
　　　　　　　　　　　　　　　　　（佐藤春夫『田園の憂鬱』：p.28）

(12)-(16) の引用部分は長めで，一見したところ問題の無生物主語構文がわかり難いが，それぞれ以下の (17a-e) の部分が，無生物名詞を主語とする構文となっている。

(17) a. 雨脚が … 私を追って来た。
　　 b. 耳たぶの赤みも … 娘のみずみずしさを老人の胸に刺す …。

c. こういう思案が … 先生の心を煩わした。
　　　d. 紙の反射が … 昏迷の世界を現じつゝある … 。
　　　e. 美は … 彼の心をひきつけた。

また，擬人的な構文としては，次の例も興味深い。

(18)　眞晝である。特別急行列車は満員のまま全速力で馳けてゐた。
　　　沿線の小驛は石のやうに黙殺された。
　　　　　　　　　　　　　　　　　　　　　（横光利一『頭ならびに腹』：p.396）

(19)　We have a time clock. It's really terrible. If you get there after eight-forty-five, they yell at you and they scream a lot and say, "Late!"　　　　　　　　　　　　(Stud Terkel, *Working*: p.344)

(20)　幼なじみの 観音様にゃ
　　　俺の心は お見通し
　　　背中で吠えてる 唐獅子牡丹
　　　　　　　　　　　　　　　　　　　　　（『唐獅子牡丹』，作詞：矢野 亮）

(18)では特別急行列車と小駅が，(19)では時計（a time clock）が，(20)では入れ墨の唐獅子牡丹が，擬人的に表現されている。ただし，これらの例は，メトニミー的な修辞性との関連で，問題の言語表現の部分（i.e. 特別急行列車，小駅，時計（a time clock），唐獅子牡丹）を吟味する必要がある。

　例えば，(18)の特別急行列車と小駅は，乗客や駅の関係者と近接的なメトニミーリンクを介してつながっている，と解することもできる。(19)の時計（a time clock）は，仕事を管理する人間が設置する道具であり，この点で時計と仕事の管理者が近接的に関連している。また(20)の唐獅子牡丹の入れ墨は，この入れ墨を入れている渡世人と（主体／付属物の近接性のリンクを介して）つながっている。もしこのような解釈が可能ならば，(18)-(20)の表現は，擬人化のメタファーとメトニミーの修辞性が複

合的に関わっている表現と解釈することも可能である。

N.B. 一般に英語は，無生物主語構文の表現スタイルをとる傾向があるが，これは表現する対象としての事態を，モノ的に認知して捉えることを意味している。他方日本語は，問題の事態をプロセス的に認知して捉える傾向がある。この点は，次の (i) と (ii) の構文の違いにみられる。

- (i)　a.　Pity is akin to love.
  - b.　可愛そうとは，惚れたってこと。
- (ii)　a.　To see her is to love her.
  - b.　彼女を見れば，愛さずにはいられなくなる。
- (iii)　「その脚本の中に有名な句がある。Pity's akin to love という句だが…」… 与次郎はしばらく考えていたが，「少し無理ですがね，こう云うなどうでしょう。可哀想だた惚れたって事よ」

（夏目漱石『三四郎』: p.99）

(i) と (ii) の英語の表現には抽象名詞（ないしは名詞用法の不定詞句）が使われているが，日本語では，これらの表現はプロセス的な行為の表現になっている。この種の言語固有の表現スタイルの変換操作は，(iii) の『三四郎』からの引用における与次郎の意訳に示されている。

4.4.　誇張法における修辞効果の違い

日常言語には，言葉の綾が関わるさまざまな修辞的な表現が存在する。この修辞的な言葉の技巧の代表例としては，メタファーやメトニミーが挙げられるが，誇張法（hyperbole）も，日常言語の修辞的な表現のなかで重要な役割をになっている。この技巧は，外部世界や内面世界を字義通りの客観的な世界として表現するのではなく，心理的効果や修辞的効果を意図して誇張的に表現する言葉の綾の一種である。本章では，日・英語におけるこの種の言葉の技巧の一面を，日常的な口語表現と小説，戯曲，等の文学的な言語表現の具体例に基づいて考察していく。

4.4.1. 英語の口語表現と誇張法

　誇張法は，伝達したい意味を相手により効果的に（あるいは印象的に）伝えるための修辞的な手段の一つである。西洋のレトリックの伝統を背景にもつ英語においても，誇張表現はその重要な表現手段の一つである。英語の誇張的な表現の典型例としては，次のような愛の表現が挙げられる。

(1) a. You're my destiny.
　　b. You're my sunshine.
　　c. You're dynamite.
(2) a. I'm crazy about you.
　　b. I'mad about you.
　　c. I'm dying to see you.

(1) は，愛する相手を運命，輝く太陽の光，ダイナマイトに喩えている誇張的な比喩表現，(2) は，愛している自分の気持ちを狂気，死に喩えている誇張的な比喩表現である。

　この種の愛の誇張表現は，次のような英語の歌詞に典型的にみられる。[8]

(3) 　You are my sunshine.
　　　My only sunshine.
　　　You make me happy when skies are gray.
　　　You'll never know, dear, how much I love you.
　　　Please don't take my sunshine away.

　　　　　　　　　　(http://d.hatena.ne.jp/esu-kei/20090902/p1)

(4) 　You are my destiny . ...
　　　You are my happiness.
　　　That's what you are.

　　　　　　　　　　(Paul Anka, *You are My Destiny*)

(5) 　Only you can make all this world seem right.

Only you can make the darkness bright . ...
For it's true, you are my destiny.

(The Platters, *Only You*)

(6)　Baby you're dynamite.
Explosive Situation ...
You've got the power of thunder and lightning.
You're dynamite.

(Cliff Richard, *Baby You're Dynamite*)

この種の歌詞から明らかなように，英語の場合には，(3) の You are my destiny, You are my sunshine, 等の表現や (4) の I'm crazy about you, I'mad about you, 等の表現は，かなり慣用化された表現として使われる。しかし，日本語では，この種の愛の表現は大袈裟すぎて不自然である。現在の欧米化された日本の洋風の歌詞に，この種の表現が使われる場合もある（e.g.「僕は気が狂いそうなくらい君が好きだ」，「僕は死ぬほど君を愛している」）。しかし，この種の表現は，あくまで洋風スタイルの修辞性を意識したうえで使われる表現と言える。[9]

英語の誇張表現の典型例は，次のような数量表現にもみられる。

(7) a.　I'm 100% sure.
　　b.　I owe you a thousand apologies.
　　c.　Thanks a million.
　　d.　Read a hundred times over, and the meaning will become clear of itself

(8)　I will, and thank you a thousand times.

(Thorton Wilder, *The Happy Journey to Trenton and Camden*: p.60)

この種の誇張表現の 100%, a thousand, a million, 等の数量表現は，英語ではかなり慣用化された表現として定着している。しかし，(7), (8)

に対応する日本語にこの種の数量表現が使われた場合には，かなり不自然な訳にならざるを得ない。換言するならば，この種の数量表現による誇張のレトリックは，日本語では慣用化されていない。

英語におけるこの種の数量的な誇張の極めつきの表現は，次のロックの歌詞にみられる。

(9)　Billion dollar baby
　　　Rubber little lady, slicker than a weasel
　　　Grimy as an alley
　　　Loves me like no other lover
　　　：　：　：　：　：
　　　Million dollar baby
　　　Billion dollar bay
　　　Trillion dollar baby
　　　Zillion dollar baby.

(Alice Cooper, *Billion Dollar Babies*)

(7) と (8) の数量表現の慣用的な用法に比べ，この歌詞にみられる million, billion, trillion, zillion とエスカレートしていく誇張法は，度肝を抜く過剰な修辞性を意図する表現法であるが，ここに英語を特徴づける大胆な誇張の方向性が感じられる。

日本語にもこの種の過剰な誇張による歌詞がないわけではない。例えば，藤木孝の『24,000 のキッス』の「僕はあの娘が好き あの娘も僕が好き … 1 秒のキッスを 1 日つづければ 24,000 yeh」という表現や，郷ひろみの『2 億 4 千万の瞳』の「出逢いは億千万の胸騒ぎ まばゆいくらいにエキゾチック・ジャパン」という表現は，明らか (9) の英語の歌詞に類する誇張表現である。しかし，やはりこの種の表現は，あくまで洋風スタイルの修辞性を模倣した修辞的表現と言える。

英語には，また次のような誇張的な慣用句が存在する。

(10) a. Over my dead body.

　　b. One hits the {roof/ceiling}.

　　c. The sky is the limit.

(10a) の over my dead body は，（字義通りには）〈もしやるなら私を殺して，（私の）死体を乗り越えて行け！〉を意味し，慣用的には〈自分の目の黒いうちは，だれが何と言っても絶対に … させない〉を意味する。すなわち，この慣用句は，基本的に〈何が何でもそうはさせない〉という強い拒絶を意味する誇張的な慣用表現であり，次のような文脈で使われる。

(11)　You'll marry him over my dead body.

(12) A: This is my girl friend.

　　B: Can I dance with her?

　　A: Over my dead body!

(11) は，典型的には，娘が父親にある男と結婚したいと言った時に，「彼との結婚は絶対許さない」と娘の願いを拒絶する父親の台詞として使われる。(12) の A の台詞も，やはり相手の依頼に対する強い拒絶を意味する。

(10b) の慣用句は，怒りを表す誇張表現で (13), (14) のような文脈で使われる。また，(10c) の慣用句は，無制限を意味する誇張表現で (15) のような文脈で使われる。

(13) a. John will hit the roof sooner or later.

　　b. Mary's complaint made her friends hit the roof.

(14) a. We don't know why his father hit the ceiling.

　　b. They will hit the ceiling when they find out what she did.

(15) a. Eat a lot today. The sky is the limit.

　　b. We will buy you anything. The sky is the limit.

この種の英語の誇張的な慣用表現の類例としては，さらに以下の例が挙げられる。

(16) a. I've got fired. It's killing me!
　　 b. I'm dying for this dress as this is only sold in Paris.
　　 c. I'm at death's door because of flu.
(17) a. I'm pretty sure that the sight of Niagara Falls will take your breath away.
　　 b. I was over the moon about becoming father.
　　 c. I could eat a horse as I haven't had anything since this morning.

(16a) の It's killing me! は，仕事を解雇され，〈つらくて死にたい〉（ないしは，その意訳として〈もういい加減にしてくれ〉），(16b) の die for ～ は，〈～が死ぬほど欲しい〉，(16c) の at death's door は，〈死にかけている〉といった意味で使われる。これらの慣用句は，いずれも死に関わる誇張表現である点が共通している。(17a) の take one's breath away は，〈息を奪い取られるほど感動する〉，(17b) の be over the moon は〈天（ないしは月）にも昇る気持ちだ〉，(17c) の eat a horse は，〈馬一頭まるまる食べるほど空腹である〉を意味する誇張的な慣用表現である。

ここまでは，英語の口語表現を特徴づける誇張法のレトリックの一面を考察したが，さらに，英語の文学的な表現（e.g. 小説，戯曲）における誇張法として，次のような表現が興味深い。

(18)　If you ever frighten me like that again," Major told him, "I'll slit your throat open from ear to ear."

(Jeseph Heller, *Catch-22*: p.104)

(19)　Want me to punch your bun? …. Come near me and I'll kick an eye out of your head. I'll cut your ears off. I'll give you a slap right in the face. I'll kick you right in the breadbasket. I'll break you in half.

(Russell Edson, *Dinner Time*: p.116)

(20) MARTHA: I'm going to make the damned biggest explosion you ever heard.

GEORGE: You try it and I'll beat you at your own game.

(Edward Albee, *Who's Afraid of Virginia Woolf?*: p.95)

(18), (19) の例では，人間の肉体への殺傷的な行為による威嚇 (e.g. I'll slit your throat open from ear to ear, I'll kick an eye out of your head, I'll cut your ears off, I'll break you in half) が誇張的に表現されている。また (20) は，直接的な身体への攻撃ではないが，やはり破壊的な行為による相手への威嚇 (e.g. I'm going to make the damned biggest explosion ....) が誇張的に表現されている。

4.4.2. 日本語の誇張表現

前節では，英語の口語や文学的なテクストにおける誇張表現の具体例を考察した。英語の場合には，極端な数量（ないしは世界的，宇宙的スケール）の叙述に基づく表現，激情的（ないしは狂気的）で過剰な愛情表現，生死に関わる暴力的な表現などが，誇張的なレトリックとして使われている。

日本語においても，多様な誇張表現が使われるが，言語文化的な背景からみて，誇張の修辞的モード，誇張の強度，等に関して違いが認められる。本節では，日本語の口語表現，文学的な表現，等にみられる誇張表現を考察していく。

その一例として，例えば，大阪のある店で，50円で売られているお菓子の値段を（店のおじさんに）子供がきく，次の会話を考えてみよう。

(21) 子供： おっちゃん，これなんぼ？

　　　　店のおじさん：　あ，これか？　50万円！

この会話のやり取りでは，おじさんが，「50円」と答えるところを，わざと「50万円」とおどけて返答をしている。関西のでは，この種の誇張された数量表現の返答により笑いを楽しむ伝統が今でも，少なくとも一部の地域にはみられる。

　(21) の例は，極端な数量表現を使った誇張表現の一種である。これに対し，次の例は，吉本新喜劇などで使われる，身体に関わるかなり暴力的な誇張表現の台詞である。[10]

(22) a.　お前の頭スコーンと割ってストローで脳みそちゅーちゅー吸うたろか！
　　 b.　わりゃなにさらしとんど，このどあほ！　どたまかち割ったろか！
　　 c.　鼻の穴から割り箸突っ込んで下からカッコンしたろかワレ！
　　 d.　コンクリート詰めにして南港に沈めんどォ〜！

以上の表現は，関西方言の笑いを意図した特殊な誇張表現の典型例である。もちろん標準的な日本語や他の方言にも多様な誇張表現が存在するが，修辞的な観点からみた場合，このような関西方言の誇張表現は，特にその修辞的効果（ないしはインパクト）が強い表現として注目される。

　文学テクストにおけるこの種の誇張表現としては，次の例が挙げられる。

(23)　できるのかおのれら腐った読者め。この脳なしの能なしの悩なしの，脳天下駄の，のけぞり羽織の，野ざらしパンツの，野だいこおかまの，のたくりみみずの，野垂れ死にの，呑んだくれの，のらくら化粧の，のんべんだらりの，のっぺらぼうの蚤のきんたまめ。未練残さず後悔せずに，やれるものならやってみろ。
　　　　　　　　　　　　　　　　　（筒井康隆『原始人』：p.144）

(24)　新しいブンとは何者か？　新しいブンとは時間をこえ，空間をこ

え，神出鬼没，やること奇抜，なすこと抜群，なにひとつ不可能はなくすべてが可能。どんな願いごとでもかなう大泥棒である。新しいブンは光の速度の五分の四の速さでとび，過去へもスイスイ，未来へもツウツウ行けるのである。… 世に大泥棒の数は多いが，どんな大泥棒も，この大泥棒，新しいフンの前に出ては赤ン坊同然，借りて来た猫と同じ。

(井上ひさし『ブンとフン』：p.156)

この二つの例は，言葉遊び，パロディ，ブラックユーモアのレトリックを操る日本を代表する作家からの引用である。どちらの例も，表現スタイルとしては標準語で書かれているが，(23)の筒井康隆の例は，上記の(22)の関西弁の捨て台詞的な誇張表現の線に沿っており，脅し（ないしは威嚇）を意図するインパクトの極めて強い表現になっている。(筒井康隆自身，関西出身の作家であり，この種の過激なブラックユーモアを得意とする作家である。)

(23)と(24)の例は，いずれも文学テキストの一例であるが，前者は，捨て台詞の表現，後者は，ある人物に関する叙述表現という本質的なスタイルの違いがある。誇張のレトリックの修辞的効果の面からみた場合，後者の(24)の例は，(23)の例に比べ穏やかな表現になっている。

以上の例は，会話や文学テキストの誇張表現の例であるが，誇張表現はさらに，男女の愛に関わる歌の世界にも認められる。一般に，日本語における男女の愛の表現は，前節でみた英語のような愛を積極的に歌い上げるロマンチックな表現よりも，かなり抑制された表現になる傾向がある。この点で，直接的に相手に訴える誇張表現が，英語と同じように広範に認められる訳ではない。[11]

次の例をみてみよう。

(25)　此の世のなごり。夜もなごり。死に行く身をたとふれば。あだしが原の道の霜。一足づつに消えて行く。… 我とそなたは女夫

星。必ず添ふとすがり寄り。二人が中に降る涙。川の水嵩もまさるべし。　　　　　　　　（近松門左衛門『曽根崎心中』:「道行」）

(26)　ここでいっしょに　死ねたらいいと
　　　すがる涙の　いじらしさ
　　　その場しのぎの　なぐさめ云って
　　　みちのく　ひとり旅…
　　　たとえどんなに　恨んでいても
　　　たとえどんなに　灯りがほしくても
　　　お前が俺には　最後の女
　　　俺にはお前が　最後の女

（『みちのくひとり旅』，作詞：市場　馨）

　(25)で語られているのは，この世では結ばれぬ男女の道行きの場面であるが，この場合には，特に道行きの悲しみの極みが「二人が中に降る涙。川の水嵩もまさるべし」と言う表現に反映されている。この表現は，一見したところ何の変哲もな表現にみえるが，〈二人の流す涙によって川の水嵩が増える〉という意味からして，極めて修辞的な誇張表現になっている。この(25)の文学性の高い表現とは異なるが，(26)の演歌では，愛する男と女の別れの場面が歌われている。この場合には，最後の四行に，愛する女と別れ，旅立って行く男の心情が切々と歌われている。

　これらの例のうち，(25)は古典文学からの引用，(26)は現代の演歌からの引用であり，スタイルや文学的な格調からみて極めて異なる表現になっている。しかし，前節にみた英語の男女のロマンチックな愛の世界を謳歌する誇張表現に比べ，この種の日本語の誇張表現は，暗い，哀調を帯びた修辞表現になっている。[12]

　もちろん日本語でも，愛と別れの世界が未来に向けて前向きに歌われている例がない訳ではない。例えば次の例では，男女の別れが，暗い哀調を帯びた世界とは逆に，むしろ明るく前向きに歌われている。

(27)　恋は突然くるわ　別れもそうね
　　　 そしてこころを乱し　神に祈るのよ
　　　 どんな大事な恋も　軽いあそびでも
　　　 一度なくしてわかる　胸のときめきよ
　　　 いまかがやくのよ私たち　いまとびたつのよ私たち
　　　 笑いばなしに希望がいっぱい　希望の中に若さがいっぱい
　　　　　　　　　　　　　　（『人生いろいろ』，作詞：中山大三郎）

(28)　うらみっこなしで　別れましょうね
　　　 さらりと水に　すべて流して…
　　　 どうにかなるでしょ　ここの町の
　　　 どこかで私は　生きてゆくのよ
　　　 それでもたまに　淋しくなったら
　　　 二人でお酒を　飲みましょうね
　　　 飲みましょうね
　　　　　　　　　　　　　　（『二人でお酒を』，作詞：山上路夫）

　この種の明るい色調の演歌だけでなく，現代の日本のポップスやロックの歌詞には，愛と別れを積極的に明るく歌う曲が存在する．しかし，この種の歌詞の大半は，欧米化された洋風のスタイルを踏襲した表現であり，伝統的な日本の精神スタイルに基づく表現ではない．

　日本語の男女の愛と別れの表現は，やはり暗く，哀調を帯びた表現の伝統を踏襲している．上記の『みちのくひとり旅』は，その典型例であるが，さらに (29) では，別れに際しての女性の恐ろしいまでの情念が表現されている．この例は，人間の情念の世界を語る誇張のレトリックの極みと言っても過言ではない．[13]

(29)　山が泣く風が泣く　少し遅れて雪が泣く
　　　 女いつ泣く灯影が揺れて　白い躰がとける頃
　　　 もしも私が死んだなら　胸の乳房をつき破り

赤い螢が翔ぶでしょう

(『北の蛍』, 作詞 阿久 悠)

　一般に, 日本人は精神的に淡白であり, 自己を滅し抑制された表現, 暗示的な表現を好む民族であると言われる。しかし一方においては, 万葉の昔から, 男と女の情念の世界を激しいまでに赤裸々に表現している例がないとは言えない。

　(30)　君が行く道の長手を繰り畳ね焼き滅ぼさむ天の火もがも

(狭野茅上娘子)

(30) は, 万葉集の相聞歌である。この歌は, 作者の恋人が越前の国に流罪になった時に詠まれた歌である。恋人が流刑により去って行く長い道のり, その行く手を繰り寄せ, 折りたたんで焼き払ってしまうような, 天の神の火が欲しいと切々と詠っている。長い道のりを天の火が焼き払うということは実際には起こり得ないが, 心底からそう願うほど, 恋人との別れが辛いという作者の痛ましいまでの情念が伝わってくる。[14]

[注]

[1] 次の小説における会話にも, この種のメトニミー表現がみられる。(i) の the toilet は, トイレの水を意味する。また, (ii) の you は, *Who's Who* の紳士録のリストにのっている名前 (i.e. your name) を意味する。

　(i)　"Alex, I don't want you to flush the toilet," says my mother sternly.

(Philip Roth, *Portonoy's Complaint*: p.23)

　(ii)　"Your accomplishments. You're in *Who's Who*. I'm only a merchant—a petit-bourgeois type."　　　(Saul Bellow, *Herzog*: p.158)

[2] この歌は, 以下の『伊勢物語』の九段からの引用である。

　さる折しも, 白き鳥の嘴と脚と赤き, 鴫の大きさなる, 水のうへに遊びつつ魚をくふ。京には見えぬ鳥なれば, 皆人見知らず。渡守に問ひければ, 「こ

第 4 章　日・英語——修辞的技巧の対照分析　　135

れなむ都鳥」といふをききて，名にし負はばいざこととはむ都鳥わが思ふ人
はありやなしやとよめりければ，舟こぞりて泣きにけり．

(『伊勢物語』：九段)

[3] ただし，日本語でも，「村中」「国中」「世界中」のように，場所を示す名詞に「〜中」がつく表現は，メトニミーの表現として可能である．

- (i)　村中が驚いた．
- (ii)　国中が注目している．
- (iii)　世界中に知れ渡っている．

[4] 類例としては，さらに次の表現が考えられる．

- (i)　Polly sat for a little time. ... Then she dried her eyes and went over to the looking-glass.
- (ii)　She started to her feet and ran to the banisters.

(James Joyce, *The Boarding House*: p.238)

[5] この擬人的なメタファーとメトニミーの修辞的な複合性の問題に関しては，さらに山梨（1988: 128-130）を参照．

[6] 昭和 5 年（1930 年）に公開された日本のサイレント映画として，

　　『何が彼女をそうさせたか』

という映画（帝国キネマ演芸製作，1930）がある．この映画のタイトルは，〈ナル的〉（ないしは〈自然発生的〉）な事態把握を反映する日本語の構文の特徴を逆手にとり，あえて英語の無生物主語の他動詞構文の直訳的な文体のタイトルを使うことにより，異化効果を狙っている点が興味深い．

[7] 以下の（ia-e）は，日本語の日常会話であるが，この会話では，それぞれ（iia-e）の他動詞構文が使われている．

- (i) a.　そうねえ，私もね，36 だから，もう，あのー，あの子は人を愛することを忘れているのかなあと思ってたら …．
    - b.　（うーん）絶対このあとさー，30 分すぎることを保証しよう．
    - c.　友人が，突然，あなたを無視し始めたらどうする．
    - d.　少なくともねえ，G と F は情緒を理解するたちではないな …．
    - e.　でもその，思ったことを，人に伝えるのってすごい大変だという話で．… 本音を言って，その意図とか伝えるのが大変 …．
      （名大会話コーパス http://telldev.cla.purdue.edu/chakoshiapp/webcolloc9.cx）
- (ii) a.　あの子は人を愛する．
    - b.　30 分すぎることを保証しよう．

c. 友人が，突然，あなたを無視し始めた。
　　d. GとFは情緒を理解する。
　　e. 思ったことを，人に伝える。

(iia-e)の他動詞構文は無生物主語構文ではないが，基本的には<主語-目的語-動詞>の他動詞構文である。このタイプの構文は，英語の他動詞構文からの直訳のスタイルに基づく構文であるが，上の(i)の例にみられるように，現代日本語の日常会話では，(知的，論理的な文体の表現ではあるが)慣用化した構文として使われている。

[8] 愛に関わるこの種の英語の誇張表現は，特にアメリカ的な男女の愛の世界の修辞的な台詞に典型的にみられる。次の，レイモンド・チャンドラーのハードボイルド小説の男の台詞は，一見したところ抑えの利いた台詞にみえるが，修辞的には気障な誇張表現の一種と言える。

　　'How can such a hard man be so gentle?' she asked wonderingly.
　　'If I wasn't hard, I wouldn't be alive. If I couldn't ever be gentle, I wouldn't deserve to be alive.'　　(Raymond Chandler, *Playback*: p.147)
　　「あなたのようにしっかりした男がどうしてそんなにやさしくなれるの？」と，彼女は信じられないように訊ねた。
　　「しっかりしていなかったら，生きていられない。やさしくなれなかったら，生きている資格がない」
　　　　　　　　　　　　(レイモンド・チャンドラー：『プレイバック』: p.232)

[9] 次の例は，女が男を誘惑する殺し文句の典型例である。

　　Take me to bed or lose me forever.
　　　　　　　　　　　　(映画『トップガン (Top Gun)』, 1986)

これは，トム・クルーズが演じる主人公のマーヴェリックにガールフレンドが呟く非常に粋な殺し文句である。

　アメリカ文化には，このような誇張的な愛の表現が慣用化している。この種の愛に関する表現の典型例は，ラヴソングやロックの歌詞にみられる。以下の歌詞は，その典型例である。

　(i)　I will follow him
　　　 Ever since he touched my heart, I knew
　　　 There isn't an ocean too deep
　　　 A mountain so high it can keep
　　　 Keep me away, away from his love.
　　　　　　　　　　　　(Peggy March, *I Will Follow Him!*)
　(ii)　Baby let me be your lovin' teddy bear

Put a chain around my neck
And lead me anywhere
Oh, let me be
(Oh, let him be)
Your teddy bear
　　：：：：：：：：
I just wanna be your teddy bear.
(Elvis Presley, *Let Me Be Your Teddy Bear*.)

(iii)　Foxy Foxy
You know you're a cute little heartbreaker
　　：：：：：：：：：：：：：
I wanna take you home I won't do you no harm,
No You've got to be all mine, all mine Ooh, foxy lady …
Ah, baby listen now I've made up my mind yeah
I'm tired of wasting all my precious time.
You've got to be all mine, all mine.
(Jimi Hendrix, *Foxy Lady*)

[10] 以下は，誇張法のレトリックを使った，関西のベタなTVコマーシャルの一例である．このCMは，大原女とおぼしき女性が，「なが———い」大根を頭にのせて歩いている画像である．

（京都銀行）（https://www.youtube.com/watch?v=JVc6FXLRBA0）

このCMは，大阪ではなく京都のCMである点で意外とも言えるが，やはり関西圏のCMの一種である．このようなベタな誇張法のレトリックに基づくCMは，一般的にプライドの高い東京を中心とする文化圏よりも，関西文化圏に特徴的なCMと言える．

[11] 夏目漱石が，「I love you」を「我君を愛す」と訳した学生に，「月が綺麗ですね」と訳すように言ったという逸話がある．この話には根拠がないが，この種の意訳は，日本語的な発想の一面を示している．
　基本的に，英語のI love youという表現は，主体が相手に向かって愛を伝える直接的な表現であり，この場合には，当の二人が見つめ合う対面的な視線が存在す

る。これに対し,「月が綺麗ですね」という日本語の表現には,一つの対象（この場合には,月）に向かう共同注視の視線が関わっている。この場合には,二人が同じ対象を眺め"美しさ"を共に感じ,心を通わすことが期待されている。二人が向かい合うのではなく,寄り添って同じ方向に視線を投げかけ,同じ対象を確認し合うことにより,相手を思う気持ちが自然に相手に伝わる。ここに,日本語の愛に関わる表現の奥ゆかしさと情緒が感じられることになる。

　この種の日本的な恋愛に関わる表現は,昔,菅原都々子の歌った「月がとっても青いから」という流行歌にもみられる。

　　　月がとっても青いから
　　　遠まわりして帰ろう
　　　あの鈴懸の並木路は
　　　想い出の小径よ
　　　腕をやさしく組み合って
　　　二人っきりで　帰ろう

　　　　　　　　　　　　（『月がとっても青いから』,作詞:清水みのる）
　　　　　　　　　　　　　　（https://www.uta-net.com/song/41800/）

この歌詞の最初の「月がとっても青いから」という表現は,月の美しさを色の青さによって暗示的に述べているだけであるが,月を二人で見ることにより,間接的に恋人同士の愛の世界を享受するように誘っている。

[12] 男女の別れの場面をロマンチックに意味づけする傾向は,映画『カサブランカ』の最後の場面でのハンフリー・ボガートの珠玉の台詞にみられる。リック（ハンフリー・ボガード）に愛を告白したイルザ（イングリッド・バーグマン）は,リックと2人でカサブランカに残ると訴える。しかし,リックはイルザを救うために,次のように説得する。たとえ二人は別れても,二人はこれからもパリの思い出の中に生きるんだ,と言って彼女を説得する。

　　Rick:　We'll always have Paris. We didn't have, we'd-we'd lost it, until you came to Casablanca. We got it back last night.
　　　　　（僕たちにはいつもパリの想い出がある。君がカサブランカへ来るまでは失われていたが,僕たちは昨夜,それを取り戻したんだ。）

第 4 章　日・英語——修辞的技巧の対照分析　　139

(映画：『カサブランカ』, 最後の別れの場面)
(https://www.eiga-square.jp/title/casablanca/scene/5)

　次の『ロミオとジュリエット』の戯曲におけるジュリエットの台詞も, 西洋的な甘い別れの表現の典型例と言える。

  Good-night, good-night! Parting is such sweet sorrow.
  That I shall say good-night till it be tomorrow.
(Romeo and Juliet: II.ii.184)

[13]　女性の情念を螢に喩える表現としては, さらに和泉式部の名歌が挙げられる。

  もの思へば沢の螢もわが身よりあくがれ出づる魂かとぞ見る

この歌は, 夫との疎遠な関係に悩む心の内に渦巻く情念の世界を, 螢に託して詠んでいる。燃えるように光を放ちながら飛ぶ螢は人間の魂そのものと, 解する感受性がこの歌を貫き, 女の情念の世界を表している。

[14]　心の内に激しく渦巻く情念は, 次の『北の宿から』の世界にも詠われている。この世界には, 命がけで一人の人を思う情念の凄みさえ感じられる。

  あなた死んでもいいですか
  胸がしんしん泣いてます
  窓にうつして寝化粧を
  しても心は晴れません
  女ごころの　未練でしょう
  あなた恋しい　北の宿

(『北の宿から』, 作詞：阿久悠)
(https://www.uta-net.com/song/1499/)

第5章　日・英語の発想と認知プロセスの諸相

5.1. 認知能力と言葉の発想

　異なる言語を比較していく場合，基本的に個々の言語を特徴づけている母語話者の発想の違いが問題にされる。例えば，英語と日本語の違いを問題にする場合には，英語的な発想と日本語的な発想の違いが問題にされる。従来の伝統的な日・英語の対照研究では，個々の言語の違いは，母語話者のいわゆる発想の違いに起因するとされている。しかし，これまでの研究では，この「発想」という用語の実質的な意味が定義されないまま，比較される言語の違いが問題にされる傾向にある。

　これに対し本章では，異言語の発想の違いは，母語話者の事態解釈を特徴づけるさまざまな認知プロセスに起因する，という視点から異言語の比較分析を試みる。母語話者の言葉に反映される認知プロセスの基本的な部分には，共通性もみられる。どの言語の母語話者も，基本的に，図-地の分化／反転，前景化／背景化，焦点シフト，スキャニング，等の認知プロセスを介して事態を解釈し，この種の認知のモードを反映する形で問題の事態の諸相を言語化していく。しかし，同じ事態を把握する場合でも，異なる言語の話者の投げかける認知的な視点は，必ずしも同じではない。あ

る言語の話者が焦点を当てる領域（i.e. 図として前景化する領域）を，他の言語の話者は，地として背景化する場合がある。また，ある言語の話者は，問題の事態を距離をおいて客観的に把握するのに対し，ある言語の話者は，その事態の中に自己を投入して主観的に把握していく場合も考えられる。さらに，同じ事態を把握していく場合でも，その事態の側面をどのようなイメージによって具体的に解釈し意味づけしていくかは，異言語の話者によって厳密には異なる。

異なる言語の話者の事態把握に関わるこの種の認知モードの違いは，個々の言語の形式と構造の違いに反映されている。換言するならば，異言語の話者による事態把握の能力を特徴づける様々な認知プロセスの違いが，個々の言語の形式と構造の違いに反映されている。本章では以上の点を考慮し，日・英語の発想の違いを，母語話者の事態解釈に関わる認知プロセスの諸相との関連で考察していく。

5.2. スキャニングの認知プロセスと事態認知

外部世界の知覚対象に視線を投げかけ，視線を移動していく認知プロセスは，一般にスキャニング（scanning）の認知プロセスとして理解される。一見したところ，日常言語を意味と形式の結びつきからなる閉じた記号系としてみていく場合には，言葉の背後に存在する視線の移動に関わるスキャニングの認知プロセスは，言葉の分析には直接関係ないようにみえる。しかし，日常言語の形式や構造には，さまざまな形でスキャニングの認知プロセスが反映している。言語表現のなかには，外部世界の知覚に関わるこの種の認知プロセスを考慮しないかぎり，言語現象の有意味な記述，説明が不可能な事例が広範に存在する。

基本的に，事態認知のプロセスには二つのタイプのスキャニング，すなわち，(i) 連続的スキャニング（sequential scanning）と (ii) 一括的スキャニング（summary scanning）のプロセスが関わっている（Langacker 1990:

80)。連続的スキャニングに関わる視線の移動としては，さらに一次元的な視線の移動と二次元的な視線の移動が考えられる。前者は，上下，左右のような空間のある一方向に向かっての視線の移動，後者は，ある形（ないしはフォルム）をもつ対象の輪郭にそった視線の移動として理解される。外部世界の知覚には，さらに三次元的な構造や奥行きに関わる視線の移動も考えられる。ただし，以下の考察では，主に位置関係や外部世界の対象の知覚に関わる一次元と二次元のスキャニングとこの種の視線の移動を反映する言語現象を問題にする。[1]

　日常言語に反映される認知プロセスのなかでも，特に連続的スキャニングと一括的スキャニングの認知プロセスは，言語現象の意味解釈に密接に関係している。連続的スキャニングと一括的スキャニングの認知プロセスが関わる注目すべき言語現象としては，次の例が挙げられる。

(1) a.　太郎が走った。
　　b.　太郎が一走りした。

(1) の動詞の「走る」が使われる a は，問題のイヴェントを時間軸にそった連続的なプロセスからなる事象として捉える表現（すなわち，連続的スキャニングが関わる表現）である。これに対し，「一走りする」が使われる b は，問題の事態を，時間を捨象した単一的な事態として捉える表現（すなわち，一括的スキャニングが関わる表現）である。両者の違いは，行為のプロセスに関係する「20分間」のような修飾表現との共起関係の違いから明らかである。

(2) a.　太郎が20分間走った。
　　b. ?太郎が20分間一走りした。

(2a) のように，行為のプロセスの連続的なスキャニングが関わる表現は，時間の継続表現の「20分間」と共起可能である。これに対し，(2b) のように，時間を捨象した一括的スキャニングが関わる表現が，時間の継続表

現の「20分間」と共起する場合には不適切な表現となる。

以上の考察からも明らかなように,事態の認知に関しては,問題の事態を,時間軸にそった連続的でダイナミックなプロセスとして把握する場合と,このプロセスの時間的な側面を捨象し,モノ的に一括して把握する場合が考えられる。

この二つのスキャニングのモードは,次の英語の例にも反映されている。二つのスキャニングのうち前者は動詞によって,また後者は名詞によって表現される。(この種の文の対の類例に関しては,さらに Sapir（1956: 52-53）,岩崎（1934: 2-3）を参照。)[2]

(3) a. John ran.
    b. John took a run.
(4) a. The girl walked.
    b. The girl took a walk.
(5) a. He helped his son.
    b. He gave his son some help.

伝統文法や変形操作を前提とする生成文法の規定では,これらの各文のbの表現は,aの動詞から名詞の文法カテゴリーを形成する派生によって規定されている。(動詞から名詞のカテゴリーを形成する派生は,一般的には名詞化（nominalization）による規定とされる。)これに対し,認知言語学の規定では,上記の各対のa, bの間には派生関係は認めない。これらの表現は,問題の事態を,基本的に時間軸にそった連続的でダイナミックなプロセスとして認知するか,この時間的な側面を捨象し,モノ的に認知していくかの認知のモードの違いを反映する表現として位置づけられる。基本的に同種の表現の対としては,(6)が挙げられる。

(6) a. It frosted heavily last night.
    b. There was a heavy frost last night.　　　(Curme 1947: 100)

第5章 日・英語の発想と認知プロセスの諸相　　　145

　認知言語学の規定では，基本的に，動詞表現とこれに対応する名詞表現は，次のように規定される (Langacker 1990: 99)。

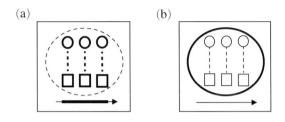

図1

　図1の (a) と (b) は，それぞれ動詞表現とこれに対応する名詞表現の認知のモードを規定する図式である。(a) の図は，ある存在（○）とある対象（□）の二項関係（縦の破線）が時間軸にそってプロファイルされる動的なプロセスを示している。これに対し，(b) の図は，この動的関係が背景化され，この関係の総体をモノ化された行為として静的に把握する認知構造を示している。((b) の継起的な二項関係を囲む外側の太線の大きなサークルは，行為自体の〈モノ的認知〉を示している。また，(a) の場合には，時間の展開を示す矢印（──→）が太線によってプロファイルされているが，(b) の場合にはこの矢印は背景化している。この違いは，一般に，動詞が動的プロセスの認知の世界，名詞がモノ的な認知の世界を反映していることを意味している。

　伝統文法や変形操作を前提とする生成文法の分析では，動詞表現とこれに対応する名詞表現を関連づける場合，前者の動詞の文法カテゴリーからいわゆる名詞化の操作を経て，名詞の文法カテゴリーを派生的に規定する分析がなされる場合がある。しかし，以上の認知的な視点からみた場合には，このような一方向的な派生の操作を考える必要はない。表1の図から明らかなように，認知言語学の規定では，問題の表現が動詞のカテゴリーか名詞のカテゴリーかの違いは，あくまで言語主体が，問題の動作な

いしは行為に関わる世界をプロセス的に捉えていくか，モノ的に捉えていくかの認知のモードの違いを反映する表現として相対的に規定することが可能となる。

　行為が関わる世界をプロセス的に捉えていくか，モノ的に捉えていくかの違いは，(7a-c) の例の比較からも明らかになる。((7b) の文頭の (%) は，(7a, c) の文と比べ，容認性にゆれがあることを示す。)

　　(7) a.　　太郎は速く走る。
　　　　b. (%) 太郎の走りは速い。
　　　　c.　　太郎は（走るのが）速い。

(7) の例は，いずれも太郎の走る行為の速度を叙述する文である。これらの表現は，真理条件的にはパラフレーズの関係にあるが，言語主体が問題の行為に関わる事態をどのように認知しているかは，厳密には異なる。(7a-c) の事態認知は，それぞれ図2の (a)-(c) のように規定される。

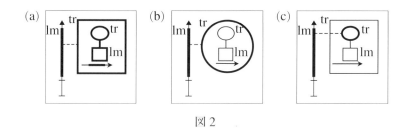

図 2

　図2の (a) の太線の縦長のボックスのなかのサークルは，走る主体（「太郎」），下のボックは走る場所，両者を結ぶ縦の破線は走るという関係，太線で示されている矢印は時間の進行に関わる走るプロセスを示す。この図の外側の太線の縦長のボックスは，以上の存在と関係からなる走る行為を示し，この行為自体が，速さに関わる左側の判断尺度（i.e. 速さの尺度）の縦の矢印と関係づけられている。

　(7a) の文は，図2の (a) の事態認知を反映する構文として規定される。

これに対し，(7b) の文は，図2の (b) の事態認知を反映する構文として規定される。(7b) の文では，(7a) の文と異なり，走るという行為がプロセスではなく，モノ (i.e.「走り」) として把握されている。図2の (b) の太線のサークルは，走る行為自体がモノとして把握されることを示し，速さに関わる判断尺度の矢印と関係づけられている。これに対し，(7c) の文は，図2の (c) の事態認知を反映する構文として規定される。この文の場合には，速さに関する叙述は，走る主体（「太郎」）自身に関してなされている。したがってこの場合には，走る主体を示す太線のサークルが焦点化され，この走る主体自身が，速さの判断尺度の矢印と関係づけられている。

以上の (7) 例文の a-c は，いずれも基本的には走る行為に関する共通の事態を表現する構文である。しかし，これらの三つの構文は統語的に異なる表現であり，それぞれが異なる事態把握の認知プロセスを反映している。図2の (a)-(c) は，この三つの構文の事態認知に関する主観的な認知プロセスの違いを規定している。

5.3. 焦点シフトの認知プロセスと探索表現

一般に，われわれが何かをターゲットとして探索する場合，常に探しているターゲットとしての対象を発見できるとは限らない。実際には，そのターゲットに到達するための参照点（すなわち，対象に到達するための手がかり）を認知し，この参照点を起点にして，問題のターゲットを探索していくのが普通である。日常言語には，この種の認知プロセスを反映する表現 (i.e. 探索表現) が存在する。

基本的に探索表現には，〈連鎖的探索表現〉と〈入れ子式探索表現〉の二種類が考えられる（山梨 2004: 51）。[3]

(1) （連鎖的探索表現）
　　a. 赤い椿の花が，納屋の隣の花壇の奥の竹藪に咲いている。
　　b. 彼女の家は，あの川を越え，畑を突っ切ったところの，公園の北側にある。
(2) （入れ子式探索表現）
　　a. 花子の人形は，二階の寝室の書棚の一番上にある。
　　b. 子猫が，町家の土間の奥の片隅で寝そべっている。

　(1)のタイプの連鎖的探索表現の場合には，主語の指示するターゲット（赤い椿の花，彼女の家）の探索が問題になる。この場合には，最初の参照点となる場所（納屋，あの川）からそのターゲット（花壇，畑）に移行し，このターゲットが新たな参照点となり次のターゲット（竹藪，公園）に移行する，という認知プロセスを介して，最終的に主語の指示する存在（赤い椿の花，彼女の家）の探索が可能となる。この種の連鎖的な認知プロセスは，図3のように規定される。

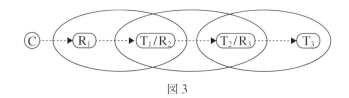

図3

　図2のサークルで囲まれたCは認知主体，Rは参照点（R = Reference-point），Tはターゲット（T = Target），RからTに向かう破線の矢印は，認知主体から参照点，参照点からターゲットに向かう認知プロセスを示している。

　一般に，参照点（R）とターゲット（T）は，固定された存在ではない。参照点とターゲットの認知プロセスは，動的で相対的である。上の例にみられるように，状況によっては，参照点（R_1）を介して認定されるターゲット（T_1）が次の参照点（R_2）となり，この参照点を介して新しいター

ゲット（T_2）が同定されていく。図3は，この参照点とターゲットの展開の動的な認知プロセスを示している。

　以上は，連鎖的な探索の認知プロセスの事例である。これに対し，上の(2)の入れ子式探索表現（e.g.「花子の人形は，二階の寝室の書棚の一番上にある」，「子猫が，町家の土間の奥の片隅で寝そべっている」）の場合はどうか。この場合も，主語が指示する存在を，参照点とターゲットの連鎖の認知プロセスを介して探索していくという点では，(1)のタイプの探索表現と似ている。しかし，この場合には，探索過程における参照点とターゲットの認知プロセスが連鎖的に推移していくのではなく，参照点からの探索領域が次第に絞られていき，最終的なターゲットの発見にいたるという点で，(1)のタイプの探索表現とは異なる。この種の認知プロセスは，図4のように規定される。

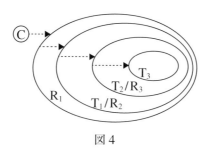

図4

　図4から明らかなように，(2)の場合には，最初の参照点（二階，町家）に探索過程の途上のターゲット（寝室，土間）が埋め込まれ，このターゲットを次の参照点としてさらに限定された領域（書棚，奥）がターゲットとして絞りこまれるという焦点連鎖の推移を介して，最終的なターゲットが探索される認知プロセスが関わっている。すなわち，(2)のタイプの探索表現に関わる認知プロセスは，相対的により広い参照点領域を起点にして探索領域が次第に絞り込まれて最終的なターゲットが認定されるという，いわゆるズームインの認知プロセスの典型例ということになる。

5.4. ズーミングの認知プロセスと時空描写

　言葉にはさまざまな認知のプロセスが反映されているが，そのなかでも，ズーミング（zooming）の認知プロセスは，言葉の形式と意味の世界においても重要な役割をになっている。ズーミングの認知プロセスは，ズームイン（zoom-in），ズームアウト（zoom-out）の二種類の認知プロセスに区分される。この種の認知プロセスは，異なる言語の表現形式を比較していく上でも興味深い。

　ズームイン，ズームアウトの認知プロセスは，日本語と英語の氏名，番地，等の住所の書き方の順序に反映している。

(1) a.　京都市左京区吉田本町 1-1
　　　　山田太郎 様
　　b.　［京都市 ＞ 左京区 ＞ 吉田 ＞ 本町 ＞ 1-1 ＞ 山田 ＞ 太郎］
(2) a.　Mr. Sherlock Holmes
　　　　221b Baker Street,
　　　　London, England
　　b.　[Sherlock ＜ Holmes ＜ 221b ＜ Baker Street ＜ London ＜ England]

(1), (2) の例から明らかなように，日本語の場合には，より大きなスコープからより小さなスコープに絞り込まれていく。これは，ズームインの認知プロセスである。これに対し，英語の場合には，より小さなスコープからより大きなスコープに拡大していく。これはズームアウトの認知プロセスである。（この種の認知プロセスは，番地，通り，等の場所のスコープの包摂関係だけでなく，姓名，すなわち，苗字／ファミリー・ネイムと名前／ファースト・ネイムの包摂関係にも反映されている。）

　日本語におけるズームインの認知プロセスは，次のような文学的な言語表現の世界にも反映されている。

第 5 章　日・英語の発想と認知プロセスの諸相　　　　　　　　　　151

(3) a.　東海の小島の磯の白砂にわれ泣きぬれて蟹とたはむる。

（石川啄木）

　　b.　ゆく秋の大和の国の薬師寺の塔の上なる一ひらの雲

（佐々木信綱）

(3a) の啄木の歌では，「東海」＞「小島」＞「磯」＞「白砂」の順に場所ないしは空間の焦点のスコープが絞り込まれ，この絞り込まれた焦点の背景のなかに，さらに「われ」と「蟹」が前景化されている。(3b) の場合の絞り込まれていくドメインは，季節，場所，等と厳密にはそのタイプは異なるが，やはりこの歌にも，より広い認知のスコープからより狭い認知のスコープへ次第に焦点を絞り込んでいく認知のプロセスが働いている。

　ズームインの認知プロセスは，次の例にも反映されている。

(4)　夏はよる。月のころはさら也，闇もなを，ほたるの多く飛びちがひたる。又，たゞ一つ二つなど，ほのかにうちひかりて行くもをかし。　　　　　　　　　　　　　　　　　　（『枕草子』）

(5)　それの年の十二月（しはす）の廿日あまり一日の日の戌の刻に門出す。そのよし，いささかにものに書きつく。　（『土佐日記』）

(6)　旅ゆけば，駿河の国に茶の香り，名代なる東海道，名所古跡の多いところ，中に知られる羽衣の，松とならんでその名を残す，海道一の親分は，清水港の次郎長の，あまた身内のある中で，四天王の一人で，乱暴者と異名をとる，遠州森の石松の，苦心談のお粗末を，悪声ながらも勤めましょう。

　　　　　（浪曲：『清水次郎長伝』https://oshiete.goo.ne.jp/qa/7367243.html）

(4) の例では，「夏」＞「夜」＞「月のころ」へと，また (5) の例では，「それの年」＞「十二月」＞「廿日あまり…」＞「戌の刻」と時間のドメインが絞り込まれている。(6) の例では，「駿河の国」＞「東海道」＞「清水港」へと場所／空間のドメインが絞り込まれている。(6) の例では，さらに

「次郎長の … 身内」＞「四天王」＞「遠州森の石松」へと，人物の選択のドメインが絞り込まれている。

ただし，ここで注意すべき点は，以上の事実から日本語はズームインの認知プロセス，英語はズームアウトの認知プロセスによって特徴づけられる，という一般化は必ずしも成立しないという点である。

次の例から明らかなように，一般に英語にもズームインの認知プロセスを反映する言語表現は存在する。

(7) The year's at the spring,
　　　And day's at the morn;
　　　Morning's at seven;
　　　… God's in his heaven—
　　　All's right with the world!

　　　　　　　　　　　　(Robert Browning, *Pippa Passes:* p.27)

(8) Deep down Louisiana close to New Orleans
　　　Way back up in the woods among the evergreens
　　　There stood a log cabin made of earth and wood
　　　Where lived a country boy named Johnny B. Goode
　　　Who never ever learned to read or write so well
　　　But he could play the guitar just like a ringing a bell
　　　Go go, Go Johnny go, … Johnny B. Goode.

　　　　　　　　　　　　(Chuck Berry, *Johnny B. Goode*)
　　　(http://www.lyricsdepot.com/chuck-berry/johnny-b-goode.html)

(7)のブラウニングの詩では，ズームインの認知プロセスによって，時間の焦点化の絞り込みが，the year ＞ the spring ＞ day ＞ the morn ＞ at seven の順になされている。(8)のチャックベリーの歌詞の場合には，ズームインの認知プロセスによって，場所の絞り込み (i.e. Louisiana ＞ New Orleans ＞ the woods) がなされている。

第5章　日・英語の発想と認知プロセスの諸相　　　　　　　　　153

　ここまでは，より広いドメインから狭いドメインへの焦点の絞り込み（すなわち，ズームイン）の認知プロセスが関わる事例をみてきた。この方向への認知プロセスが可能ならば，逆に，図5に示されるように，より狭いドメインから広いドメインへの認知プロセス（すなわち，ズームアウトの認知プロセス）の可能性も考えられる。

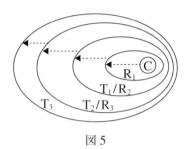

図5

日本語の場合，この後者のズームアウトの認知プロセスを反映する事例は，ズームインの事例ほど多くは見あたらない。しかし，次の例に，この方向への認知プロセスの展開がみられる。

　(9) a.　うづみ火や我かくれ家も雪のなか　　　　　　　　　（蕪村）
　　　b.　さくら花　散りぬる風の　名残には
　　　　　水なき空に　浪ぞ立ちける　　　　　　　　（古今集：春・下）
　　　c.　死に近き母に添い寝のしんしんと遠田のかわづ天に聞こゆる
　　　　　　　　　　　　　　　　　　　　　　　　　　　（斎藤茂吉）

(9a)の句では，切れ字の「や」によるマーキングにより，まず「うづみ火」が参照点として起動され，この起点を含むより大きなドメインの「かくれ家」，さらにこの家を含むより大きなドメインの「雪」の世界へと焦点がズームアウトしている。(9b)の歌の場合にも，「さくら花」から「風」，「風」から「水なき空」へズームアウトし，焦点が推移している。この歌の「浪ぞ立ちける」の「浪」は，風で空に舞い上がった桜を比喩的に意味して

154

いる。この意味での桜は，一見したところ，この歌のはじめにきている「さくら花」と同一の存在にみえる。しかし，この「さくら花」は厳密には風に散る前の花として認知された存在であり，風で空に浪のように散りばめられた花としての桜ではない。基本的に同様のズームアウトの認知プロセスは，(9c) の「添い寝」（の場所），「遠田」，「天」への展開にもみられる。

　英語のズームアウトの認知プロセスを反映する例としては，(10) の例が挙げられる。この種の例は，上でみた英語の住所の表現にみられるズームアウトの認知プロセスと軌を一にする。

(10) a. During the whole of a dull, dark, and soundless day in the autumn of the year, when the clouds hung oppressively low in the heavens, I had been passing alone, on horseback, through a singularly dreary tract of country; and at length found myself, as the shades of the evening drew on, within view of the melancholy House of Usher.

(Edgar Allan Poe, *The Fall of the House of Usher*: p.69)

b. On a brilliant day in May, in the year 1868, a gentleman was reclining at his ease on the great circular divan which at that period occupied the centre of the Salon Carre, in the Museum of the Louvre.　　(Henry James, *The American*: p.17)

c. On an evening in the latter part of May a middle-aged man was walking homeward from Shaston to the village of Marlott, in the adjoining Vale of Blakemore or Blackmoor.

(Thomas Hardy, *Tess of the D'urbervilles*: p.13)

d. Five o'clock had hardly struck on the morning of the nineteenth of January, when Bessie brought a candle into my closet and found me already up and nearly dressed.

(Charlotte Brontë, *Jane Eyre*: p.73)

(10a-d) の例でズームアウトの認知プロセスを反映しているのは，各例の（時間の表現に関わる）前置詞句の部分である。これらの前置詞句の表現は，より限定された時間のドメインから，これを包摂するより広い時間のドメインへの展開を表現している。

　次の (11) の場合（i.e. (11) の最初の文の前置詞句の場合）には，より限定された場所のドメインから，これを包摂するより広い場所のドメインへのズームアウトの認知プロセスが関わっている。

(11)　The village of Holcomb stands on the high wheat plains of western Kansas, a lonesome area that other Kansans call "out there." ... The land is flat, and the views are awesomely extensive.　　　　　　　　　　　(Truman Capote, *In Cold Blood*: p. 13)

　また，(12) の例では，場所と時間のズームアウトの認知プロセスが，前置詞句によって表現されている。

(12)　Ten more glorious days without horses! ... he pottered contentedly in a garden on the outskirts of Dublin on a sunny Sunday afternoon in April nineteen-sixteen.
(Iris Murdoch, *The Red and The Green*: p. 5)

　以上の例では，問題の前置詞句にズームアウトの認知プロセスだけが関わっている。しかし次の例には，ズームインとズームアウトの両方の認知プロセスが関わっている。

(13)　I record that I was born (as I have been informed and believe) on a Friday, at twelve o'clock at night. It was remarked that the clock began to strike, and I began to cry, simultaneously.
(Charles Dickens, *David Copperfield*: p. 13)

この例の場合，最初の文の on a Friday＞at twelve o'clock の部分はズームインの認知プロセスである。しかし，at twelve o'clock＞at night の部分は逆にズームアウトの認知プロセスを反映する表現になっている。[4]

5.5. 経路フォーカスと着点フォーカス

　日常言語の概念体系は，身体的経験に基づく基本的なイメージスキーマによって特徴づけられている。この種のイメージスキーマのなかでも，〈起点-経路-着点〉(Source-Path-Goal) のイメージスキーマは，日常言語の構文と意味の創発のプロセスに密接に関わっている。個別言語の構文とこれに対応する認知的意味の違いを考察していく場合には，特に〈起点-経路-着点〉のイメージスキーマを構成する〈起点〉(Source)，〈経路〉(Path)，〈着点〉(Goal) のどの部分に焦点 (i.e. フォーカス) をおくかが重要な役割を担う。この焦点化の観点からみた場合，ある言語の構文は，〈経路〉に焦点がおかれる傾向がある。また，ある言語では，(〈経路〉は背景化され)〈着点〉に焦点がおかれる傾向がある。

　〈起点-経路-着点〉のスキーマは，ある存在が起点から経路を通って到達点に達する事象の基本的な経験の認知図式を示している。日常言語の構文現象をみた場合，この種のスキーマは，他動性が関わる行為を理解するための認知図式に拡張されていく。池上 (1995) は，この方向の拡張を，〈移動〉のスキーマから〈行為〉のスキーマへの移行として捉えている。後者の〈行為〉の観点からみた場合，〈起点〉は行為の力の源となる〈動作主〉，〈着点〉はその力が達する〈被動作主〉，〈経路〉は行為の力が伝わっていく〈手段〉(ないしは〈媒体〉) として理解される。

　〈移動〉のスキーマと〈行為〉のスキーマの観点は，言語の類型的な違いをみていく際に重要な役割を担う。池上 (1981) は，〈着点〉への指向性の強弱の視点から，日本語と英語の行為に関わる構文を比較し，基本的に日本語は〈着点〉への指向性が弱く，英語は〈着点〉への指向性が強いと

第 5 章　日・英語の発想と認知プロセスの諸相　　　157

いう事実を指摘している。〈着点〉への指向性に関する両言語の違いを示す事実としては，次の例が挙げられる（池上 1981: 266）。

(1) a.　燃ヤシタケレド，燃エナカッタ
　　 b.　*I burned it, but it didn't burn.
(2) a.　沸カシタケレド，沸カナカッタ
　　 b.　*I boiled it, but it didn't boil.

日本語の場合，例えば「燃ヤス」，「沸カス」のような動詞は，必ずしもその行為の結果が達成されるところ（すなわち，行為の結果に到達するところ）までは含意されない。これに対し，英語の 'burn', 'boil' のような動詞は，問題の行為の結果への到達を含意する。この日・英語の違いは，(1) と (2) の例のうち，日本語の a タイプの文は矛盾文にならないが，英語の b タイプの文は矛盾文になる点から明らかである。

〈行為〉のスキーマの観点からみた場合，この〈着点〉への指向性に関する両言語の違いは，図 6 の (a)，(b) の違いとして示される（池上 1981: 279）。（図 6 の A は動作主，G は被動作主，二重線の矢印は行為の力を示す。）

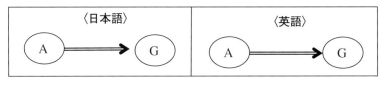

図 6

N.B.　ただし，この種の違いが，両言語のどのタイプの動詞にも当てはまる訳ではない。動詞のタイプによっては，どちらの言語でも意図された結果の達成が含意される事例と意図された結果の達成が含意されない事例が存在する。

　例えば，「殺ス」／'kill' は，前者の場合（(i)「*彼ヲ殺シタケレド，死ナ

カッタ」/（ii）*I killed him, but he didn't die.)，「招ク」/'invite' は，後者の場合（（i）「彼ヲ招イタケレド，来ナカッタ」/（ii）I invited him, but he didn't come.) に相当する（ibid.: 267)。

　いずれにせよ，これまでいわゆる達成動詞（achievement verbs）のカテゴリーの典型例として一律に分類されていた「燃ヤス」/'burn'，「沸カス」/'boil' のタイプの動詞に関し，日本語では結果の達成は含意されないのに対し，英語では結果の達成が含意されるという点が，言語類型論の観点からみた場合に興味深い点であると言える。

　以上の〈着点指向性〉に関する両言語の違いは，〈起点-経路-着点〉のスキーマを構成する〈起点〉，〈経路〉，〈着点〉のどの部分に焦点（i.e. フォーカス）をおくかの違いとして解釈することが可能である。一般に，ある対象が，何らかの経路にそって移動する状況を理解する場合，基本的に移動の経路が焦点化される場合と移動の着点に焦点がおかれる場合が考えられる。動作主が被動作主に対して行う行為を，〈起点-経路-着点〉のスキーマにおける力の移動として考えるならば，以上にみた両言語の違いは，日本語の場合には力の移動の経路に焦点が当てられるのに対し，英語の場合には力の移動の着点に焦点が当てられるという違い，と解することができる。

　この観点からみるならば，上の図6の動作主から被動作主に対して延びる行為の力としての矢印のうち，被動作主に力が達していない日本語のほうは経路の焦点化を示し，被動作主に力が達している英語のほうは着点の焦点化を示す矢印として再解釈することが可能である。換言するならば，（以下の図7に示されるように）基本的に日本語は，〈経路フォーカス〉（Path Focus），英語は〈着点フォーカス〉（Goal Focus）の傾向を示す言語と解することが可能となる。

第5章 日・英語の発想と認知プロセスの諸相　　159

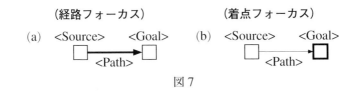

図7

　図7の (a), (b) は，いずれも〈起点-経路-着点〉(Source-Path-Goal) のスキーマを示しているが，両者の基本的な違いは，このスキーマのどの部分に焦点化がおかれているかにある。図7の (a) の場合には，矢印が太線で示されているが，これは経路が焦点化されていることを示す。これに対し，図7の (b) の場合には，着点のボックス（□）が太線で示されている。これは，着点が焦点化されていることを示す。

　以上の日・英語の焦点化の違いは，次の事実によっても裏づけられる。

(3) a. 音はやんだ。音がやんだ後で，信吾ははじめて恐怖におそわれた。
　　　　　　　　　　　　　　　　　　　　　（川端康成『山の音』: p.10)
　 b. The sound stopped, and he was suddenly afraid.
　　　　　　　　　　　　（Yasunari Kawabata, *The Sound of the Mountain*: p.8)

(3a) は川端康成の小説（『山の音』）からの引用であるが，この引用の第2文の「恐怖におそわれた」という心理的な経験のプロセスの表現が，英訳では，心理的経験の結果を示す状態表現（"was suddenly afraid"）に翻訳されている。

　基本的に同様の違いは，次の例にもみられる。

(4) a. 車のタイヤがパンクした。
　 b. I have a flat tire on my car.
(5) a. 緊張するよ。
　 b. I feel nervous.
(6) a. はっきり分かり次第，電話します。
　 b. I will give you a call as soon as I know for sure.

(4)-(6)の日本語の「パンクする」,「緊張する」,「分かる」は,物理的ないしは心理的な変化のプロセスを表現する動詞であるが,これに対応する英語の表現("have a flat tire", "feel nervous", "know")は,物理的ないしは心理的な変化の結果の状態を示す表現になっている。

以上の日・英語の例をみるかぎり,日本語は〈経路フォーカス〉,英語は〈着点フォーカス〉の傾向を示す言語という一般化は妥当なように思われる。しかし,日・英語の構文をさらに綿密に観察すると,この種の一般化は強過ぎることが明らかになる。

(7)-(10)の日・英語の対を比較してみよう。

(7) a. 休暇でここに来ている。
    b. I'm here on vacation.
(8) a. 彼女はボーイフレンドと出かけている。
    b. She is off with her boyfriend.
(9) a. 彼は仕事中毒になっている。
    b. He is addicted to work.
(10) a. 彼は自分の危険に気づいている。
     b. He is aware of his danger.

これらの対のうち,英語の文は,いずれも基本的にある行為ないしは変化の結果として成立した状態を示している。例えば,(7)と(8)のbの文は,来る(ないしは,出かける)という行為の結果の状態を示している。また,(9)と(10)の英語の文は,中毒になる(ないしは,気づく)という状態変化の結果として成立している状態を示している。この点は,(7)-(10)の英語の文では,いずれも状態を示すbe動詞が使われている事実によって裏づけられる。以上の点から,英語は基本的に〈着点フォーカス〉の傾向を示していると言える。

これに対し,(7)-(10)の日本語の文では,結果だけでなく,その結果に至るための行為(ないしは変化)のプロセスを示す動詞が使われている。

第5章　日・英語の発想と認知プロセスの諸相　　　　　　　　　　　　　161

例えば，(7)-(10) の a の文の述部（「来て＋いる」，「出かけて＋いる」，「なって＋いる」，「気づいて＋いる」）は，行為（ないしは変化）を示す動詞（「来る」，「出かける」，「なる」，「気づく」）とその結果の状態を示す動詞（「いる」）からなっている。したがって，日本語には，〈経路フォーカス〉と〈着点フォーカス〉の二つの認知プロセスが関わっている。

　ただし，この二つのフォーカスのプロセスは，同時に関わっているのではない。各文の述部の複合動詞の表現（「来て＋いる」，「出かけて＋いる」，「なって＋いる」，「気づいて＋いる」）から明らかなように，問題の述部は，行為（ないしは変化）を示す動詞（「来る」，「出かける」，「なる」，「気づく」）のように，まず行為（ないしは変化）のプロセスを示す〈経路〉にフォーカスがおかれ，その次にその結果として成立する状態としての〈着点〉にフォーカスがおかれている。

　日本語における，以上の〈経路フォーカス〉から〈着点フォーカス〉への認知プロセスのシフトは，図 8 に示される。

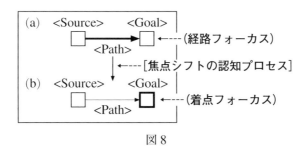

図 8

図 8 の (a) は，〈経路フォーカス〉を示している。(この場合の太線の矢印は，経路にフォーカスがおかれていることを示している。) また，図 8 の (b) は，〈着点フォーカス〉を示している。(この場合の太線の□は，着点にフォーカスがおかれていることを示している。)(7)-(10) の日本語の文には，図 8 に示される〈経路フォーカス〉から〈着点フォーカス〉へのシフトの認知プロセスが関わっている。(図 8 の中央の縦の矢印は，こ

のフォーカス・シフトの認知プロセスを示している。)[5]

　一般に，これまでの日・英語の比較研究では，日本語は〈経路フォーカス〉，英語は〈着点フォーカス〉を示す言語であるという，単純な二分法に基づく一般化がなされている。[6]

　確かに一部の日・英語の言語現象を比較する限り，この種の一般化が当てはまる事例も存在する。しかし，本節でみたように，このような二分法に基づく単純な一般化に当てはまらない事例も存在する。特に，上の (7)-(10) の例は，日本語は，単に〈経路フォーカス〉ではなく，〈経路フォーカス〉を介して〈着点フォーカス〉を示すこともできる言語であることを示している。

　これまでの日・英語の比較研究では，日本語は〈経路フォーカス〉によって特徴づけられる言語であり，この点で，〈着点フォーカス〉を示す英語とは異なる，という二分法に基づく強い一般化がされている。本節で指摘した事実（特に，上の (7)-(10) の日本語に関する事実）は，この種の単純な一般化が妥当性を欠いた一面的な一般化であることを示している。

N.B. 以上の二つの焦点化の認知プロセスのどちらか一つだけが，個々の言語に関わっているわけではない。一つの言語において，この二つの認知プロセスの双方が関わる言語現象も存在する。

　一般に，ある対象が，何らかの経路にそって移動する状況を理解する場合，基本的に移動の経路がプロファイルされ，そこに焦点がおかれるのが普通である。しかし，状況によっては，移動の経路におかれる焦点がシフトして，移動の到達点に焦点がおかれる場合も考えられる。この認知プロセスの違いは，次の例から明らかになる (Lakoff 1987: 422-423)。

　　(i)　Sam walked over the hill.
　　(ii)　Sam lives over the hill.

この場合，(i) の文では，経路としての丘がプロファイルされている。これに対し，(ii) の文では，経路としての丘を越えた到達点がプロファイルされ

ている。

　基本的に，前置詞の over は，ある方向への移動のベクトルに関係する語であり，(i) の walk（ないしは move, run, 等）のような移動の動詞と共起することができる。この点からみるならば，(ii) の live のような状態を示す動詞とは基本的に共起できないはずである。(この種の動詞は，Sam lives in San Diego, Sam has been living in London since last May. のように，基本的には静的な場所を示す表現と共起する。)

　(ii) のタイプの表現が可能なのは，上の図 8 に示されるように，(a) の経路から（移動の結果としての場所を示す）(b) の到達点へ焦点シフトが起こっており，その結果，live のような状態を示す動詞との共起が可能となるからである。

5.6. 対象世界の認知モードの諸相

　一般にわれわれが対象世界を知覚する場合，その知覚経験は客観的に得られるように考える傾向がある。しかし厳密には，知覚行為それ自体は，対象世界に投げかける主観的な視点，パースペクティヴ，等の認知モードによって左右されている。したがって，われわれの知覚経験は多分に主観的であると言える。この種の主観的な認知モードは，日常言語にさまざまな形で反映されている。本節では，主に照応現象と単／複の数量表現に関わる言語現象に反映される認知モードの諸相を考察する。

5.6.1. 「統合的」認知モードと「離散的」認知モード

　一般に複数の存在からなる対象世界を知覚する場合，基本的に二つの認知モードが考えられる。その一つは，個々の構成メンバーに焦点を当てて知覚する認知モード，もう一つは，この構成メンバーを背景化して，その集合全体を一つの統一体として知覚する認知モードである。日常言語には，この二つの認知モードを反映する言語現象が観察される。その注目すべき例としては，先行詞の単数／複数の意味解釈に関わる日本語の照応現

象が考えられる。

　基本的に，日本語では，その指示内容が複数の存在からなっている対象であっても，照応的には単数形でうけるのが自然である。

(1) a. 太郎は，赤い鉛筆と青い鉛筆を買って，［それ］を花子にあげた。
　　b. ?太郎は，赤い鉛筆と青い鉛筆を買って，［それら］を花子にあげた。
(2) a. 見舞に来てくれた友達が，春子に花を一輪ずつプレゼントして帰った。彼女は，喜んで，［それ］を花瓶にいけた。
　　b. ?見舞に来てくれた友達が，春子に花を一輪ずつプレゼントして帰った。彼女は，喜んで，［それら］を花瓶にいけた。

(1)，(2) の例では，文脈からして問題の代名詞が指示する対象は，明らかに複数の構成メンバーからなっている。したがって，これをうける代名詞は，複数形の「それら」であってもいいはずであるが，実際には，単数形の「それ」のほうが適切である。

　しかし，この種の事実から，日本語の照応に関わる代名詞は単数形という一般化が単純に成り立つ訳ではない。日本語の場合でも，複数形の代名詞が適切な例も存在する。実際に，単数形，複数形のどちらの代名詞が使われるかは，問題の指示対象をどのように認知するかによって決められる。次の例をみてみよう (cf. 山梨 1992: 19-20)。

(3) a. 一枚の紙を，二枚，四枚と切っていき，［それ］をパッと空中にまいた。
　　b.?*一枚の紙を，二枚，四枚と切っていき［それら］をパッと空中にまいた。
(4) a. 博士は，モルモットを試験台に乗せ，［それら］を一匹ずつ丹念に調べた。

b. ?博士は，モルモットを試験台に乗せ，［それ］を一匹ずつ，丹念に調べた。

(3) の文脈では，二枚，四枚と切られた紙自体は複数であるが，これを空中に乱舞させる前の段階では，紙は一まとまりになっているという認識が働いている。したがって，この文脈では，この一まとまりの集合体としての紙に言及する単数形の「それ」のほうが，複数形の「それら」よりも適切である。これに対し，(4) の文脈では，試験台に乗せて調べていく際のターゲットとなる対象は，一まとまりのモルモットの集合それ自体ではなく，そのメンバーとしての個々のモルモットである。したがって，この場合には，複数形の代名詞のほうがより適切である。

　基本的に，(3)，(4) のタイプの照応現象の背後には，図9に示されるような外部世界の成員とその集合の認知に関わるイメージスキーマが働いている（山梨 1995: 127）。

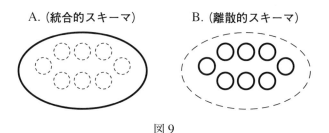

図 9

　図9のAは，われわれの認知のフォーカスが統合的に〈集合それ自体〉におかれる場合，Bは認知のフォーカスが離散的に〈集合のメンバー〉におかれる場合を示す。ここでは，A，Bのスキーマをそれぞれ〈統合的スキーマ〉，〈離散的スキーマ〉と呼ぶことにする。このイメージスキーマの観点からみるならば，(1)-(4) のタイプの照応において，単数形の代名詞の「それ」が使われる場合は〈統合的スキーマ〉に基づく認知作用が働く場合，複数形の代名詞の「それら」が使われる場合は〈離散的スキーマ〉

に基づく認知作用が働く場合として，これらの代名詞の相補的な分布を一般的に予測していくことが可能となる。

5.6.2. 複数個体と連続体のイメージスキーマ変換

日常言語のなかには，外部世界の要素としては複数の個体の集まりからなっている存在が，認知的に連続体として理解され不可算的にカテゴリー化される表現が広範に存在する。例えば，corn, cattle, sand, 等の名詞の指示対象の構成要素それ自体は個体であるが，これらの名詞は，不可算名詞としてカテゴリー化されている。この種のカテゴリー化の背後には，〈複数個体〉→〈連続体〉という認知作用を介して，複数の個体が連続体として把握されていく主観的な認知プロセスが認められる。

Lakoff は，この種の主観的な認知プロセスを，複数個体から連続体へのイメージスキーマの変換のプロセスとしてとらえている。この種の認知プロセスを反映する例としては，次のような対が考えられる (Lakoff 1987: 441)。

(1) a. The wine spilled out over the table.
　　b. The fans spilled out over the field.
(2) a. He poured the juice through the sieve.
　　b. The fans poured through the gates.

(1a) の主語と (2a) の目的語は連続体としての液体であり，spill, pour と共起するのは自然である。しかし，(1b), (2b) の例では，複数の個体を示す fans がこれらの動詞と共起している。この場合，b のタイプの表現は，複数個体から連続体へのイメージスキーマの変換の観点から自然に予測される。

この種の主観的な認知作用による言語表現の拡張は，次の日本語の例にもみられる。

(3) a. 汚水が川に流れ込んだ。
　　b. 群衆が会場に流れ込んだ。
(4) この大阪駅へ，群衆は，押し寄せては，また四方へ流れ出てもいる。
　　　　　　　　　　　　　　　　　　　　　（林芙美子『めし』: p.8）

　(3a) は，液体の運動を描写している文字通りの表現であるが，この液体の運動の叙述に関する表現が，(3b) のような個体の集合の対象の叙述にも拡張されて使われている。主観的な認知作用を反映するこの種の拡張的な用法は，(4) の例にもみられる。人の集まり（この場合，群衆）は，個体の成員からなる集合である。しかしこの例では，この複数の個体の集合が液体と同じように連続体として認知され，この後者のイメージに基づいて複数の個体全体のダイナミックな動きが叙述されている。[7]

5.6.3. 境界性と可算・不可算の相対的区分

　一般に，複数の個体からなる存在は数えることができる可算名詞として表現でき，個体として数えきれない存在は，不可算名詞によって表現される。われわれは，このような可算・不可算のカテゴリー化によって外部世界の対象をみている。形態的に単数・複数の名詞の分類をする言語は，基本的には，この種のカテゴリー化によって単複の区分をしている。この点からみるならば，英語の bottle, car, stone, 等の名詞は可算名詞のカテゴリー，milk, sand, water, 等の名詞は不可算名詞のカテゴリーに属することになる。
　この可算・不可算のカテゴリー化は，一見したところ外部世界の存在に対する客観的な区分に基づいているようにみえる。しかし，この種のカテゴリー化は，外部世界を理解していく際のわれわれの認知の仕方，外部世界の存在を把握していく際の概念化の仕方に多分に左右されている。可算・不可算のカテゴリー化は，この種の認知モードを反映している。ある存在が可算か不可算かの二分法的な区分は，絶対的なものではない。ま

た，この種の区分は客観的に決められるものではなく，典型的に可算か不可算かという相対的な判断によって決められる。

　可算・不可算の認知的な基準は，問題の対象を認知していく場合に明確な境界線が引ける（bounded）か，境界線が不明瞭（unbounded）かによる（Langacker 1990: 63-66）。

　例えば，a chicken, a cucumber は，生き物ないしは野菜としての個体として把握される場合の表現である。しかし，料理の素材としてのトリ肉あるいはサラダの一部として刻まれた野菜の場合には，明確な境界領域をもたない不可算の存在として把握される。この種の可算・不可算の区分の典型的な例としては，次の区分が挙げられる（Jespersen 1933: 207）。

(1) 　　〈可算〉　　　　　　〈不可算〉
　　　a cake, many cakes　　much cake
　　　two big cheeses　　　 a little more cheese
　　　a tall oak　　　　　　a table made of oak
　　　have an ice　　　　　 there is no ice on the pond
　　　today's paper　　　　 a parcel in brown paper

また，家具，ゴミを指示する furniture, garbage などの名詞は不可算名詞の一種として把握されるが，この場合には，これらの集合体の成員の個体性は捨象され，境界領域をもたない集合体として認知される（cf. Reid 1991: 70-73, 篠原 1993: 45-46）。

　beer, coffee, whisky, wine, 等は，明確な境界領域をもたない液体としては，不可算名詞としてカテゴリー化される。このように特定の境界領域をもたない存在を個体化していく場合には，(2) のように，a cup of, a glass of, 等の境界領域を限定していく表現が必要となる。これに対し，(3) のような文脈では，この種の限定表現は必ずしも必要ではない。

(2) a.　Let's talk over a cup of coffee.

b. Get me three glasses of beer.
(3) a. I'll have a coffee.
b. Would you like a beer?

また，名詞の指示する対象そのものは境界をもたない存在でも，ある種の製品として認知される場合には，不定冠詞ないしは複数の標識をともなう個別表現によって境界領域をもった個体として把握される。

(4) a. A good wine needs no bush.
b. They sell several whiskies.
(5) a. My favorite meats are lamb and chicken.
b. I ate {cold, cooked, sliced} meats.

この逆の場合も成立する。一般に，境界領域のある個体を示すとされる名詞でも，文脈によっては本来の境界を有する個体としての性質を失い，境界のない連続体として把握される場合がある。Langacker (1990: 73) は，その一例として (6) の例を挙げている。

(6) After I ran over the cat with our car, there was cat all over the driveway.

この場合のひかれてしまった猫は，もはや個体としてのアイデンティティを失い，連続体として把握されている。したがって，(6) の主節の cat には，個体を可算的に区分する不定冠詞は使われていない。

安部公房の小説に次のような一節がある。

(7) 見ると … 紙のように薄くなった猫の死骸を，大型トラックまでがよけて通ろうとしているのだった。無意識のうちに，ぼくはその薄っぺらな猫のために，名前をつけてやろうとし，すると，久しぶりに，贅沢な微笑が頬を融かし，顔をほころばせる。

(安部公房『燃えつきた地図』: 318)

ここで問題になっている「薄っぺらな猫」は，もはや可算可能な個体ではなく，紙のように薄くなった存在として理解される。すなわち，ここでの猫は，もはや一匹，二匹というように数え上げていくことができる生き物としての存在ではない。しかし，それにもかかわらず，作家の心の世界では，（無残な姿に成り果てているとはいえ）依然として猫としてのアイデンティティは保たれていると言える。

N.B. 池上（1993）は，可算の名詞が不可算に解釈されるプロセスとして，〈連続体化〉と〈抽象化〉の二つのプロセスを挙げている（ibid.: 109-112）。前者のプロセスは，複数の個体からなる集合体が，認知的に均質な連続体として再解釈されるプロセスである。後者のプロセスは，本来的には具体的な個体を指示する表現として使われる名詞が，一般的（ないしは総称的）な意味として再解釈されるプロセスである。

後者のプロセスが関わる例としては，次の (i), (ii) が挙げられる。

(i) a. Car is the best mode of transport.
b. Bed has so many happy associations for them.
(Allan 1980: 552)

(ii) a. Spider is a shrike's best food.　　(ibid.: 552)
b. [Intelligent Termite]: I don't like shelf—I'd rather eat table.
(Langacker 1990: 73)

(i) の場合には，car, bed のような本来的には個体を指示する名詞が，一般的な意味で抽象化され，それぞれの個体の属するカテゴリーの一般概念のレベルの名詞として使われている。(ii) の spider, shelf, table に関しても，基本的には抽象化による不可算化のプロセスが関わっていると言ってよい。ただし，(i) と (ii) の抽象化のプロセスは厳密には異なる。(i) の場合には，個体としての車ないしはベッドからその機能的な側面に焦点が移行し，この移行のプロセスを介して問題の名詞の抽象化が可能になっている。これに対し，(ii) の場合には，個体としての蜘蛛からモズが食べる対象としての蜘蛛の体，家具としての棚，テーブルからシロアリが食べる対象としての棚ないしはテーブルの素材にメトニミー的に焦点が移行し，この移行のプロセスを介して，問題の名詞の不可算的な解釈が可能になっている。

5.7. デジタル的認知とアナログ的認知

われわれの認識には、基本的にアナログ的認知とデジタル的認知の二つの認知モードが存在する。アナログ的な認知モードは、対象世界を連続的的に認知していくモードである。これに対し、デジタル的な認知モードは、対象世界を非連続的で離散的な世界として認知していくモードである。この二つの認知のモードの違いは、アナログ型とデジタル型の時計の比較によって理解することができる（図 10）。

図 10

図 10 の場合、アナログ時計では、午後 3 時 10 秒の時刻は、長針・短針・秒針の 3 種の針の連続的な移動の軌跡により把握される。これに対し、デジタル時計では、時刻は「15:00 10」のように数字により離散的に把握される。アナログ的認知とデジタル的認知の基本的な違いは、この連続的把握と非・連続的（i.e. 離散的）把握の違いにある。

アナログ的認知とデジタル的認知のプロセスは、言葉の世界にも反映している。山梨（1988）は、その典型例として次の例を挙げている（ibid.: 124）。

(1) a.　今日であの子は　二十歳（はたち）。
　　 b.　今日であの子は　十三・七つ（じゅうさん・ななつ）。
(2) 　利根で生まれて　十三七つ　月よあたしも　同じ年

（藤間哲郎　作詞：『おんな船頭唄』, 1955）

(1a) の文では,「二十歳」(はたち)という表現から明らかなように,年齢がデジタル的に表現されている。これに対し,(1b) では,「十三・七つ」(じゅうさん・ななつ)という表現から明らかなように,同じ年齢がアナログ的に表現されている。後者の表現は,一般にはなじみがないが,(2) にみられるように,一昔まえの演歌の一節に,「十三・七つ」が使われている。

この表現は,単に問題の女性のその時点の年齢を数値的に述べているのではなく,時間の経過のプロセス(すなわち,生まれてから13年の歳月を経て女の子として年頃になり,さらにそれから7年の歳月を経て成人に達する成長のプロセス)を表現している(図11参照)。この点で,(1b) のタイプの表現は,アナログ的な表現と言うことができる。

図 11

ただし,(1b) の「十三・七つ」を,単に二つの数値を足す表現として理解するならば,この種の表現もデジタル的な認知を反映する表現と言うことができる。ここで,(1b) のタイプの表現をアナログ的とみるのは,あくまで,生まれてから13年が経過し,さらに3年が経過したというように,時間的な成長のプロセスを表現している文としての解釈に基づいている。

また,(1b) の「十三・七つ」という表現には,問題の二十という数値を十二と八,十四と六,等の他のどのような区切りかたをしても伝えられない,日本人の成長過程の一つの儀式的な区切り(すなわち,成人に向かう途上での一つの儀式的な区切り)に関する文化的な背景に裏うちされた特別の意味が暗示されている。[8]

この種のデジタル的／アナログ的な表現の違いは，次の英語の例のように，論理的には，他の言語でも表現することは不可能ではない。

(3) a.　As of today, the girl is 20 years old.
　　b. (#) As of today, the girl is 17 and 3 years old.

(3a) と (3b) は，それぞれ (1a), (1b) の日本語の文の直訳である。この場合，(2a) のデジタル的な表現は，英語でも可能であるが，(2b) のアナログ的な表現のほうは，（論理的には可能な文であるが）英語の用法としては，慣習的に確立している表現ではない。

5.8.　ネクサスとジャンクションの認知モード

日常言語には，「ネクサス」(nexus) と「ジャンクション」(junction) の関係からなる表現が存在する (Jespersen 1924: 97, 114-44)。ネクサスの関係は，基本的に〈主部-述部〉の関係からなる (e.g. "The dog barks furiously.")。これに対し，ジャンクションは，この主述の関係が逆転した連体修飾の関係として規定される (e.g. "The furiously barking dog")。[9]

一般に，ジャンクションの関係によって特徴づけられる連体修飾の表現は，統語的には名詞を主要部とする構造になっている。したがって，このタイプの表現は，主要部にむかって意味的に収斂し集中ていく〈凝縮的〉表現として機能し，この点で主述関係の軸にそって展開していくネクサスの〈拡散的〉表現とは表現モードが異なる。

Jespersen は，基本的にジャンクションは，凝縮的でスタティックな絵ないしは写真のような表現，ネクサスは，柔軟でダイナミックなドラマのような表現であるとして，両者の表現モードの違いを次のように述べている。[10]

A junction is like a picture, a nexus like a process or a drama. Whereas the junction is more stiff or rigid, the nexus is more pliable.　　　　　　　　　　　　　　　　　(Jespersen 1924: 116)

　ただしこの一般化は，あくまでジャンクションとネクサスの統語構造の違いを比喩的に述べているに留まる。確かに，ジャンクションの表現を特徴づける連体修飾の構造は，統語的には名詞を主要部とする構造になっている。そして，修飾部にあたる表現はこの主要部に依存するかたちで構造化されており，全体の構造は名詞（句）の内心構造（endocentric construction）になっている。これに対し，ネクサスの表現は，主部-述部の文としての命題内容をもつ外心構造（exocentric construction）になっている。[11]

　ジャンクションは〈凝縮的〉表現であり，ネクサスは〈拡散的〉表現という一般化は，統語的にみた場合の内心構造と外心構造の違いを喩えとして述べている。しかし，ここで問題にしたいのは，これらの表現の機能的（ないしは認知的）な違いである。

　日本語の場合，連体修飾のジャンクションの表現は，全体が名詞を主要部とする内心構造になっており，語順としては〈修飾部〉-〈主要部〉の形式になっている。談話の情報構造の観点からみるならば，情報のフォーカスは基本的に問題の表現の末尾（連体修飾の場合には主要部）におかれるのが普通である。したがって，伝えようとする問題の事態（ないしはイヴェント）全体に注目させるのではなく，その事態（ないしイヴェント）を構成しているある対象に注目させたい場合には，そうでない特別の事情がないかぎり，修飾部-主要部の語順の内心構造をもつジャンクションの表現が適切である。[12]

　この点は，注意をうながす表現の違いによって裏づけられる。例えば，エレーベーターの出入りの場面で注意をうながす表現として使われる次の例を考えてみよう。

（場内のアナウンス）
（1） a. 閉まるドアにご注意ください！
　　 b. ドアが閉まります（ので），ご注意ください！

一般に，このような場面では，ドアが閉まるという事態ないしはイヴェント全体が出入りする関係者に問題になるというよりも，閉まってくるドアというオブジェ自体が注意の焦点になる。したがってこの場合には，一般にネクサスの（1b）のタイプの表現よりも，連体修飾からなるジャンクションの（1a）のタイプの表現のほうが適切である。

　ただし逆に，（1b）のようなネクサスの表現が適切な状況も考えられる。例えば，（2）のように，あるビルの玄関のドアの閉まる時間に関する注意をうながす状況を考えてみよう。

　　　（ビルの注意書き）
（2） a. 九時にはドアが閉まりますので御注意ください！
　　 b. ?九時に閉まるドアに御注意ください！

この状況では，逆にネクサスの構造に基づく（2a）のタイプの表現が適切である。このような状況で（2b）を使うのは不適切である。

　また，（2a）のようなネクサスの表現は，基本的に，その場面で一回だけ生起する事象というよりも，恒常的，習慣的な事実に関する情報を伝える表現である（cf. 表1のA）。これに対し，（1a）のような連体修飾のジャンクションの表現は，その瞬間にいわば〈一回事象的〉に起こる迫真性をおびた状況で使われる傾向がある（cf. 表1のB）。

〈ネクサスとジャンクションの機能〉
A. ［ネクサス］：恒常的，事実志向的な機能
B. ［ジャンクション］：一回事象的，対象指向的な機能

表1

(2b)のジャンクションの表現は，この〈一回事象的〉なニュアンスを逆に高めてしまう表現であるために不適切になる。

　ジャンクションの構造に基づく表現は，むしろ，以下にみられるように，新聞の見出しや写真のキャプションなどに多くみられる。[13]

　　　（新聞の見出し）
　(3) a. （ソ連軍進駐）暴行・略奪・飢え・寒さ … 大八車に重なる遺体
　　　b. 再生へ燃えぬ社会党　　　　　　　（朝日新聞（朝刊）1991.4.28）
　　　c. 小屋住まいで職待つ移住民　　　　（朝日新聞（朝刊）1991.4.27）
　　　（写真のキャプション）
　(4) a. （近鉄-オリックス）完投で2勝目を挙げた近鉄・野茂
　　　b. 「今すぐにでも試合をしたい」と張り切るダイエーのメジャーズ
　　　　　　　　　　　　　　　　　　　　　（朝日新聞（朝刊）1991.4.28）
　　　c. 揺れるイトマン本社　　　　　　　（朝日新聞（朝刊）1991.4.28）

　具体的で一回事象的な状況に使われるジャンクションの表現は，生き生きとした迫真性のある状況を描写するのにも適している。したがって，このタイプの表現は，次のような講談風，講釈風的な台詞にも使われる。[14]

　　　（講談／講釈風的な台詞）
　(5) a. そこに現れいでたる伊賀の忍者
　　　b. 突然泣きくずれるお蔦
　　　c. ふてぶてしく眠りつづける宮本武蔵

　また，相手の具体的な存在や状況の確認をうながすための呼び掛けの発話の場合にも，連体修飾のジャンクションの表現が使われる。[15]

　　　（「呼び掛け／確認的」発話）
　(6) a. あ，これはこれは，吉野屋にお勤めの鈴木さん。
　　　b. やあ，いつも元気な兄さん。やってますねえ。

第 5 章　日・英語の発想と認知プロセスの諸相　　　　　　　　　　　　　177

　　c.　ねえ，勉学一筋の太郎君。遊ぼうよ！

特にこの種の発話のコンテクストでは，話し手と同様に，呼び掛けられている聞き手の側も，問題の修飾部で指摘されている事実は（本人自身のことであるから）当然わかっている事柄である。換言すれば，問題の修飾部で指摘されている事実は，いわば対話者間にとっての既知情報（known information）である。[16] 一般に，この種のコンテクストでは，上の (6) のタイプの発話の代わりに，主部-述部からなるネクサスの表現は使われない。[17]

N.B.　ジャンクションの表現は，一般的な傾向として，〈対象指向的〉な機能を担う表現であるという点はすでに指摘した。さらに，ジャンクションの表現は，談話のなかに具体的な存在を導入する機能，いわば〈対象導入的〉な機能を担う表現であると言いかえてもよい。この点は，次の A と B の対話におけるレポーターの開口一番の発話（i.e. B の発話）から裏づけられる。

　　　　（レポーターの開口一番）
　(i)　　A:　沖縄放送さん！？
　　　　 B:　はい，南国の海が微笑む沖縄です。聞こえますでしょうか？
　(ii)　　A:　では，ニューヨークを呼んでみましょうか。
　　　　 B:　もうすぐ，クリスマスイヴを迎えようとしているニューヨークです。
　(iii)　 A:　もしもし，猪木事務所ですか？
　　　　 B:　どーも。こちら，昨夜から興奮が高まりつつある猪木事務所です。

これらの対話のうち，一見したところ，A の発話は対話の主題（theme）ないしはトピック（topic）をつくり出している発話のようにみえる。しかし，厳密には，A の発話は，興味の焦点（focus）となっている対象の具体的な導入をうながす質問文として機能しているだけであり，話題ないしはトピックをつくりあげる発話としては機能していない。A の発話は，あくまで興味の焦点の導入部である。したがって，この場合には，主要部にフォーカ

スをおくジャンクションの連体修飾の構文が使われるのが自然である。

　もし，Aの発話が，対話の主題ないしはトピックをつくり出す発話の場合には，むしろBの表現としては，主部-述部からなるネクサスの表現のほうが応答としては自然である。

(i′)　A:　沖縄はいかがですか？
　　　B:　はい，沖縄はいま南国の海が微笑んでおります。
　　(cf. B′:(?) はい，南国の海が微笑む沖縄です。)
(ii′)　A:　では，ニューヨークはどうでしょう？
　　　B:　ニューヨークは，もうすぐクリスマスイヴを迎えようとしています。
　　(cf. B′:(?) もうすぐ，クリスマスイヴを迎えようとしているニューヨークです。)
(iii′)　A:　もしもし，猪木事務所はどうですか？
　　　B:　こちら，猪木事務所は，昨夜から興奮が高まりつつあります。
　　(cf. B′:(?) こちら，昨夜から興奮が高まりつつある猪木事務所です。)

　この場合には，Aの発話が，問題の対話のコンテクストにおける主題／トピックになっている。したがって，Bの応答は，テクストの整合性（coherence）の論理からして，当然この主題／トピックを主部でうけ，これについて叙述していくネクサスの構文をとるのが自然である。((i′)-(iii′)のB′の発話から明らかなように，この場合には，逆に連体修飾のジャンクションの構文は不適切になる。)

　以上，本節で考察した日本語のネクサスとジャンクションの構造に基づく言語表現のうち，後者のジャンクションに基づく日本語の連体修飾の表現（e.g.「こんにちは。いつも勤勉な山田さん」,「やあ。とても頑固な鈴木君」）に相当する英語の表現は存在するだろうか。この種の日本語の例に相当する英語の表現としては，(?)"Hello. Always hardworking Mr. Yamada", (?)"Hi. Very stubborn Suzuki" などが考えられる。この種の表現は，論理的には不可能ではないが，英語の場合には，ジャンクションに基づく連体修飾の表現が，先行表現として後続の主要部を修飾する場合に

は，問題の主要部に固有名詞をとることはできない。日本語と英語のジャンクションの表現は，この修飾機能の点で基本的に異なる。

5.9. ジャンクションの〈収斂性〉と〈拡散性〉

ここまでにみてきた連体修飾の事例では，修飾部分が比較的短い表現になっている。一般にジャンクションの構造に基づく表現は，修飾部が主要部に向かって収斂していく〈凝縮的〉表現であるとされている。しかし，前節のはじめに指摘したように，これはあくまで統語的にみた場合の内心構造を喩えて一般化しているに留まる。

この種のジャンクションの表現を厳密に分析してみた場合，問題の連体修飾の部分が長い表現になればなるほど，修飾部と被修飾部の主要部の緊密関係は相対的にうすれ，逆に修飾部の内容は主要部から独立し〈拡散的〉に叙述が展開していく例も存在する。その典型例としては，次の新聞記事が挙げられる。

　　(新聞記事)
(1) 千葉県松戸市馬橋の宅地造成地から一九七四年（昭和四十九年）八月，近くに住む信用組合職員宮田早苗さん（当時十九）の遺体が見つかった事件をめぐり，殺人，死体遺棄などの罪に問われた茨城県生まれ，無職小野悦男被告（五四）に対する控訴審で，….
　　　　　　　　　　　　　　　　　　（朝日新聞（夕刊）1991.4.23）
(2) 消費者が支払った税金が国庫に入らず，事業者の手元に残ってしまうなどの欠陥を指摘されながら，手つかずのまま実施三年目を迎えた消費税の部分見直しが，五月八日に会期末を迎える今国会で成立する見通しとなった。　　（朝日新聞（朝刊）1991.4.20）
(3) 国賓として日本を訪れていたソ連のゴルバチョフ大統領夫妻一行は十九日午後，新幹線で京都を訪れた後，大阪空港から特別機で

被爆地.長崎に到着した。　　　　　（朝日新聞（朝刊）1991.4.20）

　日本語の新聞記事の場合には，(1)-(3)の例にみられるように，修飾部が相対的にかなり長いジャンクションの連体修飾の表現が広範にみられる。このように，連体修飾の部分が長い表現になればなるほど，修飾部と主要部の緊密関係は相対的に弱くなっていく。そして，逆に修飾部の内容は主要部から独立し，〈拡散的〉な叙述が展開していく。

　新聞記事にみられる以上の事実は，ジャンクションに基づく連体修飾の言語表現が，必ずしも〈凝縮的〉な表現として単純に一般化できないことを示している。

5.10. 〈モノ的〉叙述性と〈コト的〉叙述性

　連体修飾は，修飾の最も基本的なメカニズムの一つである。修飾の問題は，一般に文法の研究分野でよく論じられるが，認知的な観点からみた修飾のメカニズムの問題は具体的には論じられていない。前節までにみた修飾に関する認知的な考察の他に，さらに〈モノ的〉叙述と〈コト的〉叙述の区分からみた修飾表現の認知的な機能の問題も興味深い。[18] 認知的な機能からみた〈モノ的〉叙述と〈コト的〉叙述の問題は，日本語と英語の特殊性に関する一般化の再検討を必要とする。

　日本語と英語の比較として，つぎの原文と対訳を比較してみよう。

(1) a. 起きたばかりの私は彼を誘って湯に行った。
　　b. I had just gotten up, and I invited him along for a bath.
(2) a. 落ち葉ですべりそうな胸突き上りの木下道だった。
　　b. The road wound up through a forest, so steep now that climbing it was like climbing hand-over-hand up a wall.
(3) a. 路が折れ曲がって一層険しくなるあたりから益々足を急がせる。

b. The road grew steeper and more twisted. I pushed myself on faster.

　これは，川端康成の『伊豆の踊り子』と E. G. サイデンステッカーの英訳からの一例である。[19] この種の例で興味深いのは，日・英語におけるネクサス／ジャンクションの表現モードに基本的な違いが存在する，という事実である。例えば，(1)-(3) の場合，日本語では，(4) に示されるように，ジャンクションに基づく連体修飾の表現が使われている。

(4) a. 起きたばかりの私
　　b. 落ち葉ですべりそうな胸突き上りの木下道
　　c. 路が折れ曲がって一層険しくなるあたり

一方，これに対応する英訳の場合には，(5) に示されるように，(連体修飾の表現ではなく) 主部-述部の命題的なネクサスの表現になっている。

(5) a. I had just gotten up … .
　　b. The road wound up through a forest, so steep … .
　　c. The road grew steeper and more twisted.

　この種の事例に限らず，一般に修飾に関し日本語で名詞句的な内心構造のジャンクションの表現になるところが，英語では命題的な遠心構造に基づくネクサスの表現になる傾向がある。
　この種の日・英語のネクサスとジャンクションの表現モードの違いに関する事実をみる限り，ネクサスの命題的な叙述をつらねていく英語のほうが事象を叙述していくという点で〈コト的〉であり，名詞句的な内心構造のジャンクションの表現を使用する日本語のほうが逆に〈モノ的〉であると言える。基本的には，日本語が〈コト的〉であり，英語が〈モノ的〉であるという一般化がよくなされるが，少なくとも以上の日・英語の比較に関する事実は，これまでの日・英語の相違に関する一般化の反例となる。

5.11. 照応現象と主観的認知プロセスの諸相

　日常言語の代名詞の用法には，主観的な認知プロセスがさまざまな形で関わっている。この種の認知プロセスのなかでも，特に図／地の反転，焦点シフト（ないしはプロファイル・シフト），視点の切り換え，感情移入，擬人化などの認知プロセスは，日常言語の代名詞や代用表現の拡張的な用法において重要な役割を担っている。この種の認知プロセスのうち，図／地の反転が関わる言語現象に関しては，すでに第2章で考察している。以下では，さらに視点の切り換え，感情移入，擬人化などの認知プロセスが関わる代名詞の拡張的な用法の一面を考察していく。

5.11.1. 人称と対人的な視点の切り換え

　視点の切り換えの認知プロセスは，代名詞の拡張的な用法において重要な役割を担っているが，特に対人的な関係に関わる視点の切り換えは，代名詞の拡張的（ないしは変則的）な用法を可能としている。この種の視点の切り換えは，きわめて柔軟である。この視点の柔軟性は，変則的一人称や変則的三人称の用法に関する事実からもうかがえる。

　変則的な一人称の用法としては，次の例が考えられる。

(1) a.　{お父さん／お母さん} の言うことを聞きなさい。
　　b.　{おじいちゃん／おばあちゃん} が手伝ってあげるよ。
　　c.　それは {先生／お兄ちゃん／お姉ちゃん} が説明してあげる。
(2) 　人の言うことを聞きなさい。
(3) 　山田は出かけます。
(4) a.　どけどけ，お殿様のお通りじゃ！
　　b.　社長を信用しなさい。

　(1) の例で使われている親族名，職業名は，ある文脈では文字通り三人称の用法と解することもできるが，文脈によってはこの種の用法は，それ

それの文を発する話者を指す一人称として用いられる。この後者の用法では，話し手は聞き手の視点に立ち，その視点から話し手自身を（あたかも三人称の存在として）親族名ないしは職業名で呼んでいるように表現している。

　(2)の例は，文脈によっては，一般的に世間の人々の言うことを聞きなさい，という意味で解釈することもできる。((2)の文の「人」は，この場合には，三人称の用法である。)しかしこの例も，文脈によっては変則的な一人称の例（すなわち「私の言うことを聞きなさい」の意味）として理解できる。

　(3)の場合は，話し手が山田という人物が出かけることを伝える表現と解することもできるが，文脈によっては，山田という名の話し手自身が出かけることを伝える表現と解することもできる。この後者の用法は，「私は出かけます」の意味で使われる点で，変則的一人称の例とみなすことができる。

　(4)の場合には，(固有名詞ではなく)役割名詞の「お殿様」，「社長」が使われているが，この文も，文脈によっては変則的な一人称の例として使われる。

　変則的な二人称の例としては，次の例が考えられる。

(5) a.　僕，何しているの？
　　 b.　ねえ彼女，何してるの？　お茶でも飲まない？

(5a)の「僕」は，話者が話しかけている子供（この場合には男の子）に対する二人称の用法であるが，この場合には，話し手がその子供に視点を投影し，子供の側からの「僕」という一人称の表現を使っている。(5b)の場合は，三人称の「彼女」が使われているが，明らかにこの発話文脈では二人称の用法である。[20]

5.11.2. 日本語の代名詞の特異性

以上の考察から明らかなように，日本語の代名詞は，英語をはじめとする欧米系の言語の代名詞とは多くの点で性質が異なる。この点は，さらに次のような事実からも明らかになる。

(1) a. あの人，あなたの彼？
    b. 昨日，友人の彼女に会った。
    c. あの人には彼氏がいるの。
(2) 　別れに片手を　振る時も振る時も
    　横眼で時計を　見る時も見る時も
    　私の私の彼は　左きき

(「わたしの彼は左きき」作詞：千家和也)

(1), (2) の「彼」，「彼女」，「彼氏」は，英語の he, she に対応する代名詞ではなく，boyfriend, girlfriend を意味する普通名詞としての機能を担っている。

次の (3) の「私」，「俺」，「あなた」は，一人称の代名詞の機能を担っているという点では，英語の I, you に対応すると言えるが，自分を卑下するマーカーとしての「〜め」や相手を敬う「〜様」のようなマーカーが共起する点では，I, you のような英語の代名詞とは異なる。

(3) a. 私めがお手伝いいたします。
    b. 俺様の言うことを聞け！
    c. あなた様にお伝えすることがございます。

また，以下の例に示されるように，日本語の代名詞は，連体修飾の被修飾部の位置にくることができる点で，英語の代名詞とは機能を異にする。[21]

(4) a. 今日もあなたのことを思っている私です。
    b. あなたと別れ一人さみしく旅立つ私です。

(5) a. 鎌倉におっても可し，帰っても可いという境遇にいた私は，当分元の宿に留(と)まる覚悟をした。

(夏目漱石『こころ』：p.8)

b. これから何処へ行くという目的(あて)のない私は，ただ先生の歩く方へ歩いて行った。先生はいつもより口数を利(き)かなかった。

(同：p.17)

c. 先生の生活に近づきつつありながら，近づく事のできない私は，先生の頭の中にある生命(いのち)の断片として，その墓を私の頭の中にも受け入れた。 (同：p.42)

(6) それ故，宿命的に旅人である私は，この恋しや古里の歌を随分侘しい気持ちで習ったものであった。 (林 芙美子『放浪記』：p.8)

(7) すぐ立ち上って行こうとするお前を，私は，いまの一瞬の何物をも失うまいとするかのように無理に引き留めて，私のそばから離さないでいた。 (堀 辰雄『風立ちぬ』p.77)

この種の連体修飾の例は，次の本のタイトルにもみられる。

(8) a. (**本のタイトル**)『美しい日本の私』

(川端康成，講談社現代新書，1969)

b. (**本のタイトル**)『あいまいな日本の私』

(大江健三郎，岩波新書，1995)

(8a) は，日本人として初のノーベル文学賞を授与された川端康成が，スウェーデン・アカデミーで行った受賞記念講演に基づく本のタイトルであるが，この本の訳者であるエドワード・サイデンステッカーの英訳は，(連体修飾の構文ではなく) "Japan, the Beautiful, and Myself" のように，同格の等位関係に基づく表現として意訳されている。(8b) は，大江健三郎が，川端の上記の本のタイトルに倣ってつけたタイトルであるが，このタイトルも，サイデンステッカー流の意訳に従うならば，"Japan, the

Ambiguous, and Myself'の類いの表現になる。

5.11.3. 人称と自・他の視点の反転

　基本的に，英語をはじめとする欧米系の言語では，一人称と二人称が相互にシフトする現象は認められない。例えば，英語の一人称代名詞のIが，二人称代名詞のyouに転換したり，逆に後者が前者に転換することはない。これに対し，日本語の人称代名詞の特筆すべき特徴の一つは，一人称と二人称が相互にシフトする点にある。例えば日本語では，「自分」，「われ」，「おのれ」，「てめえ」（手前）のような表現は，一人称として使われる。

(1) a. すみません，自分が間違っていました。
　　b. われ思う，故にわれあり。
　　c. おのれ自身，わきまえているべきでした。
　　　 反省しております。
　　d. てめえ，生国と発しまするは，関東にござんす。

しかし次の例に示されるように，この種の表現は，二人称としても使われる。

(2) a. 自分，どう思う？
　　b. どつくぞ，われ！
　　c. おのれ，覚えておけ！
　　d. てめえ，ここで何してる？

(2)の二人称の用法のうち，「自分」は，関西方面の一部で二人称として用いられているが，現在では他の地方でも用いられる傾向にある。(2)の「われ」，「おのれ」，「てめえ」は，標準的な日本語では一般的に使われないが，一部の方言や時代劇風の台詞としては使われる。[22]

　(2)のタイプの用法には，このように使用に際しての制約はあるが，以

上の一人称と二人称が相互にシフトするという事実は，日本語における視点の切り替えの柔軟性を示している。認知的な観点からみた場合，日本語の一人称と二人称の切り換えの背後には，反転の認知プロセスが関わっていると言える。

　日本語の一人称と二人称の代名詞の認知プロセスの問題は，森有正の日本語の人称代名詞の独自性を主張する言語観にも関係している。森(1977)は，日本語の一人称（e.g.「我」）と二人称（e.g.「汝」）の代名詞の間には，次のような関係があると主張する。

> 日本人」においては，「汝」に対立するものは「我」ではないということ，対立するものも亦相手にとっての「汝」なのだ，ということである。　　　　　　　　　　　　　　（森 有正『経験と思考』: p.95）

> 親子の場合をとってみると，親を「汝」として取ると，子が「我」であるのは自明のことのように思われる。しかし，それはそうではない。子は自分の中に存在の根拠をもつ「我」ではなく，当面「汝」である親の「汝」として自分を経験しているのである。… 肯定的であるか，否定的であるかに関係なく，凡ては「我と汝」とではなく，「汝と汝」との関係に推移するのである。　　（ibid.：p.96）

この森の見解では，例えば親子の場合，子供は自分の中に存在の根拠をもつ『我』ではなく，『汝』である親の『汝』として自分を経験していることになり，すべては『我と汝』でなく『汝と汝』の関係の中に相対することになる。森は，この関係を〈二項結合方式〉（ないしは〈私的二項方式〉）と呼び，この〈二項結合方式〉の自他は互に相手に対して親密性を持っており，他の関係者の参与を排除すると主張している。森が指摘するこの一人称と二人称の代名詞の〈二項結合方式〉に基づく関係は，日本語においては，一人称と二人称が相互に独立して存在することが基本的に不可能であることを示している。

これに対し，英語，仏語，独語，等に代表される欧米系の言語の人称代名詞は，相互に排他的な関係にある。この欧米系の人称代名詞の特徴は，蓮實重彦の以下の指摘に端的に示されている。

> フランス語とはまず何よりも「排除」の体系なのだ。「人称代名詞」の三つの人称の間には，その一つを口にした瞬間に，その相互の緊張関係が働く。　　　　　　　　　　（蓮實重彦『反＝日本語論』: p.125）

蓮實はここで，欧米系の言語の人称代名詞の体系における相互排除の関係を指摘するだけでなく，この種の言語と日本語の人称代名詞の体系の基本的な相違を，ほぼフランス語を母語とする息子との会話を通して衝撃的に体験している。彼は，その時の驚きを，次のように語っている。

> 一年間のフランス滞在をおえて日本に戻ってから二カ月ほどたった，彼が五歳の誕生日を迎えてまもなくのことだったが，たまたま妻が外出していたので子供と二人で向いあって夕食のテーブルについていた折に，不意に，子供が父親に対して『あなた』と呼びかけた瞬間である。たしか，『あなた，まだ，ごはんたべる？』といった疑問文の形式であったと思うが，これにはいささかの衝撃をおぼえたことを告白せねばならぬ。その証拠には，父親は，無意識のうちにその問いにフランス語で答えていたのであり，それを契機に，食事が終るまで，二人の会話はフランス語で続けられたのを憶えている。　　　　　　　　　　（蓮實重彦『反＝日本語論』: p.118）[23]

この会話における息子の「あなた，まだ，ごはんたべる？」という台詞の「あなた」は，形式的には日本語の二人称代名詞であるが，ほぼフランス語を母語とする息子にとっては，相互に排他的な関係を志向するフランス語の人称代名詞の体系における二人称の代名詞であり，相手に対する日本語の呼び掛け表現とは明らかに異なる。（日本語における親子の会話では，一般に子供は親に対し「（お）父さん」のような親族名称を使うのが普

通であり，「あなた」のような人称代名詞を使うのは不自然である。）上記の会話で蓮實が感じた息子の台詞に対する日本人としての違和感は，人称表現に関わる日本語とフランス語の言語体系の根本的な違い由来すると言える。

5.11.4. 人称代名詞の空間性と方向性

　欧米系の言語の一人称と二人称の代名詞の基本的な機能は，所定の談話文脈における話し手（ないしは聞き手）を指示する点にある。換言するならば，この種の言語の一人称と二人称の代名詞は，問題の談話文脈における対話者を指示する点にその基本的な特徴があると言える。日本語の一人称と二人称の代名詞の代名詞も，現代語の用法としては，話し手ないしは聞き手を指示する機能を有している。しかし，歴史的にみた場合には，現代語において日本語の人称代名詞とみなされる表現は，根源的に空間や方向を示す表現が，焦点シフト (focus shift) ないしはプロファイル・シフト (profile shift) の認知プロセスを介し，談話文脈における話し手と聞き手を指示する表現に変化してきている。

　一般に，言語変化を可能としている要因は，言語システムとしての記号系それ自体にあるように思われる。しかし，実際に言葉の変化を可能としている要因は，焦点化，視点の投影，図-地の反転，焦点シフト，等に関わる主体の認知プロセスにある。そのなかでも，特に焦点シフトの認知プロセスは，日本語の人称代名詞の発現を動機づける重要な要因になっている。

　一例として，次の日本語の人称代名詞を考えてみよう。

(1) a. あなた，そち，そなた，
　　b. その方，そこもと
(2) a. おまえ
　　b. お手前，てめえ

これらの表現は，基本的には，外界のあるドメインを指示する方向表現ないしは場所表現としての機能を有しており，この種の表現が変化して人称代名詞の役割を担うようになっている。

認知的な観点からみた場合，この方向表現（ないしは場所表現）から人称代名詞の用法への変化は，基本的に，図1と図2の (a) から (b) への変化にみられる焦点シフトの認知プロセスとして理解することができる。

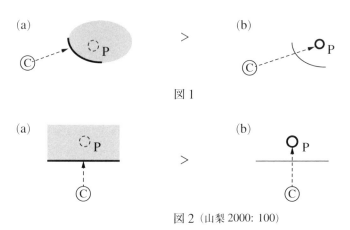

図2（山梨 2000: 100）

図1の (a) の網かけの部分は，(1a) の例にみられるア系，ソ系の方向表現が指示する空間のドメイン，また図2の (a) の網かけの部分は，(2) の前後関係に関わる表現の指示する空間のドメイン（この場合には，前方向の空間のドメイン）に相当する。（この網かけのなかの P でマークされているサークルは，この空間のドメインに存在する人物に相当する。サークルで囲まれた C は，これらのドメインに視線を投げかける認知主体に相当する。）

(1), (2) のタイプの表現は，基本的には，図1と図2の (a) の網かけの部分のドメインを指示する方向表現から，プロファイル・シフトの認知プロセスを介して，(b) にみられるように，そのドメインに存在している人物を指示する表現（すなわち，人称代名詞）に移行した表現と

して理解することができる。この変化は，方向表現（ないしは場所表現）から人称代名詞への文法化のプロセスを示している。

(1), (2)は，いずれも方向表現（ないしは空間表現）が二人称の代名詞に文法化された例であるが，(3)の例（「手前ども」）ように，一人称の代名詞に文法化された例も存在する。

(3) 手前どもではビデオテープを扱っています。

また，次の例にみられるように，方向表現が三人称の代名詞に文法化された表現も存在する。

(4) a. （〜の）向き
　　b. （〜の）方，（〜の）方々，（〜の）方たち
(5) a. クラシック音楽がお好きな向きには，この CD がお薦めです。
　　b. あの方はどこの会社にお勤めですか。
　　c. あちらの {方たち／方々} にもワインをついであげて下さい。

ここまでの例では，方向（ないしは場所）を指示する空間領域は，境界によって限定されていない。この場合には，空間的に限定されていない方向ないしは場所の表現が人称代名詞に文法化されている。

これに対し，(6)の表現は，閉じた空間の内部（すなわち，ある境界によって限定された空間の内部）を指示する表現である。

(6) a. うち
　　b. 家内
　　c. 奥様

これらの表現のうち，(6a)の「うち」は，関西方言では，文字通りの空間表現から一人称の代名詞に文法化されている。（ただし，この人称代名詞の用法は，基本的に女性の用法に限られる。）これに対し，(6b)の「家内」は，人称代名詞ではなく，妻を意味する普通名詞の用法に文法化さ

れている。認知的には，この種の用法の変化は，図3の (a) から (b) への認知プロセスの変化 (i.e. プロファイル・シフト) として規定される。

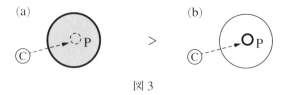

図3

上記の図1，図2の場合と同様，図3のPでマークされているサークルは，この空間のドメインに存在する人物に相当する。また，サークルで囲まれたCは，これらのドメインに視線を投げかける認知主体に相当する。プロファイル・シフトの認知プロセスが関わる図3は，より具体的には，図4のようなより具体的な図として理解することができる。

図4

図4の (a) では，〈内〉，〈奥〉のような空間領域が前景化され，その中にいる人間は背景化されている。これに対し，図4の (b) では，プロファイル・シフトの認知プロセスを経て，〈内〉，〈奥〉の空間領域が背景化され，その中にいる人間が前景化されている。この認知プロセスにより，場所表現ないしは空間表現が人称代名詞へと変化している。

この種の変化は，例えば，(6c) の「奥様」の例の「様」という敬語表現のマーカーの存在によって裏けられる。場所表現ないしは空間表現そのものは，敬語表現のマーカーと共起することはできない。この種のマーカーは，あくまで問題の表現が人間を示している場合に共起が可能である。(6c) の場合，「奥」に「様」が付加されている事実は，(6c) の表現が，場

所／空間を指示する表現から，人間を指示する表現に変化していることを示している。

N.B. 日・英語の人称代名詞に関しては，問題の代名詞の指示対象の場所性（ないしは空間性）に関し，基本的に次のような違いが認められる。

(i) a. 私のところにやって来た。
    (cf. *私にやってきた。)
  b. あなたのところに行っていい？
    (cf. *あなたに行っていい？)
  c. 彼女のところに歩いて行った。
    (*彼女に歩いて行った。)
(ii) a. I'll visit you.
    (cf. *I'll visit the place of you.)
  b. Come and visit us.
    (cf. *Come and visit the place of us.)

(i), (ii) の例から明らかなように，基本的に日本語の場合には，指示対象の人物だけでなく，その人物の位置する場所（i.e.「ところ」）も言語化される。これに対し英語の場合には，指示対象としての人物だけが言語化されている。山梨 (2009) は，日・英語のこの基本的な違いを，次の図のように規定している。

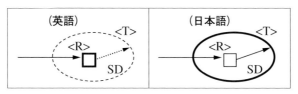

(山梨 ibid.: 100)

図の R は代名詞の指示する人物，T はこの人物の位置する場所，SD は問題の人物に関わる場所・空間的な探索領域（SD = Search Domain）を示す。（図の太線で示される □ と楕円の部分は，焦点化されている領域を示す。また，矢印は，代名詞の指示に関わる認知プロセスを示す。）

この図の規定から明らかなように，英語の場合には，指示される人物に

焦点が当てられ，この部分が言語化される。これに対し日本語の場合には，指示される人物を含む場所・空間の探索領域も焦点化によって言語化される。したがって日本語では，指示される人物だけでなく，その人物の探索領域の部分（i.e.「〜のところ」）も表現されることになる。

5.11.5. コソア系の空間表現の代名詞化

一般に，人称代名詞として機能している表現のなかには，歴史的に他の用法からの転用により派生してきたと考えられる例が存在する。そのなかでも，いわゆるコソア系の代用表現は特に注目される。この種の表現は，基本的に方向を示す指示表現として機能していたものと考えられるが，この表現の一部は，転用のプロセスを介して間接的な代用機能をにない，人称代名詞として機能するようになっている。

コソア系の指示表現の基本的な特徴は，佐久間（1951）により体系的に規定されている。

> 話し手とその相手との相対して立つところに，現実の場ができます。その場は，まず話し手と相手との両極によって分節して，いわば'なわばり'ができ，その分界も自然にきまって来ます。… 前者は'ここ'に当り，後者は'そこ'に当るという関係になります。これをそれぞれ（コ）と（ソ）で代表させますと，それ以外の範囲はすべて（ア）に属します。（佐久間 1951: 34-35）

佐久間は，このコソア系の指示表現が人称の代用表現になっている例を，自称（e.g. [こち]，[こなた]，[この方]），対称（e.g. [そち]，[そなた]，[その方]），他称（e.g. [あなた]，[あの方]）として区別し，自称はいわゆる'近称'（コ系）から出たもの，対称は'中称'（ソ系）から出たもの，他称は'遠称'（ア系）から出たものとしている（佐久間 1951: 37）。

佐久間の挙げている指示表現の人称代名詞としての用法の一部は，すでに古い用法になっている。例えば，[そち]，[そなた] などの表現は，現

代語の用法としては使われていない。しかし，［あなた］，［その方（かた）］，［この方（かた）］などの用法は，敬語のレベルやスタイルの違いはあるが，現代語の一般的な人称の代名詞として使われている。この種の表現の場合には，すでに根源的な方向を示す指示表現としての機能は失われ，人称代名詞の慣用的な表現として確立している。

これに対し，方向を示す指示的な用法と（ある状況に存在する人物を指す）人称代名詞的な用法の機能をもつコソア系の表現が，日本語の口語的な表現のなかに存在する。

次の（1）と（2）の対話を比較してみよう。（1）の対話では，一般に慣用的に確立している人称代名詞の［わたし］，［あなた］，［僕］が使われている。

(1) A:　［わたし］はもうだめ。
　　　　ねえ，［あなた］はうまくいってる？
　　 B:　ああ，［僕］は順調だよ。

この同じ状況を，コソア系の表現を使って（2）のように言うこともできる。（2）の場合には，一人称の代名詞の［わたし］，［僕］の代わりにコ系の［こっち］，二人称の代名詞の［あなた］の代わりにソ系の［そっち］が使われている。

(2) A:　［こっち］はもうだめ！
　　　　ねえ，［そっち］はうまくいってる？
　　 B:　ああ，［こっち］は順調だよ。

人称代名詞とコソア系の代用表現は，次の（3），（4）の対話例にもみられる。

(3) A:　［君／あなた］はどうなの？
　　 B:　［僕／私］は 異論はないけど。

(4) A: ［そっち］はどうなの？
B: ［こっち］は 異論はないけど。

　以上の表現のうち，スタイルからすれば，コソア系の表現の（2）と（4）の対話のほうが人称代名詞の使われている（1）と（3）の対話に比べ，口語的でインフォーマルな表現になっている。しかしここでは，このスタイルの違いは問題にしない。
　ここで問題にしたいのは，これらの用法における代用表現としての慣用化の違い，特に（2），（4）のタイプのコソア系の代用表現の位置づけである。コソア系のこの種の表現は，一見したところ，人称代名詞の表現と同じように慣用化した表現のようにみえる。しかし，このタイプの表現には，方向を示す指示的な機能とその状況に存在する人物をさす人称代名詞的な機能の双方が関わっている．
　［こっち］，［そっち］のような表現それ自体は，人物だけを指す表現ではない。（5）の例から明らかなように，このタイプの表現は，一般に方向を示す指示的な表現とみなされる。さらに言えば，このタイプの表現の基本的な機能は，方向を意味する指示機能にあるといえる。

(5) a. どちらかといえば，［こっち］に歩いて行きたいな。
b. ねえ，［そっち］ばかり向いてないでよ！ お願い！
c. ［あっち］も［こっち］も混んでいる。参ったな！

　にもかかわらず，上の（2），（4）の対話のようなコソア系の表現が人物を指示する表現として解釈できるのは，この種の表現が，空間や状況に関わるメトニミー的な表現として機能しているからである。すなわち，この種のコソア系の表現は，基本的には（i.e. 文字通りには）指示表現として問題の人物が存在している空間ないしは状況を示す表現として機能し，メトニミー（より厳密にはトポニミー）の認知プロセスを介して，問題の空間（ないしは状況）に存在する人物を間接的に指示している表現と考えら

れる。[24]

　これに対し，(6), (7) の例のように，この種のコソア系の表現が，メトニミーないしはトポニミーの認知プロセスを介して，慣用化された人称代名詞になっている例も認められる。

(6) a.　こちらさん
    b.　あちらさん
    c.　どちらさん

(7) a.　［こちらさん］の言うことは納得できるけど，［あちらさん］はどうも信用できないね。
    b.　［どちらさん］も，よろしゅうございますでしょうか。
    c.　もしもし，［どちらさん］でしょうか。

(6), (7) の例のコソア系の表現（［こちら］，［あちら］，［どちら］）それ自体は，文字通りには方向を示す表現であるが，実際には人称代名詞の表現として慣用化している。この点は，(6), (7) のコソア系のいずれの表現も，「さん」という敬語表現でマークされる事実によって裏づけられる。文字通りに方向を示す表現は，敬語表現のマーカーと共起することはできない。この種のマーカーは，あくまで問題の表現が人間を示している場合に共起が可能である。(6), (7) のコソア系のいずれの表現も，「さん」という敬語表現と共起している事実は，この種の表現が，方向を指示する表現から人間を指示する表現に変化していることを示している。[25]

　以上は日本語の標準語の例であるが，方言にも，この種のコソア系の表現が，方向の指示表現から人称代名詞の表現に慣用化した例がみられる。

(8) a.　'おい，まだ礼言うのは早いど。われの勘定は勘定や。その代わりこっちゃの勘定もして貰わんならん'
    b.　'こっちゃの話も隣に聞えたら，どもなりまへんな' 'あんたのは筒抜けやからな'

c. 'その。われの親分が，こちの親分のところに挨拶にも来んと去ぬちゅうことあるか。… こっちゃには面も出しよれへん'
'あっちゃは同郷のよしみや'

(今 東光『悪名』: pp. 398, 559, 730)

(8) は，河内弁による対話の一例であるが，この対話のコソア系の表現（［こち］，［こっちゃ］，［あっちゃ］）は，方向を示す指示表現の用法から人称代名詞の用法へ転用されている。[26]

5.11.6. 擬人化／擬物化と照応現象

擬人化 (personification) のレトリックは，メタファーという言葉の綾の一種である。擬人化は，人間についての叙述に使われる表現を人間以外の対象にも適用する表現手段である。これに対し，逆に無生物についての叙述に使われる表現が人間に適用される表現手段は，「擬物化」の表現ということになる。擬人化にも擬物化にも，あるモノを他の何かに見たてる存在論が認められる。この点で，これらの表現手段は，いずれも広い意味でのメタファーの一種とみなすことができる。

擬人化と擬物化のメタファーが関わる言語事例として，次の例を考えてみよう。

(1) "On one occasion, …, when Mark was not drinking milk, Alan called him to his place at the table and said 'I'm a service station. What kind of car are you?' Mark, quickly entering into the make-believe, said, 'Pord.'

Alan: 'Shall I fill her up?'

Mark: 'Yes.'

Alan: 'Ethyl or regular?'

Mark: 'Reg'lar.'

Alan (bringing the glass to Mark's mouth): 'Here you are.'"

(Samuel I. Hayakawa, *Through the Communication Barrier*: p.33)

第5章　日・英語の発想と認知プロセスの諸相　　　　　　　　　　199

　これは，AlanとMarkの兄弟の会話のひとこまである。この場面では，弟のAlanがなかなかミルクを飲もうとしない。Alanは，何とか弟にミルクを飲ませたい。そこで，Alanは自分をガソリンスタンドに見たて，Markを車に見たてる。このAlanの見たての背景には，さらにミルクがガソリンであるという見たてが前提として存在する。この種の見たての一部は表1のAのように整理される。

A.　i.　a.　［ガソリン］ ⟶ ［ミルク］
　　　　b.　［ガソリンスタンド］ ⟶ ［Alan］
　　　　c.　［車］ ⟶ ［Mark］
　　ii.　［車にスタンドでガソリンを入れる］
　　　　⟶ ［MarkがAlanからミルクをもらって飲む］

B.　i.　擬物化のプロセス：［Mark］ ⟶ 〈モノの見たて〉 ⟶ ［車］
　　ii.　擬人化のプロセス：［車］ ⟶ 〈人間の見たて〉 ⟶ ［her］

表1

　これは，子供の「ごっこ遊び」の典型例とも言える。Alanは，ガソリンスタンドに扮する自分が，車に扮するMarkにガソリンを入れるという「ごっこ遊び」を通して，弟にミルクを飲ませるという目的を見事に達成している。上の会話は，このようなモノの見たてを前提として会話を進めていく子供の象徴能力を裏づける例として注目される。
　この会話では，さらにこの見たてに参加する子供の視点のとり方とこの視点に基づく代名詞の用法が注目される。この会話では，Alanは車に見たてられているMarkに，'Shall I fill her up?' と聞いており，Markが 'Yes.' と答えている。この場合，車と見なされているMarkに対し，二人称の代名詞ではなく三人称の代名詞が使われている。したがって，AlanとMarkの二人は，「ごっこ遊び」としての［車］の見たてに参加しなが

らも，同時にこの見たてを第三者的な視点から客観的に眺めている。

　またこの場合，Mark は，モノとしての車に見たてられているが，it のような文字通りのモノに言及する代名詞ではなく，人物に言及する女性代名詞の her が使われている。したがって，この会話の Mark と車に関する見たては，表 1 の B に示されるように，Mark がモノとしての車に見たてられながら，同時にこの車が，人間の女性としてさらに擬人化されている。

　擬人化が照応に関わる例としては，さらに次の例が考えられる。

> (2) 　 We have [a time clock]. It's really terrible. You have a card that you put in the machine and it punches the time you've arrived. If you get there after eight-forty-five, [they] yell at you and [they] scream a lot and say, "Late!" Which I don't quite understand ….　　　　　　　　　　(Stud Terkel, *Working*: p.344)

この例では，文脈からして [a time clock] が擬人化のプロセスを介して代名詞の [they] と照応的に関係していることは直観的に明らかである。しかしこの場合，先行詞としての [a time clock] は単数であり，後続の代名詞の [they] は複数である。したがって，単純に [a time clock] を [they] の先行詞とみなすのは問題がある。

　この場合の照応のプロセスは，さらにダイナミックに解釈できる。この場合，文脈からみてタイムクロックの機械が，仕事場に来た人の到着時刻をカードに打ち出すが，遅れてくたびに〈遅刻〉を表示するカードが出てくる状況が伝えられている。したがって，このテクストで擬人化されている代名詞の [they] は，むしろ遅刻のたびに打ち出されるカードを総称的に指している用法と考えることもできる。

　擬人化と照応の観点からみた場合，次の例も興味深い。

> (3)　 [Those trucks] think [they] own the road,' he said. He let one

hand slide away from the steering-wheel. One-handed, he whipped around [a bus]. 'What'll [she] do on the open road?'

(John Updike, *Friends from Philadelphia*: p.46)

　この例では，代名詞の [they] と [she] が問題になる。後者の [she] は，文脈からして，[a bus] と擬人的に呼応している。これに対し，前者の代名詞は，それ自体をみる限り，先行文脈の [those trucks] と呼応しているだけであり，通常の用法のようにみえる。しかし，この代名詞の [they] は，無生物（inanimate）の先行詞の [those trucks] と照応的に呼応しているにもかかわらず，有生（animate）の主語をとる動詞の think と共起している。この点からみるならば，この代名詞も擬人化が関わる用法の一例といえる。

　ただし，この代名詞の [they] は，トラックに乗っている運転手を間接的に指すメトニミーの用法と解釈することも可能である。この解釈に従うならば，[they] は，メトニミーの認知のリンクを介して有生の主語として解釈され，動詞の think と共起している事実が自然に理解できる。この解釈をとるならば，問題の代名詞の [they] は，必ずしも擬人化の用法ということにはならない。

[注]

[1] 日常言語には，さらにヴィジュアル・スキャニング（visual scanning）とメンタル・スキャニング（mental scanning）が関わっている（cf. Langacker 1999: 3）。Yamanashi (2015) は，この二つのスキャニングが関わる言語現象として，次の例を挙げている（ibid.: 23-24）。

"I see before me a window; beyond that some trees …; beyond that the Atlantic Ocean; beyond that is Europe; beyond that is Asia. I know, furthermore, that if I go far enough I will come back to where I am now."

(Kenneth E. Boulding, *The Image*: p. 3)

この引用の前半の部分の表現には，ある情景を知覚していく主体（I）のヴィジュアル・スキャニングが関わり，後半の部分には（頭の中で，情景を想像していく）主観的なメンタル・スキャニングが関わっている。この二つの知覚が関わる部分は，それぞれ以下の A と B に示される。

- A. ［ヴィジュアル・スキャニング］
  I see before me a window; beyond that some trees …; beyond that the Atlantic Ocean … .
- B. ［メンタル・スキャニング］
  … beyond that is Europe; beyond that is Asia. I know, furthermore, that if I go far enough I will come back to where I am now.

(Yamanashi 2015: 24)

[2] Langacker (1987) は，以上の二つのスキャニングのモード (i.e. 連続的スキャニングと一括的スキャニングのモード) が関わる英語の例として，(i) の対を挙げている (Langacker ibid.: 146)。

(i) a. He fell.
   b. He took a fall.

(i) の対の文は，行為が関わるイヴェントとしては，基本的にパラフレーズの関係にある。しかし，これらの表現は，(ia) のように問題のイヴェントを時間軸にそったプロセスとして把握するか，(ib) のように時間を捨象した一括的，単一的な事態として把握するかに関して異なる。

Langacker は，図 (a)，図 (b) に示されるように，この二つの認知モードを，それぞれ〈連続的スキャニング〉と〈一括的スキャニング〉として区別している (Langacker 1990: 80)。

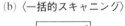
(a)〈連続的スキャニング〉　　(b)〈一括的スキャニング〉

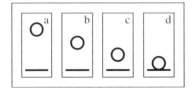

この種の認知モードの違いは，次の例にもみられる (Langacker 1987: 146)。

(i) a. The ball curved.
   b. He threw a curve.

上にもみたように，外部世界のイヴェントの認知には，時間軸にそった連続的で

ダイナミックな〈プロセス〉として認知する場合と，時間的なプロセスの側面を捨象しスタティックな構成体としての〈モノ〉として認知する場合が考えられる。一般に，この二つの認知モードのうち，前者の〈プロセス〉的な認知は動詞によって，また後者の〈モノ〉的な認知は名詞によって表現される。(iia, b) の述部の表現 (i.e. 動詞の curve と名詞の curve) は，それぞれこの二つの認知モードに関係している。一般に，この種の認知モードの違いは，〈連続的スキャニング〉と〈一括的スキャニング〉の違いを反映している。

　[3] 参照点関係の認知プロセスに基づく〈連鎖的探索表現〉と〈入れ子式探索表現〉の分析に関しては，さらに Langacker (1990: 160-162)，Langacker (1993)，Yamanashi (2015) を参照。

　[4] 同じ一つの事態に関し，ズームイン／ズームアウトのいずれのプロセスによっても表現可能な事例が存在する。この点で，Langacker (2008) の指摘する次の例は興味深い。

 (i)　Your camera is upstairs, in the bedroom, in the closet, on the shelf.
 (ii)　Your camera is on the shelf, in the closet, in the bedroom, upstairs.
　　　　　　　　　　　　　　　　　　　　　　　　　　(Langacker 2008: 81)

(i) の例には，ズームインの認知プロセスが関わっている。これに対し，(ii) の例には，これと相補的なズームアウトの認知プロセスが関わっている。

　[5] この経路から着点へのフォーカス・シフトの認知プロセスは，以下の図のように示すことも可能である。

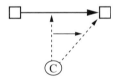

　[6] 日・英語の比較分析では，この種の二分法に基づく単純な一般化がよく見受けられる。その典型例は，日本語は，〈経路〉に焦点がおかれ（完結性を示すゴールとしての〈着点〉には焦点がおかれないため）〈ケジメの無い〉言語である，という一般化である。一見したところ，日・英語の単純な二分法に基づくこの種の一般化のほうが，日本語の独自性をアピールし，興味をそそる。しかし，本節の日・英語の比較から明らかなように，この種の単純な二分法に基づく一般化には多くの反例が存在する以上，学問的には妥当な一般化でない。

　[7] (3), (4) の例における「群衆」は複数の存在の集合体であり，「汚水」は液体である。この二種類の集合体は，Talmy (1988) の規定では，それぞれ次のように図示される。

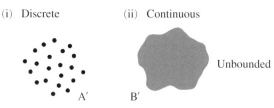

(Talmy ibid.: 181)

興味深いことに，(3), (4) の「群衆」という主語は，液体の叙述に使われる「流れ込む」,「流れ出る」という述語と共起している。この場合には，「群衆」という複数の集合体 (cf. 図 (i)) が認知的に液体としての連続的で，非可算的な集合体 (cf. 図 (ii)) として主観的に知覚される，という事実から自然に理解される。

Talmy (1988) では，このような可算的な複数の集合体が，非可算的な集合体として主観的に解釈される変換プロセスは，指摘されていない。山梨 (2012) では，この種の変換の認知プロセスを，次のようなイメージスキーマの変換 (i.e. (a) の離散的な可算集合のイメージスキーマから (b) の非可算的な連続体のイメージスキーマへの変換) の認知プロセスとして規定している。

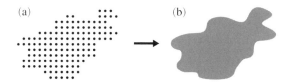

(山梨 ibid.: 23)

[8] 以下の絵は，仙厓義梵の禅画（『指月布袋画賛』）である。この禅画には，月を指差して

　　「を月様いくつ，十三七つ」

と子守唄を歌う布袋とその隣ではしゃぐ子どもの姿が描かれている。

第 5 章　日・英語の発想と認知プロセスの諸相　　　　205

(仙厓義梵『指月布袋画賛』)
https://edo-g.com/blog/2016/12/sengai.html

「十三七つ」という表現は，このように，伝統的な日本の子守唄における歳を数える表現においても慣用的に使われている。

[9] 佐久間 (1958) は，「ネクサス」と「ジャンクション」の関係を，それぞれ「装定」と「述定」として区別している (ibid.: 44-55)。

[10] 連体修飾の表現性の問題一般に関しては，さらに山田 (1936: 936)，佐久間 (1958: 44-55)，渡辺 (1972: 11-14) を参照。

[11] Cf. Bloomfield (1933: 194-196), Bolinger (1967)。

[12] 情報のフォーカスが，問題の表現の末尾（連体修飾の場合には主要部）におかれ，修辞的な効果をかもしだす例としては，和歌における体言止めの表現が考えられる。

　　山ふかみ春ともしらぬ松の戸に絶々かかる雪の玉水
　　　　　　　　　　　　　　　　　(『新古今和歌集』(巻一　春歌　上 3))
　　大空は梅のにほひに霞みつつくもりもはてぬ春の夜の月
　　　　　　　　　　　　　　　　　(『新古今和歌集』(巻一　春歌　上 40))

表現論の観点からみたこの種の修辞的な効果，とくに文末表現におけるこの種の表現効果の問題に関しては，糸井 (1982: 58-59) を参照。また，連体修飾と体言止めの修辞的な効果の問題に関しては，時枝 (1954: 27)，渡辺 (1972: 11-14) を参照。

[13] さらに，次のような例も注目される。

〈新聞の見出し〉
(i) a. 助長される人種差別
　　 b. (女性の権利 110 番) '家庭' に揺れる私たち
　　　　　　　　　　　　　　　　　　　　(朝日新聞 (朝刊) 1991.4.29)

(ii)　多い水面下での取引　　　　　　　　　　（朝日新聞（朝刊）1991.4.28）
　　　　　〈週刊誌の宣伝／タイトル〉
　(i) a.　（週末のワードローブになかった）優しい気持に戻れる服
　　　b.　（一流シェフがすすめる）私の行きつけのすし屋さん
　　　c.　（白いレースのブラウス）パールと合わせる清楚な夏
　　　　　（CLASSY:〈6月号（1991）宣伝コピー〉，朝日新聞（夕刊）1991.4.25）
　(ii)　ありがとうの，8周年です。
　　　　　　　　　　　　　　（大丸梅田店：大誕生祭宣伝コピー 1991.24-30）
　(iii)　「結婚するまでにお給料以外の収入でラクラク500万円ためちゃう！」
　　　　わたしたち18人の会社帰りのアルバイト研究。
　　　　　　（SAY:〈6月号（1991）宣伝コピー〉，朝日新聞（朝刊）1991.4.27）
[14] 講談風，講釈風の台詞としては，さらに次の例が挙げられる。

　(i)　あまりの衝撃にぼう然自失の妻
　(ii)　西へ東へと逃げまどう女子供
　(iii)　そこへやって来たのが隣の旦那

[15] 「呼び掛け／確認的」な発話としては，さらに次の例が考えられる。

　(i)　おや，誰かと思えば，新人賞をおとりになった 山田さん！
　(ii)　これは，これは，吉本で売れに売れている 池乃メダカさん！

[16] ただし，以下のアイロニーを意図する連体修飾の表現の場合には，修飾部の表現は，新情報になっている。

　(i)　こんにちは。いつも自分のことばかり考えている
　　　立派な山田さん。
　(ii)　いつまで待っても何の連絡もしてくれない親友の鈴木君。
　　　お元気ですか？

この種の連体修飾の表現の意味内容は，皮肉を込めて話し手が，聞き手（山田さん，鈴木君）に伝える新情報の役割を担っている。したがって，この点で，(5), (6) のタイプの連体修飾の表現とは異なる。

[17] 〈体言止め〉的に文末に名詞がくる例としては，引用に関わる次の例も注目される。

　(i)　A:「おやもう半分になってしまった！」と客。
　　　B:「いやいや，まだ半分！」と主人。
　(ii)　「ああ希望の灯をともしてやりたい」とクルド難民キャンプから，作家の犬養道子さん．…「平和を達成するための，各国との協力の新しいあり方を指す」とブッシュ大統領。「…その一番の歯止めは憲法九条だ」と海部首相。
　　　　　　　　　　　　　　　　　　　　　（『天声人語』1991.4.29）

第 5 章　日・英語の発想と認知プロセスの諸相　　　　　　　　　　　207

引用が関わる連体修飾の例としては，さらに「保幸が結婚するという噂」，「船が出るぞという声」，「三横綱がみな敗れるという騒ぎ」のような例も注目される。

[18] 修飾表現の発話行為的な機能，修飾表現の陳述度とモダリティの問題に関しては，寺村 (1980)，山梨 (1986: 4.9.2) を参照。

[19] Cf. 川端康成：『伊豆の踊り子』，新潮社，1985（改版）／*The Izu Dancer and Other Stories.* (Tr. by Edward G. Seidensticker, Tokyo: Charles E. Tuttle Co., 1974).

[20] 日本語における視点の切り替えの柔軟性は，「やる」／「くれる」のような授受動詞の方言の用法にも反映されている。標準的な日本語の用法では，基本的に「やる」は，話し手が聞き手にモノを与える時に使われる動詞であり，逆に「くれる」は話し手が聞き手からモノを得る時に使われる動詞である。

しかし，方言によっては，後者の「くれる」という動詞が，標準語の「やる」の意味で使われる場合がある。例えば，静岡県の焼津方言では，「くれる」という動詞が次のように使われる。

　　(i)　さあ，この本をくれるから早く来い。
　　(ii)　おい，これをおめえにくれるから許してくれ。

これらの例では，「くれる」という動詞が，一人称の話し手から二人称の聞き手にモノを与えるときに使われる。

[21] 次の例は，京都新聞に掲載されていたエッセイからの引用であるが，この引用の中に生起する一人称の「私」も，連体修飾の被修飾部の位置にくる代名詞の典型例である。

　　趣味で卓球をしている私。先日は，とある試合に出場しました。…「何やってるの！」などと，自分を奮い立たせるような強い言葉を口に出し，負けると愕然とした表情に。ボロ負けしてもヘラヘラしている私と比べると，勝負に対する意識が全く違っていました。彼我の違いは，どこにあるのだろう…と，体育館の片隅で思っていた私。

　　　　　　　　　　　　　　　　（酒井純子「現代のことば」，京都新聞，夕刊：2018.2.1）

[22] 以下の例の「てめえ」の用法は，上記の (1d) の用法と同様，一人称の「自分」を意味する用法と解することができる。

　　椅子にそっくりかえって，どこの馬の骨かわからぬ野郎にてめえの女房をくどかせておくのが，最新の流行だというのか。
　　　　　　　　　　　　　　　(F. スコット・フィッツジェラルド『偉大なギャツビー』：p.201)

しかし，この場合の「てめえの女房」は，「人の女房」の意味にも解釈できる。この解釈の場合には，ここでの「てめえ」は，総称的用法 (generic use) として使われているとも言える。

[23] ここで「ほぼフランス語を母語とする息子」と書いたのは，蓮實家での親子の会話は，主に母親のフランス語が中心になり，特に幼児期は，日本語よりもフランス語の言語環境で育っている，という事実による。

[24] 以上のように方向を示す表現が人称表現として使われる例は，基本的に英語では不可能である。

 (i) *Mr. this way/*Miss this way
 (ii) *Mr. that way/*Miss that way
 (iii) *Mr. which way/*Miss which way

[25] 次の例にみられるように，英語でも指示代名詞の this によって，話し相手（ないしは話し手）を示す用法は存在する。

 (i) a. Who is this, (please)?
   b. Excuse me, who is this?
 (ii) A: Sorry, who is this (please)?
   B: This is Harry.
 (iii) Hello, this is Steve speaking.
   May I help you?

ただし，本節で指摘している日本語のコソア系の代名詞的用法（e.g.「こちら」「そちら」，等）は，指示詞ではなく場所・空間に関わる方向表現であるという点が異なる。英語でも，例えば場所・空間に関わる方向表現の this side を使った次のような表現は，理屈の上では可能であるが，この種の用法は存在しない。

 (iv) a. *Who is this side, (please)?
   b. *Excuse me, who is this side?
 (v) A: *Sorry, who is this side (please)?
   B: *This side is Harry.
 (vi) *Hello, this side is Steve speaking.
   May I help you?

[26] 本節で考察した場所，空間，方向の表現の人称代名詞への拡張的な用法の他に，上下の空間表現の人称的な用法も存在する。その一例としては，日本語の「上様」が挙げられる。

 (i) a. 上様，いかがいたしましょう？
   b. 上様，雨が。
    春雨じゃ，濡れて参ろう。

英語の場合にも，高さを示す名詞 "highness" をともなう表現が，人称表現の用法として使われる。

(ii) a. Your Highness
　　 b. Your Imperial Highness
　　 c. Your Royal Highness
(iii)　Well, would you please, sir, march upstairs, where we can get a cab to carry your Highness to the police-station?

ただし，この種の表現が主語となる場合，通常の二人称の人称代名詞と異なり，これと呼応する動詞は，三人称単数形となる。

(iv)　If your highness dares to do so, you shall no longer expect any support from the shogunate.

第6章　翻訳のプロセスと日・英語の認知モード

6.1. 言葉の発想と翻訳のプロセス

　一般に，異言語間の発想の違いは，比較の対象となる言語の母語話者の思考，推論，判断，等に関わる心的プロセスを比較していくことにより可能になる。しかし実際には，この種の心的プロセスを直接に観察していくことは不可能である。ただし，思考，推論，判断，等の心的プロセスの一面は，母語話者が使用する言葉の世界（すなわち，形式と意味の関係からなる母語話者の記号の世界）に反映されている。本書における前章までの考察では，特に日・英語における発想の違いを，英語と日本語の文法レベル，意味レベル，等の直接的な比較を通して考察した。これに対し，本章では，日・英語の発想の違いの一面を，両言語間の翻訳のプロセスの諸相を分析することにより明らかにしていく。特に本章では，日・英語の翻訳のプロセスの諸相うち，誤訳・難解訳の翻訳のプロセスに関わる言語事例の綿密な比較を試みる。以下では，認知言語学の観点からみた誤訳・難解訳のプロセスの比較を通して，日・英語の発想の違いの一面を明らかにしていく。

6.2. 翻訳研究の射程

　一般に翻訳という場合には，異言語間の書き言葉の変換を意味する。しかし広い意味で解釈するならば，翻訳をこのような言葉の媒体（i.e. 書き言葉の媒体）による変換の問題に限る必要はない。翻訳を広義に解するならば，形式と意味の体系からなる一つの記号系から他の記号系への変換のプロセスは，翻訳のプロセスの一種とみなすことができる。

　このように記号系から記号系への変換を広義の翻訳と解するならば，書き言葉だけでなく，話し言葉による記号系の変換も翻訳の一種とみなすことができる。また，言語以外の媒体による記号系の間の変換も，その記号系が何らかの点で意味と形式の規約からなっている記号系である限り，そこには翻訳のプロセスが関わっていると言える。翻訳の問題を考えていく際には，このような広義の記号系一般の観点からの検討も必要になる。

　これまでの翻訳の考察の対象は，書き言葉に力点がおかれている。翻訳を問題にする場合には，主に文学的なテクストの翻訳の考察が中心になっており，話し言葉と書き言葉の双方を含む日常言語一般の翻訳の問題は，体系的には扱われてきていない。本章では，文学的なテクストだけでなく，話し言葉も翻訳の考察の対象とする。

　翻訳に関しては，特に次のような問題を考察していく必要がある。翻訳に関わる二言語の意味にはどの程度の相違と対応関係が認められるのか。誤訳のプロセスにはどのような言語的ないしは非言語的な要因が関わっているのか。翻訳に関わる二言語の文化的，社会的な背景にはどのような違いがあるのか。意訳や直訳の判断の基準はどのように設定されるのか。

　以下ではこの種の問題のうち，特に日・英語の翻訳にみられる誤訳・難解訳の問題を考察の対象とする。以下の考察では，特に日・英語の文法的側面と意味的側面に関わる誤訳・難解訳の問題を，具体的なテクストの翻訳例に基づいて実証的に検討していく。

6.3. 誤訳・難解訳の基本的な問題

　誤訳・難解訳に関わる要因は多様である。ある種の誤訳・難解訳は言語の形式的な要因に根ざし，またある種の誤訳・難解訳は意味的な要因や語用論的な要因に根ざしている。誤訳・難解訳の問題としては，特に次のような問題を考察していく必要がある：(i) 単語の音形や綴りの誤解，(ii) 単語の多義性，類義性の誤解，(iii) 慣用句の間違い，(iv) 句や文の文字通りの意味と比喩的な意味の間違い，(v) 意味的，語用論的な解釈の間違い，(vi) 言語的文脈や背景的文脈の解釈の誤り。もちろん，これらの問題はあくまで誤訳・難解訳に関わる誤りの基本的な類型であり，実際の誤訳・難解訳の問題を考察していくためには，これらの誤りを誘引する原言語と目標言語の語彙レベルからから文レベル，テクストレベルに渡る言語表現の個別の症例を具体的に検討していく必要がある。

　日・英語の翻訳の具体的な問題としては，原言語と目標言語の変換に関わる次のような問題を考察していく必要がある。

- A. 叙法・時制の変換
- B. 直接話法・間接話法の変換
- C. 受動文・能動文の変換
- D. 代用・省略表現の変換
- E. 所有構文・存在構文の変換
- F. 主文・従属文の修飾関係の変換
- G. 名詞化構文と命題構文の変換
- H. 他動詞構文と自動詞構文の変換

翻訳に関わる以上の変換は，日・英語の翻訳のプロセスを特徴づける典型的な変換の一面に過ぎないが，この種の変換が，両言語の文法と意味に関わる発想の違いを反映している。また，この種の変換プロセスに関わる文法的制約と意味的制約が，誤訳・難解訳の背景になっている。

本章では，日常言語にみられる誤訳・難解訳の症例を，特に日・英語の統語レベルと意味レベルの翻訳の問題を中心に考察していく。次節ではまず，具体的な英語の専門書の日本語への翻訳の症例を考察していく。後続の節では，次節の考察を背景に，日・英語の翻訳に典型的に観察される誤訳・難解訳の個々の症例に関する言語学的な検討を試みる。

6.4. テクストの誤訳・難解訳

本節では，翻訳の具体的な症例として，英語から日本語への翻訳の具体例を検討する。以下で考察の対象とする翻訳の具体例は，大学生による翻訳である。(以下の翻訳の具体例は，すべて筆者の誤訳・難解訳の研究(山梨 1988)に拠る。各英語の原文に対する翻訳例としては，訳1と訳2の二種類が示されている。英語の原文に対する訳1と訳2を比較した場合，基本的に訳1のほうが訳2よりも誤訳・難解訳が多く，訳2のほうが意訳に近い例になっている。訳例の文頭の(?)の印は，訳例の適切性の相対的な判断を示す。以下の訳例では，基本的に訳1は直訳的で日本語としては自然さに欠ける例になっている。これに対し，訳2のほうは，(事例によっては，さらに工夫の余地はあるが) 基本的には，より自然な意訳になっている。原文のテキストは，Marr (1982) (= David Marr: *Vision*. W. H. Freeman & Co.) に拠る。原文の引用例の [W : X : Y : Z] 内の数字は，それぞれ [第 W 章：第 X 節：第 Y パラグラフ：第 Z 文] を示している。

誤訳や難解訳を引き起こす要因は，句や文の内部構造に関わる統語レベル，個々の語彙を特徴づける形態レベル，語彙，句，文，等を特徴づける概念構造のレベル，これらの言語単位をグローバルに統合していく談話・テクストの情報構造のレベルなど多岐に渡っている。以下では，特に，日常言語を特徴づける認知プロセスとの関連で，英語の誤訳・難解訳が関わる翻訳の具体例を検討していく。

6.4.1. 主・従モードの変換

　英語から日本語への翻訳を試みる場合，英語では従属節として埋め込まれている文を，日本語では逆に主節文に変換しないと自然な訳が得られない場合がある。日・英語の適切な翻訳は，この種の変換が適切になされているか否かに関わっている。

　一例として，次の英語の原文とその訳例（訳1と訳2）を比較してみよう。

(1)　These, then, are the questions that we shall be studying here.
[3:6.1:2.1]

　　〈訳1〉(?)ここにおいて我々が研究しようとする疑問がいくつかある。

　　〈訳2〉　そこで，ここではこのような問題を考えていくことにしよう。

(1)の英語の原文の関係節（we shall be studying here）は，問題の主文に対して従属節として埋め込まれている。日本語の訳1の例は，この原文の英語の主従関係をそのまま反映する直訳であり，日本語としては自然な表現になっていない。これに対し，訳2の場合は，原文の英語の主従関係を逆転した訳になっていて，日本語としてより自然な表現になっている。

　日・英語における主従の逆転の関係は，次の(2), (3)の日本語の訳2にもみられる。

(2)　If the cubes were sufficiently small, the shape could be approximated quite accurately so that the scope of such a representation would be quite broad. [5:2.12:2:3]

　　〈訳1〉(?)もし個々の立方体が十分小さければその表現の視野がたいへん広くなるような非常に正確な近似がなされる

であろう。
　　　〈訳2〉　もし立方体が十分に小さければ，形状はかなり正確に近似できるので，このような表現の適用範囲は非常に広くなるであろう。

(3) We cannot develop a rigorous theory of early vision—the first stages of the vision process—unless we know what the theory is for. [2:1:1:1]
　　　〈訳1〉（?）私達は初期視覚——視覚作用の第一段階——に関する理論が対象とするものを知らずして，その厳密な理論を発展することはできない。
　　　〈訳2〉　初期視覚——視覚過程の第一段階——に関する厳密な理論を展開するためには，その理論の目的を理解しておく必要がある。

以上の例のうち，訳1は，原文の英語の構文の主従関係をそのまま反映した直訳となっているため，日本語としては堅い不自然な表現になっている。

6.4.2. 自・他モードの変換

英語と日本語を比較した場合，英語は能動的で他動的な表現が顕著にみられるのに対し，日本語では自動的な表現になる傾向がある。この種の一般化は，少なくとも次のような英語とその訳例の比較によって裏づけられる。

(1) Such shape contours form the focus of our interest in this section. [3:6:6:4]
　　　〈訳1〉（?）そのような形状の輪郭はこの節で我々の興味の焦点を形作る。
　　　〈訳2〉　本節においては，このような形状の輪郭が興味の焦点

第 6 章　翻訳のプロセスと日・英語の認知モード　　　217

となる。

(2) Nevertheless, our crude division into four categories has its uses. [2:1:7:2]
　〈訳 1〉(?) それにもかかわらず，私達の 4 つのカテゴリーへの不完全な分割はそれを用いている。
　〈訳 2〉　それにもかかわらず，ここでそれを 4 つのカテゴリーへおおまかに分割することは有益である。

(1), (2) の英語の原文の form the focus, has its uses は，他動詞をともなう表現であるが，これを直訳した訳 1 は，日本語としては自然な表現ではない。自然な意訳はむしろ，訳 2 にみられるように，「焦点となる」，「有益である」のような自動的な表現に変換することにより可能となる。

　基本的に同様の点は，(3), (4) の原文と訳例の比較からも明らかになる。

(3) This observation gives us the means for selecting items from an image during the assignment of primitives in its representation. [2:1.23:3:1]
　〈訳 1〉(?) この観察は私達にその表現中のプリミティブの割当ての間，画像から項目を選択するための手段を与えてくれる。
　〈訳 2〉　この観察によって，その表現に表現素を割当てるときに，画像から項目を選択する方法が得られる。

(4) Psychophysics has not yet told us what the modules are, so we are still stuck in something of the linguist's predicament of not yet having a clear decomposition of language into relatively independent modules. [3:6.1:2:3]
　〈訳 1〉(?) 心理物理学はモジュールが何であるかをまだ我々に伝えてはいないので，我々はまだ言語学者で言えば言語

を相対的に独立なモジュールに明確に分割できていないような範疇に止まったままである。
〈訳2〉 心理物理学ではモジュールが何であるかまだわかっていないので，我々は依然として苦境に立たされたままである。これは，言語学者が言語を比較的独立なモジュールにまだ明確に分割できていないのと同様の苦境と言えよう。

(3), (4) の英語の原文の give us ..., (not yet) told us what ... を直訳した訳1は，日本語としては自然な表現でない。自然な意訳はむしろ，訳2にみられるように，「得られる」，「わかって（いない）」のような自動的な表現に変換することにより可能となる。

以上の事実は，英語は能動的で他動的な表現，日本語は自動的な表現になる傾向があるという一般化を裏づけている。

しかし，事例によっては，日本語においても自動的な表現でなく，むしろ他動的な表現が用いられる例も存在する。例えば，英語の知覚に関わる表現は，日本語でも他動的な表現になる場合がある。例えば，次のような視覚（vision）の研究に関する学問的なテクストの一文では，英語と同様，日本語の訳も能動的な表現になっている。

(5) We do see surfaces smoothed out. [2:1:6:8]
〈訳〉私達は確かに表面をなめらかな物として見ている。

文体的にみた場合，(5) の日本語訳は，日常会話で使われるくだけた表現ではないが，科学の分野における学問的な文脈では，この種の表現スタイルは慣用的に確立した表現として容認可能である。

ここまでに考察した日・英語の表現は，態（voice）の観点からみるならば，いずれも能動態に基づく表現であり，受動態に基づく言語表現は考察の対象となっていない。基本的に，受動態の表現は，能動態の表現と比

べて能動性は相対的に低い表現のようにみえる。したがって，基本的に能動性が高いとされる英語の表現には，受動態の表現は使われない傾向がある，という一般化がなされることがある。

しかし，実際の英語の用法をみた場合には，以下の例にみられるように，日本語の能動態の表現に対し受動態で表現される事例が存在する。

(6) Remember that contours in each category can be detected in several ways in an image. [3:6.1:3:5]
〈訳1〉(?)各カテゴリーの輪郭が画像から検出される方法がいくつかあることを思い出してほしい。
〈訳2〉 各カテゴリーの輪郭を画像から検出する方法がいくつか存在する点に注意したい。

(7) It is proposed that this goal is reached in two stages. [2:1:3:1]
〈訳1〉(?)2つの段階をへてこの目標が達成されることが提案される。
〈訳2〉 2つの段階をへてこの目標を達成することを提案する。

(6)の英語の原文の be detected を受動態（「検出される」）で訳した訳1は，日本語としては自然な表現でない。むしろ，訳2にみられるように，「検出する」のような能動態の表現にするほうが自然である。(7)の英語の原文には，主節と従属節に受動態の表現（i.e. 主節に is proposed, 従属節に is reached）が使われている。この二つの表現を受動態のまま直訳した訳1は，日本語としては自然な表現でない。むしろ，訳2にみられるように，原文の英語の受動態の表現を能動態にしたほうが，（文体的には，学問的な固い表現であるが）より適切な表現になると言える。[1]

N.B. 一般に，英語は人間中心的で能動的な表現，日本語は状況中心的で受動的な表現が使われる傾向にあると言われている。しかし，これはかなり一面的な一般化であり，翻訳による変換の規則を単純にこの一般化に合

わせることはできない。

　実際に能動と受動のいずれの表現がより適切かは，その用法と文脈による。例えば，次のような英語の受動文に対しては，能動文の日本語訳のほうが適切である。

- (i) a. Houses should not be built on sand.
  - b. 家は砂地に建てないほうがいい。
- (ii) a. He is involved in that matter.
  - b. 彼はその問題にかかわっている。
- (iii) a. The boy is concerned with the program.
  - b. 少年はそのプログラムに関心を抱いている。
- (iv) a. Max is convinced that he was right.
  - b. マックスは自分が正しいと確信している。
- (v) a. She was surprised that John suddenly returned.
  - b. 彼女はジョンが突然戻ったのに驚いた。
- (vi) a. The girls were amused by his jokes.
  - b. 少女達は彼のジョークを{おもしろがった／楽しんだ}。

6.4.3. 抽象・具象モードの変換

　日・英語を比較した場合，英語は，表現対象としての事態を名詞の抽象的な表現によって伝える傾向があるが，日本語では，同じ事態を行為，状態変化，等の過程を具体的に反映する構文によって表現する傾向がある。したがって，英語をより自然な日本語に訳していく場合には，名詞の抽象的な表現を後者のタイプの構文へ転換していく必要がある。日・英語の翻訳の適否は，この種の転換の有無に関わっている。

　次の英語の原文とその訳例を比較してみよう。

- (1) Object recognition demands a stable shape description that depends little, if at all, on the viewpoint. [5:1:2:3]
  〈訳1〉(?)オブジェクト認識は視点にはほとんど，もしくはまったく依存しない安定した形状記述を要求する。

〈訳2〉　物体認識は，観察点に全く依存しないか，仮に依存したとしても少ししか依存しない安定な形状の記述をする必要がある。

(2)　This involves us in a discussion of what recognition is and how it comes about. [5:1:1:4]
〈訳1〉(?)ここには，認識とは何か，いかにして起こるのかという議論が関わっている。
〈訳2〉　したがって，認識とは何か，そしてそれはどのようにして生じるのか，といった問題も議論していくことになる。

(1), (2)の英語の原文で特に問題になるのは，description, discussion といった抽象名詞である。日本語の訳1では，これらの名詞に相当する日本語の抽象名詞を目的語にとる表現（「記述を要求する」，「議論が関わっている」）を使って訳されているため，不自然な訳になっている。これに対し，訳2では，description, discussion といった抽象名詞を，「記述する」，「議論していく」という具体的な行為，過程を示す述語表現に変換しているため，日本語としてより自然な表現になっている。

6.4.4.　省略・補完モードの変換

　日・英の比較研究では，日本語は文脈依存的で，省略が多い言語であり，英語はより明示的な言語であるという一般化がなされる。しかし，翻訳の観点から両言語を具体的に比較してみると，事例によっては，この種の一般化に反し，英語のほうが省略的で，日本語のほうが英語の省略部分を補完する表現が存在する。

　一例として，(1)の英語とこれに対応する日本語の訳例を比較してみよう。

(1)　The critical ideas behind it are the following. [2:1.3:2:2]

〈訳1〉(?)その背景の批判的な考えを次に示そう。
　　　〈訳2〉　その背景にある批判的な考えを以下に示そう。

ここで注目したいのは，(1)の英語の critical ideas behind it の部分の日本語での訳し方である。訳1では，この部分は「その背景の批判的な考え」と訳され，訳2では「その背景にある主要な考え」と訳されている。訳1と訳2の違いは，behind it の部分を「その背景の」と訳すか「その背景にある」と「ある」という存在に関わる動詞をさらに補って訳すかの違いにある。この違いは，一見したところ，訳の良し悪しには直接には関係ないようにみえる。しかし，訳1と訳2を比較した場合，前者のほうが直訳的で不自然であり，「ある」という存在を意味する表現を補完した訳2のほうが，日本語としては自然な表現になっている。

　(2)の例はどうか。

(2)　Finally, a general point about the exposition. [2:1:8:1]
　　　〈訳1〉(?)最後に，説明に関する一般的なポイントについて。
　　　〈訳2〉　最後に，説明に関する一般的なポイントについて述べておこう。

この場合，訳1は，英語の原文と同様，述部が略された直訳になっているのに対し，訳2では，述部の部分（「述べておこう」）が補完されている。この場合，もし原文が（講演，授業，等の）話し言葉の文脈で使われているならば，訳1の省略表現も不自然ではない。しかし，ここで考察の対象としている原文は，（本章の6.4節で指摘したように）視覚研究に関する学問的な専門書（D. Marr: *Vision*. W. H. Freeman & Co.）から抜粋された書き言葉の一文である。この（話し言葉より固めの文体を背景とする）書き言葉の文脈での訳文として訳1と訳2を比較した場合には，述部の部分を補完して表現している訳2のほうが学問的な研究書の訳文としてはより適切であると言える。

(3) の原文の訳にも，補完的な言葉を補うか否かで，訳文の適切性の判断に微妙な差が生じる。この場合，特に原文の動詞の reserve の訳に注目したい。訳1では，この動詞が「限定する」と直訳されている。これに対し，訳2では，原文のこの動詞を「限って用いる」と訳し，これに「ことにする」という表現が補完されている。

(3) I shall reserve the term "shape" for the geometry of an object's physical surface. [5:1:3:2]
〈訳1〉(?)「形状」という述語を，物体の物理的平面の幾何という語に限定する。
〈訳2〉「形状」という語は，物体の物理的表面の幾何学的構造という意味に限って用いることにする。

この訳1と訳2の間に，日本語の訳文として絶対的な適否の差があるとは言えない。学問的に固めなスタイルを好む訳者の表現としては，訳1の例も特別に不自然な表現ではない。しかし，ややくだけた柔らかいスタイルを好む場合には，補完的な表現を加えている訳2のほうがスタイル上の意図に適した表現と言える。また，訳2の場合には，原文の動詞の reserve を（訳1のように「限定する」と訳すのではなく）「限って用いる」というより迂言的な表現で訳している。この点からみても，訳2には，くだけた柔らかいスタイルを配慮する意図がうかがえる。

英語の原文にはない表現を補完する日本語の傾向としては，さらに次の例が興味深い。

(5) ... and it is apparent in our earlier examples. [2:1.23:2:1]
〈訳1〉(?)そして，それは前の例で明白である。
〈訳2〉そして，それは前に述べた例で明白である。

(6) For example, consider the possible effects of a discontinuity in depth. [3:6:3:1]

〈訳1〉(?)例えば，深さの不連続の可能な効果について考えてみよう。

〈訳2〉　例えば，奥行きの不連続が引き起こす効果について考えてみよう。

(5), (6)の訳1では，「前の例」，「不連続の可能な効果」のように，earlier examples, possible effects of a discontinuity が直訳されている。これに対し訳2では，「前に述べた例」，「不連続が引き起こす効果」のように，原文にはない表現（「述べた」，「引き起こす」という連体修飾の述語表現）が，補完的に付け加えられた訳になっている。自然な日本語としての意訳からみた場合には，訳2のように修飾部分に述語表現を補完する訳のほうが，この種の補完表現を伴わない訳1の直訳の表現よりも適切である。

以上の事実は，日・英語の比較研究に関する一般化に際しての問題を提起する。日本語論では，一般に文脈依存的な日本語は省略的な表現が多い言語であり，英語は日本語に比べより明示的な言語であるという一般化がなされる。しかし，本節の英語とこれに対応する日本の翻訳に関する事実を具体的に比較する限り，場合によっては，安易な日本語論の一般化に反し，英語のほうがより簡潔で省略的で，日本語のほうが英語の省略部分を補完する表現になる傾向が認められる。以上の考察から，言葉の比較研究の一般化に際しては，さらに具体的な事実に関する綿密な比較検討を行っていく必要があると言える。[2]

6.5. 日本文学における翻訳的文体の諸相

一般に，小説に代表される文学作品は，芸術的で創造的な言語表現によって構成されている。したがって文体的な面からみた場合にも，小説のテクストを構成する言語表現は，書き手としての作家の芸術性を反映する，高度に洗練されたスタイルによって作り上げられている。この種の文

学性,芸術性を秘めた名文の一例としては,夏目漱石の『草枕』の次の一節が挙げられる。「春は眠くなる。猫は鼠を捕る事を忘れ,人間は借金のある事を忘れる。時には自分の魂の居所さえ忘れて正体なくなる。只菜の花を遠く望んだときに眼が醒める。… 雲雀の鳴くのは口で鳴くのではない,魂全体が鳴くのだ。魂の活動が声にあらわれたもののうちで,あれほど元気のあるものはない。」(夏目漱石『草枕』: p.8)

　この漱石の草枕の一節を構成する個々の文は,日本語の表現としても自然な表現からなっている。例えば,日本語では,前後の文脈から明らかな場合には,この草枕の一節の第一文のように,主語は明示されない。また日本語は,英語のような能動的,主体的な構文よりも,没主体的,自然発生的な構文が多用される傾向にある。上の『草枕』の一節は,「春は眠くなる」,「猫は鼠を捕《と》る事を忘れ」,「人間は借金のある事を忘れる」というように,日本語に典型的な没主体的で自発的な事態を表現する構文から構成されている。以上の点からみても,ここに引用した漱石の『草枕』の一節は,作家の芸術性を反映する,高度に洗練された言語表現の典型であり,ここに国民作家としての漱石の文学的才能の一端を窺うことができると言える。

　しかし本節では,文学作品における日本語の自然なスタイルを考察するのが目的ではない。ここではむしろ,日本語の小説における翻訳的なスタイルに基づく言語表現の一面を考察する。

　日本語の代表的な小説は,古典的な高い評価を与えられている故に,一般に,この種の小説を構成する表現は,日本語としても自然な名文からなっていることが予想される。しかし,この種の古典的な小説を具体的に観察していくと,予想に反し,伝統的な日本語としては不自然な翻訳的なスタイルに基づく表現が予想以上に広範に存在する。

　その典型例として,以下の漱石の小説からの一節をみてみよう。

　(1)　代助は友人の手紙を封筒に入れて,自分と同じ傾向を有ってい

たこの旧友が，当時とはまるで反対の思想と行動とに支配されて，生活の音色を出していると云う事実を，切に感じた。

(夏目漱石『それから』: pp.168-169)

(2) 彼は元来が打っ切ら棒の男だけれども，胸の奥には人一倍優しい感情を有っていた。そうして何か事があると急に熱する癖があった。

(夏目漱石『行人』: p.63)

　基本的に，英語の所有構文は，日本語では存在構文に訳すことにより自然な表現が得られる。(例えば, John has three cars. のような所有構文は，「ジョンには車が三台ある」のような存在構文に訳すことにより，自然な表現が得られる。)この点からみた場合，(1), (2)にみられる表現(「同じ傾向を有っていた」，「優しい感情を有っていた。」)は，基本的に英語と同じ所有構文の表現であり，英語の直訳的なスタイルの表現になっている。この点で，このタイプの表現は，典型的な日本語の表現とは言えない。

　次の(3), (4)の例の「私の注意に一種の刺戟を与えた」，「彼自身の利害に飛び移ったのに驚ろかされた」，「その驚ろきは，論理なき急劇の変化の上に注がれた」は，能動態(ないしは受動態)の構文になっているが，この種の表現も，自然発生的な自動詞構文が多用される日本語とは異なる欧文スタイルの表現になっている。

(3) 私は奥さんの理解力に感心した。奥さんの態度が旧式の日本の女らしくないところも私の注意に一種の刺戟を与えた。

(夏目漱石『それから』: p.97)

(4) 代助は，突然父が代助を離れて，彼自身の利害に飛び移ったのに驚ろかされた。けれどもその驚ろきは，論理なき急劇の変化の上に注がれただけであった。

(夏目漱石『それから』: p.130)

これらの例から明らかなように，漱石の小説の文章には，欧文の直訳体的

な表現が散見する。

　次の (5)-(7) の例の「掛茶屋へ入るや否や…」、「日常の必要品を供給する以上の意味に於て…」、「世の中と寺の中との区別を…」などの表現も直訳的である。これらの表現の一部である「〜や否や」、「〜の意味に於て」、「〜と〜との区別」は、それぞれ英語の as soos as 〜, in the sense, the difference between 〜 and 〜 に対応する日本語の直訳的なスタイルの表現になっている。

(5) その西洋人の優れて白い皮膚の色が、掛茶屋へ入るや否や、すぐ私の注意を惹いた。　　　　　　　　　（夏目漱石『こころ』: p.9）

(6) 彼等は、日常の必要品を供給する以上の意味に於て、社会の存在を殆ど認めていなかった。　　　　　　（夏目漱石『門』: p.137）

(7) 山門を入ると、左右には大きな杉があって、高く空を遮っているために、路が急に暗くなった。その陰気な空気に触れた時、宗助は世の中と寺の中との区別を急に覚った。
　　　　　　　　　　　　　　　　　　　　（夏目漱石『門』: p.185）

　この種の欧文調のスタイルの日本語の表現は、次の森鴎外の作品にもみられる。

(8) 自分の発意で殉死しなくてはならぬと云う心持の旁、人が自分を殉死する筈のものだと思っているに違いないから、自分は殉死を余儀なくせられていると、人にすがって死の方向へ進んで行くような心持が、殆ど同じ強さに存在していた。
　　　　　　　　　　　　　　　　　　　（森　鴎外『阿部一族』: p.138）

(8) の例は、全体で一文になっているが、特に興味深いのは、この引用の最後の部分（「死の方向へ進んで行くような心持が…存在していた」の部分）である。通常の日本語としては、「心持が…存在していた」というような表現は、（論理的であるが）極めてぎこちない表現である。これに代

わるより自然な日本語としては,「気持ちがした」,「気がした」のような表現が考えられる。仮に,小説の文章教室の授業で,この鴎外の文と同じ表現を生徒が書いたならば,添削を担当する教官は,恐らく,より自然な日本語の表現(「気持ちがした」,「気がした」のような表現)に直すだろう。

以上,漱石と鴎外の小説における翻訳体的な言語表現の一面をみてきたが,この考察は,決して彼等の作品の文学性を批判することを意図している訳ではない。近代国家に向かう明治の時代には,新しい口語的な日本語の文体を創造する言文一致の運動がみられた。漱石や鴎外は,この言文一致の流れとは一線を画しながらも,自らの文学表現における新たな日本語のスタイルを模索している。上にみた漱石と鴎外の翻訳的な文体も,この種の新たな文学性を目指す試みの一つとして理解することができる。

ここで重要な点は,漱石や鴎外に代表される近代文学の先駆者の言葉に関する新しい文体の試みが,その後の近代小説から現代小説に至る日本語のスタイルだけでなく,話し言葉や書き言葉としての現代日本語のスタイルにも大きな影響を与えてきたという点である。

以下ではさらに,日本の近代小説から現代小説の古典的な作品にみられる翻訳的な文体の一面を考察する。(9)は,志賀直哉の小説(『暗夜行路』)のほぼ冒頭に近い場面からの引用である。

(9) 眼の落ち窪んだ,猫背の何となく見すぼらしい老人だった。私は何といふ事なくそれに反感を持った。

(志賀直或:『暗夜行路 前篇』: p.4)

志賀直哉は,簡潔な日本語のスタイルを確立し,'小説の神様'としてその後の日本の小説家に多大な影響を与えた作家である。そのスタイルは,単に簡潔な口語表現を志向するだけでなく,書き言葉の日本語としても自然な表現を確立している。しかし,その志賀の文章にも,(頻繁に現れるわけではないが)(9)の引用の第二文にみられるような所有構文(「私は…それに反感を持った。」)が使われている。この種の所有構文は,英

語としては典型的な表現である．ちなみに，次の『暗夜行路』の英訳では，上記の「私は…それに反感を持った」の部分は，"I took an instant dislike … ."と訳されている．（原典と英訳の対応関係は，(11)に示される．）

(10) He stooped a little, his eyes were sunken, and there was about him a general air of seediness. I took an instant dislike to him.
(Naoya Shiga: *A Dark Night's Passing*: p.15)

(11) a. (**原典**)：私は…反感を持った．
b. (**英訳**)：I took an instant dislike … .

志賀直哉のような作家の文章では，この種の表現は例外的であるが，日本の現代小説における直訳体的な表現は，想像以上に広範にみられる．その典型例は，堀辰雄の文章に散見される．

(12) 少くとも，僕はそういう古代の素朴な文学を発生せしめ，しかも同時に近代の最も厳粛な文学作品の底にも一条の地下水となって流れているところの，人々に魂の静安をもたらす，何かレクイエム的な，心にしみ入るものが，一切のよく文学の底には厳としてあるべきだと信じております．」
(堀　辰雄『大和路・信濃路』: p.74)

(13) a. 古代の素朴な文学を発生せしめ…
b. 一条の地下水となって流れているところの…

(12)は，やや長い引用であるが，この文章全体を特徴づけているスタイルが，欧米の言語にみられる論理的で，アカデミックな論調を志向している．特にこの文章の中で注目すべきは，(13)に部分的に抜粋した表現（特に，「～せしめ」，「(～する)ところの」の部分）である．ただし，(12)の引用箇所は，内容的には，日本文学に古代から現代に至るまで継承されている精神的，霊的水脈の存在の主張を主眼としている．したがって，作者

はここでは，欧文調の翻訳的な文体をあえて用いることにより，この目的を達しているとも言える。

しかし，堀辰雄の翻訳的な表現が常に以上のような文体的な効果を意図した表現として受け入れられるとは言えない。(14)は，堀の代表的な作品（『風立ちぬ』）の冒頭とこれに後続する文章の一節である。確かにこの冒頭からの文章は，全体的には叙情的，文学的な感性に満ちた表現であるが，この文章を構成している細部（特に，(15a-d)に示されるような表現）は，かなり翻訳調の日本語の表現になっている。

(14) a. それらの夏の日々，一面に薄の生い茂った草原の中で，お前が立ったまま熱心に絵を描いていると，…。
   b. …それと殆んど同時に，草むらの中に何かがばったりと倒れる物音を私達は耳にした。それは私達がそこに置きっぱなしにしてあった絵 が，画架と共に，倒れた音らしかった。
   c. …私は，いまの一瞬の何物をも失うまいとするかのように無理に引き留めて，私のそばから離さないでいた。お前は私のするがままにさせていた。
   d. …「まあ！ こんなところを，もしお父様にでも見つかったら……」
   お前は私の方をふり向いて，なんだか曖昧な微笑をした。

(堀 辰雄『風立ちぬ』: pp.77-78)

(15) a. それら〜
   b. 〜らしかった
   c. 〜させていた
   d. 〜な微笑をした

例えば，冒頭の「それら」は，慣用的な日本語では，むしろ単数形の「それ」のほうが自然である。「らしかった」，「させていた」という表現も固くぎこちない表現である。また，「微笑をした」という漢語をともなうサ

変動詞の表現も,「微笑んだ」という表現に比べ,堅めのぎこちない表現と言わざるを得ない。

(16) の大岡昇平の代表作 (『野火』) の一節にも, (17) に示されるような欧文的な直訳調の表現が使われている。

(16) 死ぬまでの時間を, 思うままに過すことが出来るという, 無意味な自由だけが私の所有であった。携行した一個の手榴弾により, 死もまた私の自由な選択の範囲に入っていたが, 私はただその時を延期していた。　　　　　　　　　（大岡昇平『野火』: p.44)

(17) a. 〜が私の所有であった。
　　　b. 〜選択の範囲に入っていた。
　　　c. 〜の時を延期していた。

この直訳的な文体の表現は, 伝統的な日本語の表現としては自然であるとは言えない。しかし, (16) は, 戦場での死が迫る極限状態における語り手 (「私」) の冷徹な心理を描写する表現としては, 修辞的な効果のある表現として機能している。

以上, 日本文学における古典的な小説にみられる翻訳的な表現（ないしは直訳的な表現）の典型例をみてきたが, この種の文体は, 現代の日本文学を代表する大江健三郎, 安部公房, 村上春樹などの小説の文体にも密接に関わっている。

(18), (19) は, 村上春樹の小説の例であるが, この例には,「一組の耳を持っていた」,「目を持たず, 憐みを持たなかった」といった英語的な所有構文が使われており, 直訳的な文体になっている。

(18) 彼女は二十一歳で, ほっそりとした素敵な体と魔力的なほどに完璧な形をした一組の耳を持っていた。
　　　　　　　　　　　　　（村上春樹『羊をめぐる冒険』（上巻）: p.51)

(19) 黒々と光る地底の虫のような恐怖だった。彼らは目を持たず, 憐

みを持たなかった。　　　　　（村上春樹『1973年のピンボール』: p.133)

次の (20)–(23) の例はどうか。

(20) そしてある日，僕は自分が思っていることの半分しか語ることのできない人間になっていることを発見した。
（村上春樹『風の歌を聴け』: p.109)

(21) それは僕に，段ボール箱にぎっしりと詰め込まれた猿の群れを思わせた。　　　　　（村上春樹『1973年のピンボール』: p.6)

(22) その間じゅう僕は人間のレーゾン・デートゥルについて考え続け，おかげで奇妙な性癖にとりつかれることになった。全ての物事を数値に置き換えずにはいられないという癖である。約8カ月間僕はその衝撃に追いまわされた。
（村上春樹『風の歌を聴け』: p.93)

(23) でもいずれにせよねじまき鳥は毎日その近所の木立にやってきて，我々の属する静かな世界のねじを巻いた。
（村上春樹『ねじまき鳥クロニクル』（第1巻）: p.19)

これらの例にも直訳的な表現がみられる。特に，(20) の「〜ことを発見した」，(21) の「〜を思わせた」，(22) の「〜にとりつかれる」，「〜に追いまわされた」，(23) の「〜の属する」が英語からの直訳的な表現に相当する。

この種の表現は，日本語における英語的な文体（ないしは英語の直訳的文体）を見極めるための指標となる。次の一人称の「僕」の多用も，この種の英語的な文体を特徴づける一因となっている。

(24) 僕は嫌な夢を見ていた。僕は黒い大きな鳥で，ジャングルの上を西に向かって飛んでいた。僕は深い傷を負い，羽には血の痕が黒くこびりついている。
（村上春樹『風の歌を聴け』: p.99)

第6章　翻訳のプロセスと日・英語の認知モード　　　233

　以上，村上春樹の文体を特徴づける言語表現の一面をみた。ここで注意したいのは，この種の言語表現は，村上自身が，既に初期の創作活動の時期から，自分なりの文体を構築するために試みた技巧である，という点である。この点は，村上自身が，翻訳家の柴田元幸との対談の中で次のように明言している。

> 僕も最初の小説を書いたときは，とりあえず英語で書いて，それを全部日本語に訳し直して日本語にしたんです。
>
> （村上春樹・柴田元幸『翻訳夜話』: p.235）

　この対談の台詞から，村上自身の小説技巧の狙い（英語的な文体を自分の日本語の文体に反映していく狙い）を理解することができる。普通，作家が，自分の小説的な技巧を自ら解説することは稀である。特に，伝統的な日本の作家の場合には，その文化的な背景からして自分の技巧は，秘技としてあえて隠しておくのが普通である。この点で，上記の村上の談話は，作家の文体を見極めていく上で参考になる。
　文学的に高く評価される作品でも，その作品を構成している言葉の細部を局所的にみた場合には，伝統的な日本語の表現として不自然に感じられる表現が存在することは，以上の考察からも明らかである。
　戦後の日本文学を代表する作家の一人である安部公房の作品にも，文章の細部を局所的にみた場合，通常の日本語の表現とは異質の独特の表現が散見される。例えば，(25) と (26) の第2文の末尾における「〜問題らしかった」，「〜しまうらしいのである」，(27) の「〜に思われだす」は，認識のモダリティに関わる表現であるが，やはり伝統的な日本語の表現としては不自然に感じられる。

(25)　砂はいったん空中に吸い上げられ，再び落下しながら，風下に向かって移動させられるというわけだ。どうやら，砂の特性は，もっぱら流体力学に属する問題らしかった。

（安部公房『砂の女』: p.15）

(26) 「虚数」という数がある。二乗すると，マイナスになってしまう，おかしな数だ。仮面というやつにも，似たところがあって，仮面に仮面を重ね合わせると，逆に何もかぶっていないのと同じことになってしまうらしいのである。

(安部公房『他人の顔』: p.107)

(27) すると，それまで，その出来ばえにあれほど満足し，あれほど期待をかけていた仮面が，急にたよりない，色あせたものに思われだす。

(安部公房『他人の顔』: p.156)

次の (28) の文末も，同種の認識のモダリティに関わる表現（「かもしれないほどだ」）になっている。

(28) おまえの拒絶などに会って，ここまで追いつめられた気持になっていなかったとしたら，… 顔をからかってやるくらいの気持にさえ，なっていたかもしれないほどだ。

(安部公房『他人の顔』: p.34)

(28) の例では，さらに文頭の表現（「～拒絶などに会って」）も，理知的で，欧文の直訳的な表現である。この表現は，基本的に「拒絶されて」という表現と同意の表現である。どちらの表現にも抽象的な漢語の名詞が使われているという点では，やまと言葉的な表現ではない。しかし，「拒絶する」という表現は，日本語として慣用化しているが，「拒絶に会う」という表現は，明らかに作者によって創造的に拡張された特殊な表現である。[3]

6.6. 欧文的・直訳文体と「異化」の修辞的技巧

ここまでに考察した文学作品の欧文的（ないしは直訳的）な表現の考察

は，決して作家の個々の作品の文学性に関する欠点を指摘するためではない。日本の文学作品の欧文の直訳的な文体を反映する表現は，その作品の局部の表現だけを取り上げた場合には，文学的に洗練された表現からはほど遠い，きわめて稚拙な表現としか判断できない例もある。しかし，明治以降の近代文学や現代文学にみられるこの種の文体の導入には，日本文学に新しい文学的技巧（ないしは修辞的技巧）を実現するための意図的な試みとして評価されるべき点がある。

　このような試みの代表例は，村上春樹の欧文的な文体である。前節で指摘したように，村上自身が，自分の小説の文体を作り上げていく際に，まず英語で書いて，それを日本語に訳し直していくという作業を試みている。

　このような新しい文学的技巧（ないしは修辞的技巧）を実現するための意図的な試みは，大江健三郎の作品にもみられる。次の (29) と (31) の大江の文章をみてみよう。(29)，(31) は，『万延元年のフットボール』の冒頭部分であるが，この種の文章は，一読しただけですんなり頭に入ってくる文章とは言い難い。(29) の場合には，特に (30a-c) に抜き出している表現が，また (31) の場合には，(32a-b) に抜き出した表現が，意味の不明瞭な難解な表現になっている。

(29) a. 夜明けまえの暗闇に眼ざめながら，熱い「期待」の感覚をもとめて，辛い夢の気分の残っている意識を手さぐりする。
　　 b. 内臓を燃えあがらせて嚥下されるウイスキーの存在感のように，熱い「期待」の感覚が確実に躰の内奥に回復してきているのを，おちつかぬ気持で望んでいる手さぐりは，いつまでもむなしいままだ。
　　 c. 力をうしなった指を閉じる。そして，躰のあらゆる場所で，肉と骨のそれぞれの重みが区別して自覚され，しかもその自覚が鈍い癒みにかわってゆくのを，明るみにむかっていやい

やながらあとずさりに進んでゆく意識が認める。

(大江健三郎『万延元年のフットボール』：冒頭)

(30) a. ...「期待」の感覚をもとめて ... 意識を手さぐりする。
 b. ...おちつかぬ気持で望んでいる手さぐりは，いつまでもむなしいままだ。
 c. ...を，明るみにむかって.... あとずさりに進んでゆく意識が認める。

(31) a. そのような，躰の各部分において鈍く痛み，連続性の感じられない重い肉休を，僕自身があきらめの感情において再び引きうける。
 b. それがいったいどのようなものの，どのようなときの姿勢であるか思いだすことを，あきらかに自分の望まない，そういう姿勢で，手足をねじまげて僕は眠っていたのである。

(同上：p.7)

(32) a. ... あきらめの感情において再び引きうける。
 b. ... あきらかに自分の望まない，そういう姿勢で ...

この種の難解な文章は，(33) の例にもみられる。

(33) 妹よ，僕がものごころついてから，自分の生涯のうちいつかはそれを書きはじめるのだと，つねに考えてきた仕事。いったん書きはじめれば，ついに見出したその書き方により，迷わず書きつづけるにちがいないと信じながら，しかしこれまで書きはじめるのをためらってきた仕事。

(大江健三郎『同時代ゲーム』：冒頭)

(34) a. ... それを書きはじめる ...
 b. ... いったん書きはじめれば ...
 c. ... その書き方により ...
 d. ... 迷わず書きつづけるにちがいない ...

e. … これまで書きはじめるのを …

(33) は，大江の『同時代ゲーム』の冒頭からの引用である。この作品は，主人公の「僕」が双子の「妹」へ宛てた書簡形式で書かれている。この冒頭の文章は，長い連体修飾の表現の体言止めによる二つの文からなっている。この文章は，全体的には論理的で，意味は知的に理解できるが，これらの体言止めの二文を構成している細部には，(34) に示される（「書く」という動詞が関わる）極端な繰り返しがみられる。換言するならば，この冒頭の二文には，「書きはじめる」が3回，その前後に「書き方」，「書きつづける」がそれぞれ一回ずつ使われ，全体として繰り返しに満ちた偏執的なスタイルの雰囲気を醸し出している。

ここで大江のこの種の表現に注目するのは，いわゆる作文の観点からみた文章表現の適否を論じるためではない。ここで注意すべき点は，むしろ大江が，あえて上のような難解（ないしは晦渋）な表現を使う文学的な意図にある。彼は，その創作活動において，デビュー当初から小説作法（ないしは小説の修辞的な技巧）に極めて意識的な作家である。

大江は，折に触れて，小説技巧に関するみずからのスタンスを明らかにしている。特に，大江は，ロシア・フォルマリズムの「異化」の技法が，小説の執筆に際しての重要な技巧であることを強調している。[4]

「異化」という技法の基本は，日常世界の見慣れた対象を，非日常なものとして新たに捉え直していく点にある。より具体的に言えば，日常の慣習化，自動化により創造的な意味を失った世界を，それまでとは全く異なる新たな視点（ないしは新たな認識）を通して異なる世界として創造的に捉え直していく点にある。ロシア・フォルマリズムの代表的な理論家のシクロフスキーは，「異化」の方法を次のように説明している。[5]

> 生の感覚を回復し，事物を意識せんがために，… 芸術と名づけられるものが存在するのだ。知ることとしてではなしに見ることとして事物に感覚を与えることが芸術の目的であり，日常的に見慣れた

> 事物を奇異なものとして表現する《非日常化》の方法が芸術の方法である。
>
> (V. シフロフスキー 1971: 15)

　大江は，このロシア・フォルマリズムの「異化」の手法が，小説における表現手法として重要な役割を担うと考えている。この大江の小説技巧に関する意図は，次の主張から明らかである。

> 知覚をむずかしくし，長ぴかせる難渋な形式の手法を受けとめ，能動的に自分のうちにとりこむこと …。それは自動化・反射化とはちがった仕方でものに対することであり，意識をものに集中する仕方で文章を読み進むことである。つまり能動的な作業である。文章の一節に立ちどまり，意識の力をそこに集中するようにして，言葉の表現しているものに触れてゆく。それは能動的な行為として，いかにも人間にふさわしい。そのような能動的な行為を読み手によび起すことを期待して，作家は小説の文章を書くのである。
>
> (大江健三郎『新しい文学のために』: 34-35)

この大江の見解で特に注目すべき点は，小説を書く際に，彼自身が，知覚を困難にし，難渋な形式の言語表現をあえて作り出すという「異化」の手法により，非日常的で創造的な文学の世界の構築を意図している点である。

　このような小説の表現技巧における創作上の意図を考えるならば，上の(29)-(34)の大江の小説の文章において，意味が不明瞭で難解な言語表現があえて積極的に使われている理由も理解することができる。

第6章 翻訳のプロセスと日・英語の認知モード　　　239

[注]

[1] 能動／受動の変換の問題だけでなく，命令文，平叙文，等の文型の問題も，翻訳の変換に関わっている．例えば，英語の論文の言いまわしとしては，Note that …, Notice that … のような表現が使われるが，この種の構文は，日本語では「…に注意したい」のように，平叙文の構文に変換するのが論文のスタイルとしては適切である．

[2] 以上の日・英語における翻訳の変換の他に，さらに次のような〈単・複モードの変換〉，〈時・空モードの変換〉も問題になる．

(i) 〈単・複モードの変換〉

They are (1) the geometry and (2) the reflectances of the visible surfaces, (3) the illumination of the scene, and (4) the viewpoint. [2:1:2:2]

〈訳1〉(?)それらは，(1) 幾何的図形配置，(2) 可視表面の反射，(3) 影像の照明，(4) 観測点である．

〈訳2〉それは，(1) 可視表面の幾何学的構造，(2) 可視表面の反射率，(3) 光景に対する照明，(4) 観測点である．

(ii) 〈時・空モードの変換〉

It is now time to state the goals more boldly. [2:1:1:3]

〈訳1〉*今や最終目標についてはっきりと述べる時であろう．

〈訳2〉%ここで最終目標についてはっきりと述べておこう．

(i) の英語の主語は複数形の代名詞の they であるが，日本語では基本的に単数形に訳すほうが自然である．また，(ii) の英語の時間表現 (It is now time to …) は，日本語では場所表現（「ここで」）に訳すほうが自然である．

翻訳におけるこの〈時・空モードの変換〉は，次の英語と日本語の翻訳の関係によっても裏づけられる．

(iii) a. It's downhill from now on.
　　　b. ここからは下りだ．

[3] 次の例も，安部公房の小説からの引用である．この引用は，三つの文からなっているが，どの文にも「ぼくら」という表現が使われている．この種の表現は，英語の代名詞 (we) からの直訳的な表現であり，自然な日本語の表現とは言えない．

　　　砂丘はまず昆虫採集家やぼくらにとって日常現実の一部として示されるが，それはたちまち部落の側からみた非現実の色濃い砂丘に変わる．それはぼくらの世界と部落の世界をつなぐ扉としてのはたらきを持つ．…そのことによってぼくらは砂丘のこちら側と向う側が実は一つあわせの状況であること

を知ることが出来る。　　　　　　　　　　　(安部公房『砂の女』: p.37)

[4] 「異化」という言葉は，もともとロシア語の「オストラネーニエ」(ostranenie, остранение) に由来するロシア・フォルマリズムの用語である。

[5] シクロフスキーは，さらにこの「異化」の文学芸術への適用の方法を，次のように説明している。

> 文学における「異化」は，... 独特な性格をおびている。それは文学が言葉によってなりたっているからである。... 言葉によって表現しつつ，その表現が，あたかも眼の前に突き出される舞踊家の裸の上半身のように，見なれない，不思議なものそのものの実在感をあたえるのでなければならない。それがただ言葉のみを使って作り上げられる文学の，「異化」の手法である。
> (V. シフロフスキー 1971: 28)

第7章　結語と展望

7.1.　認知能力と母語の発想

　本書では，認知言語学の視点から，日・英語を中心とする言葉の形式と意味の諸相を考察した。一般に，複数の言語を比較していく場合，各言語を個別に特徴づけている母語話者のいわゆる「発想」の違いが問題にされる。例えば，日・英語の違いを問題にする場合には，「日本語の発想と英語の発想の違い」が問題にされる。換言するならば，これまでの伝統的な日・英語の対照研究は，個々の言語の違いは，母語話者の「発想」の違いに起因するとしている。しかし，従来の研究では，この「発想」という用語の実質的な意味が明示的には定義されないまま，比較される言語の違いが主観的に説明される傾向にある。
　これに対し本書では，異なる言語を特徴づける「発想」という用語によって異なる言語を比較していく代わりに，世界の解釈と意味づけを可能とする母語話者の「認知能力」の観点から，言葉の形式と意味の諸相を考察した。ただし本書の考察では，異なる言語を特徴づける要因を，単に個々の母語話者の「認知能力」の違いとするにとどまるのではない。本書

では，母語話者の外部世界の解釈と意味づけに関わる「認知能力」を構成する要因を，具体的な認知プロセス (e.g. 図-地の分化と反転，前景化／背景化，焦点シフト，スキャニング，イメージスキーマ変換，メタファー変換，メトニミー変換，等) に起因する能力として位置づけ，この種の認知プロセスとの関連で，異なる言語の形式と意味の諸相を考察した。

　この種の認知プロセスに起因する認知能力が，どの程度，普遍的でどの程度，個々の言語の話者によって異なるかは経験的な問題であるが，ここに指摘した認知プロセスの基本的な部分は，異言語の話者に共通する認知能力の一部と考えられる。どの言語の母語話者も，基本的に，図 - 地の分化／反転，前景化／背景化，焦点シフト，スキャニング，等の認知プロセスを介して事態を把握し，この種の認知のモードを反映する形で問題の事態の諸相を言語化していく。したがって，個々の言語の形式と構造には，話者の事態把握に関わるさまざまな認知プロセスが反映されている。

　ここで特に興味深い点は，異言語の話者の事態把握に関わる認知モードの違いにある。同じ事態を把握する場合でも，異なる言語の話者の投げかける認知的な視点は必ずしも同じではない。ある言語の話者が焦点をあてる領域を，他の言語の話者は地として背景化する場合がある。また，ある言語の話者は，その事態の中に自己を投入して主観的に把握していくのに対し，他の言語の話者は，問題の事態に距離をおいて客観的に把握していく場合も考えられる。また，同じ事態を把握していく場合でも，その事態の側面をどのようなイメージによって具体的に解釈し意味づけしていくかは，各言語の話者によって厳密には異なる。本書では，以上の母語話者の事態把握の認知モードの違いに基づいて，日・英語の形式・意味・運用の諸相の一面を明らかにした。

7.2. 母語の固有性とクレオール性

　本書では，日・英語の対照分析を通して，両言語の発想の諸相を考察し

たが，異言語の分析に際しては，比較の対象となる各言語の固有性の問題を検討する必要がある。例えば，日本語を考察する場合，いわゆる大和言葉としての純粋な日本語が存在するかどうかを検討する必要がある。日本語が，過去から現在に至るまで歴史的に外国語からの影響を一切受けず，いわゆる大和言葉だけから構成されているならば，現在においても純粋な日本語が存在していると言える。しかし実際には，この意味での純粋な日本語が存在しているとは言えない。

　日本と中国，西洋との過去の交流の歴史から明らかなように，現代日本語には，語彙の借入や翻訳により，漢語の特性や西洋語の特性が，語彙レベル，文法レベル，文体レベルに影響を与えている。日本語は，語彙的には外来語としての漢語や西洋語の一部を取り込み，また文法的には，西洋語の翻訳スタイルの特性の一部を組み込んできている。また，大和言葉には，基本的に抽象的な概念を表現する語彙は少ないが，漢語の導入により抽象的な概念を補完してきている。さらに，漢語の語彙は，欧米語の抽象概念を日本語に翻訳するための語彙的手段としても重要な役割を果たしている。

　現代日本語は，語彙レベルだけでなく，文法レベルや文体レベルにおいても影響を受けている。日本語の構文は，基本的には〈ナル的〉な述語文が基本であるが，西洋語の翻訳調の文体の影響により，〈スル的〉な他動詞構文の一部も慣用化されて使用される。

　この種の翻訳調の西洋語的なスタイルは，歴史的には言文一致の日本語の文体の変革期から始まっている。この種の構文には，当初は不自然さが認められたはずであるが，現代日本語においては，この翻訳スタイルの構文の一部はかなり定着している。

　また，現代日本語には，西洋語の主語，目的語の文法カテゴリーや代名詞の翻訳スタイルの影響も認められる。一般に，日本語には，西洋語の主語，目的語の文法カテゴリーは厳密には存在しないとされている。しかし，特に明治以降の欧米語の翻訳の影響により，西洋語の主語，目的語も

翻訳文に反映する表現が，次第に日本語の構文の一部に慣用的に組み込まれ，現代日本語の文法に影響を与えている事実は否定できない。伝統的な日本語には，西洋語と同じ意味での主語は認められないが，翻訳調の構文の慣用化の過程で，(擬似的な)「主語-述語」の文法関係を反映する構文が現代日本語に反映され慣用化されている。さらに，日本語には，欧米語の代名詞のカテゴリーは認められないが，現代日本語の翻訳スタイルの表現には(擬似的な)「代名詞」が慣用的に使われている。

　本書の日・英語の対照分析では，(伝統的ないしは標準的な日本語の分析だけでなく)以上のような西洋語の言語的な影響をうけた現代日本語の分析も試みた。

7.3. 言語スタイルとジャンルの多様性

　本書の考察では，さらに日・英語のテクストを構成する言語スタイルとジャンルの多様性にも注意しながら，両言語の対照分析を試みた。

　基本的に一つの言語のテクストを問題にする場合には，次の点を考慮する必要がある。その一つは，問題の分析対象としての言語の話し言葉／書き言葉の違いである。本書では，日本語，英語のいずれの場合も，分析対象としては話し言葉も書き言葉も分析の対象としている。話し言葉を分析の対象とする場合，実際の日常会話における話し言葉と小説，戯曲，等の文学作品における口語的な台詞(e.g. 会話，対話，等の台詞)が考えられる。本書では，これらのいずれも日・英語の対照分析に含んでいる。また，いわゆる書き言葉には，新聞，評論，随筆，小説，戯曲，詩，等の異なるジャンルの書き言葉が存在するが，本書では，これらのいずれの書き言葉も考察の対象として分析を進めた。

　また，分析の対象となる言語スタイルの問題としては，前節で指摘した母語のスタイルと翻訳調のスタイルが問題になる。この点に関しては，本書では，理想化された話し手／聞き手(ないしは理想化された書き手／読

み手）の純粋な母語のスタイルという視点はとっていない。前節の指摘から明らかなように，日・英語を含め実際の言語は，(歴史的に閉ざされた世界で使用されてきた言語を除き）何らかの形で外国語の影響を受けている。日本語の場合には，音韻・形態レベル，語彙レベル，文体レベル，等において漢語や西洋語の影響を受け，英語の場合には，ギリシャ語，ラテン語，等の影響を受けている。したがって，本書で日本語，英語のいわゆる母語らしさを考察していく際には，外国語の影響から自由な純粋に日本語的（ないしは純粋に英語的）な言語現象の分析が可能である，という立場はとっていない。本書では，むしろ両言語とも，厳密にはその言語使用の一部に外来語の特徴を反映する要因（すなわち，クレオール的な要因）も含まれており，そこに各言語の独自性と多様性が反映されている，という立場をとっている。

　本書では，以上の言語観を背景にして，特に認知言語学的な視点から，日・英語の発想，スタイル，等の違いと独自性を考察した。本書の認知言語学的な視点は，言葉と認知の関係の次のような把握に基づいている。すなわち，言葉の形式のあらゆる側面には，その言語を使用する母語話者の認知的意味が何らかの形で反映されている，という視点に基づいている。また，ここで問題とする言葉の「形式」は，音韻・形態レベル，語彙レベル，文レベル，談話・テクストレベルのいずれのレベルにも関係する。本書では，以上の認知言語学的な視点から，日・英語の対照分析における記述・説明を試みた。

7.4. 対照分析における一般化の問題

　日・英語の対照分析を含むこれまでの伝統的な比較研究では，各言語の違いに注目し，その独自性を示す一般化がなされる傾向にある。例えば，日・英語の対照分析では，(i) 日本語は〈ナル的〉な言語であり，英語は〈スル的〉な言語である，(ii) 日本語は〈主体的把握〉の言語であり，英語

は〈客観的把握〉の言語である，(iii) 日本語の〈存在構文〉には，英語の〈所有構文〉が対応する，(iv) 日本語は〈省略的〉であり，英語は〈明示的〉である，(v) 日本語には〈主語は存在しない〉が，英語には〈主語が存在する〉，(vi) 日本語は〈経路フォーカス〉，英語は〈着点フォーカス〉の言語である，といった二分法に基づく一般化がなされる傾向にある。

確かに，この種の一般的な違いを示す事実は，これまでの日・英語の多くの比較研究で指摘されてきている。本書においても，認知言語学の視点からの対照分析を通して，日・英語の違いと独自性に関する新たな事実を明らかにしている。

しかし，本書では，この種の事実に基づく一般化からは予測できない事実も指摘している。例えば，これまでの日・英語の比較研究では，日本語は〈経路フォーカス〉，英語は〈着点フォーカス〉の傾向を示すという一般化がなされている。しかし本書では，日本語は，単なる〈経路フォーカス〉の言語ではなく，〈経路フォーカス〉を介して〈着点フォーカス〉を示すこともできる言語である，という事実を指摘している（第5章，5.5節，参照）。また，一般にこれまでの比較研究では，日本語には所有構文に直接対応する構文は存在しない，という一般化がなされている。しかし，この種の一般化は必ずしも適切ではない。日本語でも，逆に所有構文の方が存在構文よりも適切な例も存在する（第2章，2.5節，参照）。言葉の明示性に関しても，従来の一般化では予測できない事実が存在する。基本的に，英語はより明示的な言語であるのに対し，日本語は省略の多い文脈依存的な言語であるという指摘がよくなされる。この一般化に従うならば，メトニミー表現のように伝えたい内容の参照点だけを言語化する表現は，英語よりも日本語の方が多いと予測するのが自然である。しかし，本書では，この予測とは逆に，英語ではメトニミー表現になる事例に対し，日本語ではより明示的（ないしは，より補完的）な表現を使わなければならない事例も指摘している（第4章，4.2節，参照）。さらに，日・英語の明示性に関する一般化の反例になる事実は，表層レベルにおける日・英語の

引用動詞（ないしは伝達動詞）の有無に関する事例にも認められる（第3章，3.3節，参照）。

7.5. 比較研究の今後の課題

以上，前節では，従来の伝統的な日・英語の比較研究でなされてきた一般化からは予測できない事実の一部を指摘したが，比較研究においては，この種の事実をどのように扱うかが問題となる。

このタイプの事実に関する一つの対応としては，例えば，前節で指摘した (i)-(vi) の類いの一般化は，あくまで日・英語の違いを示す「一般的な傾向」であり，これに反する事例の存在も認める，という立場である。この場合の「一般的な傾向」は，当該の言語における「好まれる言い回し」(fashions of speaking) と言い換えることもできる。比較研究におけるこの種の考え方の背後には，当該の言語には，その言語の好まれる言い回しからは外れる特殊な事例も存在するが，この種の事例は周辺的な事例であり，その言語の基本的な特徴の一般化に対する実質上の反例にはならない，という暗黙の前提が存在する。日・英語の比較研究にみられるこの種の対応の仕方は，明らかに，自然科学における一般化と反例に関する対応の仕方とは異なる。

自然科学の分野では，自然現象に関する一般化がなされた場合，もしもこの一般化によって予測できない（あるいは説明できない）反例が見つかった場合には，この反例をも含め，問題の自然現象がより包括的に説明できるように，当該の一般化を修正していかなければならない。状況によっては，この反例の発見により，問題の一般化に関わる理論（ないしはパラダイム）それ自体が根源的に否定され，この反例をも含めて問題の自然現象がより一般的に説明できる新たな理論（ないしはパラダイム）に組み替えられる場合もあり得る。

しかし，ここで問題にしている日・英語の比較研究における一般化は，

あくまで日・英語の違いを示す「一般的な傾向」であるとされる。この種の一般化の背後には，これに反する事例が指摘されても，この種の事例は（中心的な事例ではなく）あくまで周辺的な事例であり，その言語の基本的な特徴に関する一般化に抵触しない，という暗黙の前提が存在する。このような学問的なスタンスに立つ言語の比較分析は，今後も継続されて試みられていくであろうが，このタイプの研究方法は，科学的な言語研究の観点からみて必ずしも健全な研究態度とは言えない。比較研究も含め，言語研究が経験科学として健全な研究であるためには，当該言語を特徴づける中心事例と周辺事例の位置づけ（ないしは両者に関する二分法的な区分）を，根本的に問い直していく必要がある。

日・英語をはじめとする比較研究でさらに問題となるのは，比較の対象となる母語に関する位置づけである。これまでの言語比較の研究では，比較の対象となる母語の位置づけが厳密になされて研究が進められているとは言えない。例えば，日・英語の対照分析は，これまでかなり広範になされているが，比較の対象となる日本語ないしは英語が漠然と存在することを前提にして研究がなされる傾向にある。

日本語や英語が母語としてどのような存在なのか問う場合，厳密な定義が簡単にできる訳ではない。母語としての日本語（ないしは英語）とは何かを厳密に定義することは非常に困難である。この事情を考慮し，本書では，先験的に日本語，英語の母語としての短絡的な定義を試みてはいない。その代わりに，本書では，（帰納的な視点，ないしはボトムアップ的な視点から）比較対象としての日本語と英語のさまざまなスタイルやジャンルのテクストを分析対象として考察を進めた。したがって本書では，比較の対象としての日・英語の事例として，話し言葉も書き言葉も考察の対象としている。また，話し言葉を分析の対象とする場合，実際の日常会話における話し言葉と小説，戯曲，等の文学作品における口語的な台詞（e.g. 会話，対話，等の台詞）も分析の対象としている。さらに，書き言葉としては，新聞，評論，随筆，小説，戯曲，詩，等の異なるジャンルの書き言

第 7 章　結語と展望

葉が存在するが，本書では，これらのいずれの書き言葉も分析の対象として考察を進めている。

　日本語とはどのような言語か，英語とはどのような言語かという問いに対する先験的な定義が厳密には不可能である以上，現時点における経験的に妥当な方法としては，比較の対象となる言語のスタイル，ジャンル，レジスター，等の特性を反映する多様なテクストを，まず観察レベルと記述レベルにおいて綿密に分析し，比較していくアプローチをとるのが健全である。「日本語らしさ」，「英語らしさ」に関する安易で短絡的な一般化や説明は避けなければならない。実質的な意味での一般化や説明は，観察レベル，記述レベルの綿密な比較分析の先にみえてくることを期待して，地道に考察を進めていくのが健全で妥当な研究のスタンスである。本書の日・英語の対照分析は，その一つの試みである。

引用例出典

安部公房：『燃えつきた地図』新潮文庫，1980.
安倍公房：『砂の女』新潮文庫，1981.
安部公房：『他人の顔』新潮文庫，1968.
芥川龍之介：『河童』新潮文庫，1968.
芥川龍之介：「鼻」，『羅生門・鼻・芋粥・偸盗』，岩波文庫，1960.
芥川龍之介：『歯車，他二篇』岩波文庫，（改版）1979.
芥川龍之介：「手巾」，『大導寺信輔・手巾・湖南の扇，他十二篇』，岩波文庫，1990.
蓮實重彦：『反＝日本語論』筑摩文庫，1986.
林 芙美子：『放浪記』新潮文庫，（改版）2002.
林 芙美子：『めし』新潮文庫，（改版）1971.
堀 辰雄：『風立ちぬ・美しい村』，新潮文庫，（改版）1987.
堀 辰雄：『大和路・信濃路』新潮文庫，（改版）1955.
井上ひさし：『ブンとフン』新潮文庫，1974.
鹿島祥造：『英語名言集』岩波ジュニア新書，1993.
川端康成：『古都』新潮文庫，（改版）1968.
川端康成：『伊豆の踊り子』原書房，1964
川端康成：『伊豆の踊子，温泉宿 他』新潮文庫，（改版）1985.
川端康成『眠れる美女』，新潮文庫，（改版）1991.
川端康成『山の音』新潮文庫，1957.
川端康成：『美しい日本の私』講談社現代新書，1969.
今 東光：『悪名』新潮文庫，1964.
三島由紀夫：「邯鄲」，『近代能楽集』新潮文庫，1968.
宮沢賢治：『注文の多い料理店』岩波文庫，1951.
宮沢賢治：「なめとこ山の熊」，『童話集 風の又三郎 他十八篇』岩波文庫，1951.
森 有正：『経験と思考』岩波書店，1977.
森 鴎外：「高瀬舟」『山椒大夫・高瀬舟，他四篇』岩波文庫，（改版）1967.
森 鴎外：「阿部一族」，『阿部一族・舞姫』新潮文庫，（改版）2006.
村上春樹：『風の歌を聴け』講談社文庫，1982.
村上春樹：『1973年のピンボール』講談社文庫，1983.
村上春樹：『羊をめぐる冒険』（上巻），講談社文庫，2004.
村上春樹：『ねじまき鳥クロニクル』（第1巻），新潮文庫，2010.

村上春樹・柴田元幸『翻訳夜話』文春新書，2000.
村上 龍：『限りなく透明に近いブルー』講談社文庫，1978.
夏目漱石：『彼岸過迄』新潮文庫，（改版）1990.
夏目漱石：『草枕』新潮文庫，（改版）1987.
夏目漱石：『それから』新潮文庫，（改版）1985.
夏目漱石：『門』新潮文庫，1948.
夏目漱石：『行人』岩波文庫，（改版）1990.
夏目漱石：『こころ』岩波文庫，（改版）1989.
夏目漱石：『三四郎』岩波文庫，（改版）1990.
大江健三郎：『死者の奢り・飼育』新潮文庫，1959.
大江健三郎：『万延元年のフットボール』講談社文芸文庫，1988.
大江健三郎：『同時代ゲーム』新潮文庫，1984.
大江健三郎：「奇妙な仕事」，『見るまえに跳べ』新潮文庫，1974.
大江健三郎：『あいまいな日本の私』岩波新書，1995.
佐藤春夫：『田園の憂鬱』新潮文庫，（改版）1972.
志賀直哉：『暗夜行路 前篇』角川文庫，1953.
志賀直哉：『清兵衛と瓢箪・網走まで』新潮文庫，（改版）1968.
谷崎潤一郎：『陰翳礼讃』中公文庫，1995.
谷崎潤一郎：『文章読本』中公文庫，（改版）1996.
筒井康隆：『原始人』文春文庫，1990.
H. G. ウェルズ：『透明人間』岩波文庫，橋本まきのり・訳，1992.
横光利一：「頭ならびに腹」，『横光利一全集1』河出書房新社，1981.
レイモンド・チャンドラー：『プレイバック』早川書房，1977.
F. スコット・フィッツジェラルド：『偉大なギャツビー』，野崎孝・訳，集英社文庫，1994.

（日本古典文学，ほか）

『伊勢物語』（日本古典集成，新潮社，1976）
『土佐日記』（岩波文庫，1979）
『曽根崎心中』（日本古典集成，新潮社，1986）
『枕草子』（新日本文学古典大系，岩波書店，1991）
『古今和歌集』（新日本古典文学大系，岩波書店，1989）
『新訂 新古今和歌集』（岩波文庫，（改版）1959）
『旧約聖書』（新共同訳）（日本聖書協会，1991）
『日本国憲法』（講談社学術文庫，1985）

引用例出典   253

(欧米文学と日本文学の英訳)

Ryunosuke Akutagawa: *Kappa*. Tr. by Geoffrey Bownas. Tokyo: Charles E. Tuttle, 1971.

Ryunosuke Akutagawa: 'The Nose.' In *Spider's Web and Other Stories*, Tr. by Dorothy Britton, Tokyo: Kodansha International, 1987.

Edward Albee: *Who's Afraid of Virginia Woolf?* Harmondsworth, Middlesex: Penguin Books, 1962.

Donald Barthelme: 'The King of Jazz.' In Robert Shapard and James Thomas (eds.) *Sudden Fiction*. Harmondsworth, Middlesex: Penguin Books, 1988.

Saul Bellow: *Herzog*. Harmondsworth, Middlesex: Penguin Books, 1965.

Kenneth E. Boulding: *The Image*. Ann Arbor: University of Michigan Press, 1956.

Peg Bracken: *The I Hate to Cook Book*. New York: Fawcett, 1960.

Robert Browning: *Pippa Passes*. Oxford: Oxford University Press, 1924.

Charlotte Brontë: *Jane Eyre*. Harmondsworth, Middlesex: Penguin Books, 1966.

Truman Capote: *In Cold Blood*. New York: Signet Books, 1965.

Raymond Carver: 'Popular Mechanics.' In Robert Shapard and James Thomas (eds.) *Sudden Fiction*. Harmondsworth, Middlesex: Penguin Books, 1988.

Raymond Chandler: *Playback*. Harmondsworth, Middlesex: Penguin Books, 1973.

Charles Dickens: *David Copperfield*. Harmondsworth, Middlesex: Penguin Books, 1966.

Russell Edson: 'Dinner Time.' In Robert Shapard and James Thomas (eds.) *Sudden Fiction*. Harmondsworth, Middlesex: Penguin Books, 1986.

William Faulkner: 'The Old People.' In Milton Crane (ed.) *50 Great American Short Stories*. New York: Bantam Books, 1965.

Thomas Hardy: *Tess of the D'urbervilles*. London: Macmillan, 1965.

Samuel I. Hayakawa: *Through the Communication Barrier*. New York: Harper & Row, 1979.

Joseph Heller: *Catch-22*. New York: Simon & Schuster, 1961.

Ernest Hemingway: 'The Killers.' In M. Edmund Speare (ed.) *A Pocket Book of Short Stories*, New York: Washington Square Press, 1941.

Henry James : *The American*. Oxford: Oxford University Press, 1999.

James Joyce: 'The Boarding House.' In Robert P. Warren and Albert Erskine (eds.) *Short Story Masterpieces*. New York: Dell, 1958.

James Joyce: 'The Dead.' In Douglas Angus (ed.) *The Best Short Stories of the Modern Age*. Greenwich, Conn.: Fawcett, 1962.

Yasunari Kawabata: *The Izu Dancer and Other Stories.* Tr. by Edward Seidensticker. Tokyo: Hara Shobo, 1964.

Yasunari Kawabata: *The Sound of the Mountain.* Tr. by Edward G. Seidensticker, Tokyo: Charles E. Tuttle, 1971.

D. H. Lawrence: *Sons and Lovers.* London: Heinemann, 1974.

David Marr: *Vision: A Computational Investigation into the Human Representation and Processing of Visual Information.* San Francisco: W. H. Freeman, 1982.

Herman Melville: 'The Fiddler.' In Milton Crane (ed.) *50 Great American Short Stories.* New York: Bantam Books, 1965.

Arthur Miller: *Death of A Salesman.* Harmondsworth, Middlesex: Penguin Books, 1949.

Yukio Mishima: 'Kantan.' In *Five Modern No Plays.* Tr. by Donald Keene, New York: Alfred A. Knopf, 1957.

Ivan Morris: *The Pillow Book of Sei Shonagon.* Harmondsworth, Middlesex: Penguin Books, 1967.

Kenji Miyazawa: *The Restaurant of Many Orders.* Tokyo: Charles E. Tuttle, 1981.

Ryu Murakami: *Almost Transparent Blue.* Tr. by Nancy Andrew, Tokyo: Kodansha International, 1992.

Iris Murdoch: *The Red and The Green.* New York: Avon Books, 1965.

Soseki Natsume: *And Then.* Tr. by Norma M. Field, Tokyo: Charles E. Tuttle, 1978.

Harold Pinter: 'The Birthday Party.' In *Complete Works of Harold Pinter.* Vol. 1, New York: Grove Press, 1976.

Harold Pinter: 'The Room.' In *Complete Works of Harold Pinter.* Vol. 1, New York: Grove Press, 1976.

Edgar Allan Poe: *The Fall of the House of Usher.* New York: Dell, 1957.

Phillip Roth: *Portnoy's Complaint.* New York: Bantam Books, 1970.

Takahiko Sakai (ed.): *An Anthology of Notable Japanese Literature.* Tr. by Frances Ford and David Martin. Tokyo: Tokyo-do Publications, 1975.

Naoya Shiga: *A Dark Night's Passing.* Tr. by Edwin McClellan, Tokyo: Kodansha International, 1976.

John Steinbeck: 'Flight.' In Robert Penn Warren and Albert Erskine (eds.) *Short Story Masterpieces.* New York: Dell, 1954.

John Steinbeck: 'The Snake.' In Wallace Stegner and Mary Stegner (eds.) *Great American Short Stories.* New York: Dell, 1957.

Studs Terkel: *Working*. New York: Avon, 1972.
John Updike: 'Friends from Philadelphia.' In *Forty Stories*. Harmondsworth, Middlesex: Penguin Books, 1987.
Herbert G. Wells: *The Invisible Man*. Harmondsworth, Middlesex: Penguin Books, 2007
Thornton Wilder: 'The Happy Journey to Trenton and Camden.' In Morton J. Weiss (ed.) *Ten Short Plays*. New York: Dell, 1963.
Virginia Woolf: *Orlando*. London: Chivers Audio Books, 2003.

The Holy Bible (King James Version). Oxford: Oxford University Press, 1982.
William Shakespeare: *Romeo and Juliet.* Oxford: Oxford University Press, 2008.

参考文献

Allan, Keith 1980. "Nouns and Countability." *Language* 56(3): 541-567.
Arbib, Michael A. 1989. *The Metaphorical Brain 2: Neural Networks and Beyond*. New York: John Wiley and Sons.（金子隆芳（訳）『ニューラルネットと脳理論』，東京：サイエンス社，1992）
Arbib, Michael A., E. Jeffrey Conklin, and Jane C. Hill 1987. *From Schema Theory to Language*. Oxford: Oxford University Press.
Austin John L. 1962. *How to Do Things with Words*. Oxford: Oxford University Press.（坂本百大（訳）『言語と行為』，東京：大修館書店，1978）
Bloomfield, Leonard 1933. *Language*. New York: Holt, Rinehart & Winston.
Bolinger, Dwight 1967. "Adjectives in English." *Lingua* 18: 1-34.
Chamberlain, Basil H. 1939. *Things Japanese*. San Diego: Stone Bridge Press.
Curme, George O. 1947. *English Grammar*. New York: Barnes & Noble.
Fauconnier, Gilles 1985. *Mental Spaces: Roles and Strategies*. Cambridge, MA: MIT Press.
Fillmore, Charles J. 1977. "Scenes-and-Frame Semantics." In Antonio Zampoli (ed.) *Linguistic Structures Processing*, 55-81, Amsterdam: North-Holland.
蓮實重彦『反＝日本語論』，筑摩文庫，東京：筑摩書房．
Haiman, John 1983. "Iconic and Economic Motivation." *Language* 59(4): 781-819.
Hornby, Albert S. 1954. *A Guide to Patterns and Usage in English*. Oxford: Oxford University Press.
池上嘉彦 1981.『「する」と「なる」の言語学』東京：大修館書店．
池上嘉彦 1993.「日本語と日本語論(8)-(10)」『月刊 言語』22，(4月号-6月号)．
池上嘉彦 1995.「言語の意味分析における〈イメージ・スキーマ〉」『日本語学』14(10)：92-98.
糸井通浩 1982.「文末表現の問題」，『日本語学』1(12)：56-64.
岩崎民平 1934.『副詞・接続詞の研究』東京：英語英文学刊行会．
Jespersen, Otto 1924. *The Philosophy of Grammar*. London: George Allen & Unwin.
Jespersen, Otto 1933. *Essentials of English Grammar*. London: George Allen & Unwin.

Johnson, Mark 1987. *The Body in the Mind*. Chicago: University of Chicago Press.

Koffka, Kurt 1935. *Principles of Gestalt Psychology*. London: Routledge & Kegan Paul.

Köhler, Wolfgang 1947. *Gestalt Psychology*. New York: Mentor Books.

Köhler, Wolfgang 1969. *The Task of Gestalt Psychology*. Princeton, N.J.: Princeton University Press.

Lakoff, George. 1987. *Women, Fire, and Dangerous Things: What Categories Reveal about the Mind*. Chicago: University of Chicago Press. (池上嘉彦 他(訳)『認知意味論』東京：紀伊國屋書店，1993)

Lakoff, George 1993a. "The Metaphor System and Its Role in Grammar." *Papers from the 29th Regional Meeing of Chicago Linguistic Society*, 217-241. Chicago: Chicago Linguistic Society.

Lakoff, George 1993b. "The Contemporary Theory of Metaphor." In Andrew Ortony (ed.) *Metaphor and Thought* (2nd Ed.), 202-251. Cambridge: Cambridge University Press.

Lakoff, George and Mark Johnson. 1980. *Metaphors We Live By*. Chicago: University of Chicago Press.

レイコフ，ジョージ 1986.『レトリックと人生』(渡部昇一 他 訳)，東京：大修館書店)

Lakoff, George and Mark Johnson 1999. *Philosophy in the Flesh: The Embodied Mind and its Challenge to Western Thought*. New York: Basic Books.

Langacker, Ronald W. 1985. "Observations and Speculations on Subjectivity." In John Haiman (ed.) *Iconicity in Syntax*, 109-150. Amsterdam: John Benjamins.

Langacker, Ronald W. 1988. "A View of Linguistic Semantics." In Brygida Rudzka-Ostyn (ed.) *Topics in Cognitive Linguistics*, 49-90. Amsterdam: John Benjamins.

Langacker, Ronald W. 1987. *Foundations of Cognitive Grammar*. Vol. 1. Stanford: Stanford University Press.

Langacker, Ronald W. 1990. *Concept, Image, and Symbol*. Berlin/New York: Walter de Gruyter.

Langacker, Ronald W. 1993. "Reference-Point Constructions." *Cognitive Linguistics* 4(1): 1-38.

Langacker, Ronald W. 1999. *Grammar and Conceptualization*. Berlin/New York: Walter de Gruyter.

Langacker, Ronald W. 2008. *Cognitive Grammar: A Basic Introduction*, Oxford:

Oxford University Press. (山梨正明(監訳)『認知文法論序説』,東京:研究社, 2011)

Langacker, Ronald W. 2009. *Investigations in Cognitive Grammar*. Berlin/New York: Walter de Gruyter.

Littlemore, Jeannette 2015. *Metonymy*. Cambridge: Cambridge University Press.

マッハ,エルンスト 1971.『感覚の分析』(須藤吾之助・廣松 渉 訳),東京:法政大学出版局.

Marr, David 1982. *Vision: A Computational Investigation into the Human Representation and Processing of Visual Information*. San Francisco: W. H. Freeman.

三島由紀夫 1978.「文章美学の史的変遷」,『人生読本 文章』, 38-41. 東京:河出書房新社.

森 有正 1977.『経験と思考』東京:岩波書店.

夏目漱石 2007.『文学論』(上/下), 岩波文庫, 東京:岩波書店.

大江健三郎 1988.『新しい文学のために』, 岩波文庫, 東京:岩波書店.

Reid, Wallis 1991. *Verb and Noun Number in English: A Functional Explanation*. London: Longman.

Rubin, Edgar 1958. "Figure and Ground." In David C. Beardslee and Michael Wertheimer (ed.) *Readings in Perception*, 194-203. Princeton, N.J.: D. van Nostrand.

佐久間 鼎 1951.『現代日本語の表現と語法』(増補版, 1983) 東京:くろしお出版.

佐久間 鼎 1958.「修飾の機能」,『表現文法』(日本文法講座5), 23-55. 東京:明治書院.

Sapir, Edward 1956. *Culture, Language and Personality*. Berkeley/Los Angeles: University of California Press.

Searle, John 1969. *Speech Acts*. London: Cambridge University Press.

シフロフスキー,ヴィクトル 1971.「方法としての芸術」,『散文の理論』, 3-38. (水野忠夫訳),東京:せりか書房.

篠原俊吾 1993.「可算/不可算名詞の分類基準」,『言語』, 22(10): 44-49.

鈴木孝夫 1973.『ことばと文化』, 岩波新書, 東京:岩波書店.

Talmy, Leonard 1988. "The Relation of Grammar to Cognition." In Brygida Rudzka-Ostyn (ed.) *Topics in Cognitive Linguistics,* 165-205. Amsterdam: John Benjamin.

Taylor, John R. 2003. *Cognitive Grammar*. Oxford: Oxford University Press.

寺村秀夫 1980.「名詞修飾部の比較」(日本語比較講座2), 国広哲弥(編)『文法』(日英比較講座2), 221-266. 東京:大修館書店.

時枝誠記 1941.『国語学原論』東京:岩波書店.

時枝誠記 1954.『日本文法 文語篇』東京：岩波書店.
辻 幸夫（編）2001.『ことばの認知科学事典』東京：大修館書店.
渡辺 実 1972.「記述の文体・操作の文体」,『文体論研究』20: 1-14.
Werner, Heinz and Bernard Kaplan 1963. *Symbol Formation.* Hillsdale, N.J.: Lawrence Erlbaum.
Wertheimer, Max 1945. *Productive Thinking.* Chicago: University of Chicago Press.
Whorf, Benjamin L. 1956. *Language, Thought, and Reality.* Cambridge, MA: MIT Press.
Wittgenstein, Ludwig 1958. *Philosophical Investigations.* New York: Macmillan.
山田孝雄 1936.『日本文法学概論』東京：宝文館.
山田孝雄 1950.『日本文法学要論』東京：角川書店.
山梨正明 1986.『発話行為』東京：大修館書店.
山梨正明 1988.『誤訳・難解訳の分析による翻訳過程の認知科学的研究』文部省：科学一般研究・報告書.
山梨正明 1992.『推論と照応』東京：くろしお出版.
山梨正明 1995.『認知文法論』東京：ひつじ書房.
山梨正明 2000.『認知言語学原理』東京：くろしお出版.
Yamanashi, Masa-aki 2001. "Speech-Act Constructions, Illocutionary Forces, and Conventionality." In Daniel Vanderveken et al. (eds.) *Essays on Speech Act Theory*, 225-238. Amsterdam: John Benjamins.
山梨正明 2004.『ことばの認知空間』東京：開拓社.
山梨正明 2009.『認知構文論──文法のゲシュタルト性』東京：大修館書店.
Yamanashi, Masa-aki 2010. "Metaphorical Modes of Perception and Scanning." In Armin Burkhardt and Brigitte Nerlich (eds.) *Tropical Truth(s): The Epistemology of Metaphor and Other Tropes*, 157-175. Berlin/New York: Walter de Gruyter.
山梨正明 2012.「認知言語学からみた文体論の展望──認知文体論のアプローチ」,『文体論研究』, 58: 121-152.
Yamanashi, Masa-aki 2015. "Aspects of Reference Point Phenomena in Natural Language." *Journal of Cognitive Linguistics*, 1: 22-43.
Yamanashi, Masa-aki 2016. "New Perspectives on Cognitive Linguistics and Related Fields." In M. Yamanashi (ed.) (2016) *Cognitive Linguistics.* Vol.1, pp. xix-xlix. London: Sage Publications.
Yamanashi, Masa-aki (ed.) 2016. *Cognitive Linguistics.* (Vol.1〜Vol.5) London: Sage Publications.

索　引

五十音順に並べた。数字はページ数を示す。

[あ]
挨拶表現　81
アイロニー表現　108
新しい文体　228
アナログ的な表現　172, 173
アナログ的認知　171

[い]
イヴェントの認知　203
異化　234, 237, 240
異化効果　121, 135
「異化」の技法　237
「異化」の手法　238, 240
生きた比喩 (live metaphor)　115
異言語間のコード化　112
1次的な焦点　19
一人称　183, 186, 232
一人称と二人称の切り換え　187
一人称の代名詞　184
一人称の用法　182
一回事象的　175, 176
一括的スキャニング (summary scanning)　142
一括的スキャニングのモード　202, 203
移動動詞　47, 100
移動の経路　162
〈移動〉のスキーマ　156
移動の到達点　162
移動のベクトル　163

移動のメタファー　38, 39
意味的制約　213
イメージ　142, 242
イメージ形成　vi, 2, 5, 10
イメージスキーマ　42, 43, 156, 165
イメージスキーマ（の）変換　166, 204, 242
イメージ性　108
入れ子式探索表現　147, 149, 203
引用　207
引用動詞　247
引用部分　121

[う]
ヴィジュアル・スキャニング (visual scanning)　201, 202
運動感覚　2

[え]
英語的な発想　4
英語的な文体　232, 233
英語の時間表現　239
英語の発想　241
「英語らしさ」　249
遠近の対比　91
遠景　91
'遠称'（ア系）　194

[お]
欧文スタイルの表現　226

261

欧文調のスタイル　227
欧文的な文体　235
欧米語の翻訳の影響　243
奥行き知覚　29, 32
「オストラネーニエ」(ostranenie, остранение)　240
音形　213
オンステージ　71, 72

[か]
外国語の影響　245
外心構造 (exocentric construction)　174
外来語　243
科学的な言語研究　248
書き言葉　10, 222, 248, 249
書き言葉の変換　212
拡散性　179
〈拡散的〉な叙述　180
〈拡散的〉表現　174
拡張構文　120
学問的なスタンス　248
学問的な文脈　218
可算・不可算のカテゴリー化　167
可算集合のイメージスキーマ　204
可算的な複数の集合体　204
可算・不可算の区分　168
可算名詞　167
過程を示す述語表現　221
カテゴリー化　2
河内弁　198
感覚器官　47
感覚経験　85
感覚刺激　50
関係節　215
簡潔性　89
簡潔な日本語のスタイル　228
漢語　230, 243, 245

漢語の語彙　243
漢語の導入　243
漢語の特性　243
漢語の名詞　234
関西方言　130
関西方言の誇張表現　130
慣習化　237
感情移入　182
緩叙表現　108
感投詞　81
慣用化　80, 81, 244
慣用化された構文　119
慣用句　58, 127, 213
慣用的なメトニミー　98
慣用表現　63, 64, 79, 81, 82

[き]
擬音・擬態語　108
擬音・擬態語の様態のモード　112
擬音・擬態の副詞表現　109
擬音・擬態モード　108, 109
擬音語　110, 111
擬音語的な名詞　112
擬音モード　108, 111
戯曲　244
記号のグラウンド化　vi, 69
(擬似的な)「主語-述語」構文　8
(擬似的な)「主語-述語」　244
(擬似的な)「代名詞」　244
擬人化 (personification)　108, 113, 115, 182, 198, 200, 201
擬人化のプロセス　115
擬人化のメタファー　120, 122
擬人的修辞モード　113
擬人的なメタファー　64
擬人的なメタファーとメトニミー　135
擬人的表現　114-117

索　引　263

擬態語　110, 111
擬態モード　108, 111
既知情報（known information）
　　177
起点（Source）　156, 158
起点-経路-着点（Source-Path-Goal）
　　156, 159
〈起点-経路-着点〉のスキーマ　156,
　　158
擬物化　198
〈客観的把握〉の言語　246
客観的事態認知　38
客観的視点構成　40
嗅覚　23
境界領域　168, 169
共感的なコミュニケーション　113
〈凝縮的〉（な）表現　174, 180
儀礼的なスタイル　74
儀礼的な発話　74
切れ字　153
近景　91, 92
'近称'（コ系）　194
近接関係　101
近代小説　228
近代文学　228, 235

[く]
空間／場所の近接関係　102
空間移動　35, 38
空間性　189, 193
空間認知　2, 22
空間のドメイン　190
空間の内部　191
空間表現　192
空間表現の人称的な用法　208
空間領域　50, 105, 191, 192
くだけた会話　75
グラウンド（G＝Ground）　36, 69-72,
　　83
グラウンド化（Grounding）　35, 82,
　　69, 70

[け]
経験科学　248
経験主義　vi
敬語　195
敬語表現　192, 197
芸術言語　3
経路（Path）　156, 158, 203
経路の焦点化　158
経路フォーカス（Path Focus）　156,
　　158, 160-162, 246
ゲシュタルト知覚　11, 12
ゲシュタルト的な意味　71
結果の達成　158
原言語　213
言語観　1
言語習得　vi
言語スタイル　vii, 244
言語能力　vi, 2
言語文化的な背景　129
現代小説　228, 229
現代日本語　243, 244
現代文学　235
言文一致　7, 243
言文一致の運動　228

[こ]
語彙の借入　6, 243
行為者-行為-対象（Actor-Action-Goal）
　　117
〈行為〉のスキーマ　156
行為の力　157
後件の命題　80
口語的な会話　75
口語的な台詞　244, 248

口語的な日本語　228
口語的な表現　72, 120, 121
口語表現　128, 129, 228
構造的曖昧性（structural ambiguity）
　　31, 32
講談風，講釈風の台詞　206
肯定（の）表現　54, 55
肯定／否定の関係　59
肯定／否定の対比　55, 66
肯定／否定の反転　58
肯定的な表現　64
肯定と否定の反転　52
構文の主従関係　216
構文のメタファー的拡張　119
コード化　29
五感　2, 23, 90
コソア系の指示表現　194
コソア系の代名詞的用法　208
コソア系の代用表現　194, 196
コソア系の表現　195-198
個体の集合　167
誇張的な愛の表現　136
誇張的な慣用句　126
誇張的な慣用表現　127, 128
誇張的な比喩表現　124
誇張的な表現　124
誇張的なレトリック　129
誇張の強度　129
誇張の修辞的モード　129
誇張のレトリック　126, 131, 133
誇張表現　108, 125-129, 132, 136
誇張法（hyperbole）　123, 124
誇張法のレトリック　128, 137
「ごっこ遊び」　199
コト的　181
〈コト的〉叙述　180
言葉遊び　131
言葉の綾（figure of speech）　vi

言葉の発想　211
諺　57, 58, 66
「好まれる言い回し」（fashions of
　　speaking）　vi, 4, 5, 247
個別言語のスタイル　vi
誤訳・難解訳　vi, 211-214
誤訳のプロセス　212
固有名詞　179, 183
語用論的機能　vi
殺し文句　136

[さ]
サーチドメイン（search domain）
　　19-22
作品の文学性　235
作文　237
作家の芸術性　225
サ変動詞　230
3次的な焦点　19
参照点（R = Reference point）　50,
　　148, 149, 246
参照点能力　2
斬新な比喩表現　115
斬新なメトニミー（novel metonymy）
　　97
三人称　183
参与者（participant）　17, 20, 62
参与者の背景化　82

[し]
CM　137
視界　36, 50-52
視覚　23
視覚（の）行為　12, 44
視覚イメージ　23
視覚器官　46, 47, 49, 51
視覚の世界　90
視覚の認知プロセス　49

索　引

視覚のメトニミー的拡張　46
視覚表現　48-52
視覚領域　51
時間のドメイン　155
時間のメタファー表現　37
時間表現　39
時間表現のメタファー　16
時・空モードの変換　239
思考　211
思考の綾（figure of thought）　vi
自己中心的視点構成（ego-centric viewing arrangement）　39
指示対象　87
指示代名詞　208
事実志向的　175
指示表現　197
自称　194
視線　46, 62
視線移動　45
自然科学　247
自然な意訳　217, 218
自然なスタイル　225
視線の移動　23, 24, 48, 60, 143
視線の双方向性　23
視線の反転　24, 25
〈自然発生的〉な事態把握　118
自然発生的な自動詞構文　226
事態認知　39, 69, 70, 72, 82, 146, 147
事態認知のプロセス　142
事態認知のモード　71
事態把握　6, 33, 135, 242
事態把握の認知モード　242
詩的言語　3
詩的表現　91
視点構成　38
視点構成の相違　39
視点構成の反転　12
視点の移動　25

視点の切り換え　182, 207
視点の転換　2, 32
視点の投影　2, 189
自動化　237
自動的な表現　216, 217
視野　50, 51, 52
ジャンクション（junction）　173-175, 177-180, 205
ジャンル　vii, 9, 244, 249
集合とメンバー　44
集合の認知　165
集合のメンバー　42, 165
修辞効果　123
修辞的（な）技巧　vi, 65, 95, 96, 114, 119, 234, 235, 237
修辞的機能　107
修辞の効果　130, 131
修辞的な意味　95
修辞的な観点　54
修辞的な機能の違い　104
修辞的な効果　205, 231
修辞的な言葉の綾　95, 96
修辞的な表現　98
修辞的な複合性　135
修辞の表現　126
修飾関係　30, 31
修飾部　174, 177, 180, 206
修飾部分　224
終助詞　81
周辺事例　248
周辺的な事例　247, 248
収斂性　179
主観性（subjectivity）　39
主観的移動の前景化　63
主観的視点構成　40
主観的な認知作用　166, 167
主観的な認知プロセス　182
主語の有無　86

主従関係　215
主従の逆転の関係　215
主節文　215
主題（theme）　177, 178
〈主体的把握〉の言語　245
主題／トピック　178
手段　156
「述定」　205
受動　220
受動態　218, 219, 226
受動態の表現　218, 219
受動文　61, 119
〈主部-述部〉の関係　173
主要部　178, 179, 205
手話　3
照応現象　107, 163
照応のプロセス　200
「状況依存的」なメトニミー　106
状況指示の代名詞　86
状況的認知　20
情景の描写　91
条件節　78
条件文　80, 81
小説　244
小説技巧　237, 238
小説技巧の狙い　233
小説における会話　134
小説の擬人法の使用　116
小説の口語表現　74
小説の表現技巧　238
小説の文章　238
小説の文体　231
冗長性　89
象徴能力　199
焦点（focus）　177, 242
焦点化　vi, 25, 92, 159, 162, 189, 193, 194
焦点シフト（focus shift）　vi, 5, 10, 141, 147, 182, 189, 242
焦点連鎖　19
情報構造のレベル　214
情報のフォーカス　174, 205
省略　221
〈省略的〉　246
省略表現　69, 79, 80, 81, 222
書簡形式　237
叙述性　108
叙述モード　110
触覚　23
所有構文　27-29, 60, 226, 228, 231, 246
所有代名詞　85, 86
箴言的表現　66
新情報／既知情報　17
身体感覚　112
身体的経験　156
身体部位　46, 47, 50, 63, 84, 85, 101
心的プロセス　211
人物描写　47
図（figure）　12, 60
遂行的な発話　71
遂行的な表現　74
遂行動詞　69, 78
遂行表現　74
推論　211

[す]
ズーミング（zooming）　vi, 150
ズームアウト（zoom-out）　150, 153-156, 203
ズームイン（zoom-in）　149, 150, 152, 153, 156, 203
ズームイン／ズームアウト　203
ズームインの認知プロセス　151
ズームインのプロセス　92
数量的な誇張　126
数量表現　125, 126, 130

索　引

スキーマ化　5
スキーマ変換　vi
スキャニング（scanning）　vi, 5, 10, 141, 142, 201, 242
スキャニングのモード　144, 202
スコープ　150
スタイル　229, 249
スタイルの違い　196
図／地の反転　11, 33, 182
図・地の反転　vi
図-地の反転　5, 10, 189
図／地の反転の制約　32
図・地の分化　14
図-地の分化　5, 10
図／地の分化と反転　35
図-地の分化／（と）反転　141, 242
図と地の反転（figure-ground reversal）　12-17, 26, 37
スピーチアクト・イディオム　58, 59, 82
スル的　245
〈スル的〉な他動詞構文　243
〈スル的〉的な事態把握　117, 118

[せ]
生成文法　144, 145
生得主義　vi
生物名詞　104
西洋語　243, 245
西洋語的なスタイル　243
西洋語の特性　243
西洋語の翻訳スタイル　243
西洋のレトリックの伝統　124
接続助詞　80, 81, 82
接続表現　79, 82
セッティング（setting）　17, 20, 62
セッティング／参与者の反転　25
セッティングと参与者　25, 26
セッティングと参与者の反転　12, 27, 61
前景化　61, 62, 142, 192
前景化／背景化　5, 141, 242
前件　80, 81
前件の命題　80
先行詞　200, 201
先行文脈　201
戦後の日本文学　233

[そ]
相互排除の関係　188
総称的用法（generic use）　207
「装定」　205
相貌的知覚（physiognomic perception）　113
ソ系の方向表現　190
存在構文　29, 226, 246
存在モード　25

[た]
ターゲット（T = Target）　50, 147-149
態（voice）　218
体言止め　205, 206, 237
第三者的な視点　200
対称　194
対象指向的　175, 177
対象導入的　177
大小の対比　91
対象の知覚　92
対比の文脈　92
代名詞　85, 104, 106, 107, 164, 200, 201, 239
代名詞化　194
代名詞の使用　92
他称　194
達成動詞（achievement verbs）　158
他動詞構文　118, 136

他動詞構文のパターン　117
他動的な表現　216, 218
単語の多義性，類義性　213
探索表現　147
探索領域（SD = Search Domain）　20, 21, 193, 194
単数形　230, 239
単数形の代名詞　165
単数の代名詞　44
単数／複数の意味解釈　164
単／複の数量表現　163
〈単・複モードの変換〉　239
談話の情報構造　174
談話標識　82
談話文脈　79

[ち]
地（ground）　12, 60
知覚器官　44
知覚行為　12, 46, 163
知覚刺激　48, 49, 52
知覚刺激の移動　45
知覚主体　36, 45, 46, 48, 49, 84
知覚対象　45, 46, 48, 49, 62, 63
知覚動詞　100
知覚の多義的な解釈　30
知覚の反転　63
着点（Goal）　156, 158, 203
着点指向性　158
着点フォーカス（Goal Focus）　156, 158, 160-162, 246
〈着点〉への指向性　156, 157
抽象・具象モード　220
抽象化　170
抽象概念　243
'中称'（ソ系）　194
抽象名詞　114, 120, 123, 221
中心事例　248

聴覚　23
聴覚の世界　90
直訳・意訳　vi
直訳体的な表現　229
直訳的（な）文体　231, 232, 235
直訳的なスタイルの表現　227
直訳的な表現　231, 232, 234, 239
直訳的な文体のタイトル　135
直訳的文体　vi
直訳文体　234

[つ]
綴り　213

[て]
TV コマーシャル　137
テクスト・談話文脈　vi
デジタル的（な）認知　171, 172
手振り　3
伝達効果の違い　113
伝達動詞　69, 77, 92, 247
伝達表現　75
伝達部　75, 76, 77
伝統的な日本語　225, 244
伝統文法　144, 145
転用のプロセス　194

[と]
等位関係　90
同格の等位関係　185
「統合的」認知　40
統合的スキーマ　43, 44, 165, 166
「統合的」認知モード　163
統合認知　12
〈動作主〉　156
動作主（agent）　120, 157, 158
動詞のタイプ　157
動詞表現　145

索　引

動と静の世界　91
トピック（topic）　177, 178
トポニミー（toponymy）　101, 102, 196
ドメイン　151, 153
トラジェクター（tr, trajector）　18, 19, 28, 33
トリックアートの絵　23

[な]
内心構造（endocentric construction）　174
ナル的　245
〈ナル的〉な事態把握　118
〈ナル的〉な述語文　243

[に]
二項関係　145
二項結合方式　187
2次的な焦点　19
二重否定　54, 65
日常会話　244, 248
二人称　183, 186
二人称代名詞　188
二人称の人称代名詞　209
日本語的な発想　4, 137
日本語の構文　243
日本語の発想　241
日本語の文体　233
日本語らしさ　7, 118, 249
日本語論　224
日本の精神スタイル　133
日本文学　231, 235
人間行動の描写　47
人間名詞　103, 104
認識のモード　116
認識のモダリティ　233, 234
人称代名詞　17, 187, 188, 190, 194, 195, 197, 198, 208

人称の代用表現　194
認知（の）モードの違い　142, 144, 146
認知図式　19, 61
認知的（な）意味　10, 17, 71, 245
認知的アプローチ　v
認知的制約　v
認知ドメイン　25
認知能力　v, vi, 2, 3, 11, 141, 241, 242
認知のフィルター　112
認知のフォーカス　42, 165
認知のモード　145, 242
認知プロセスの違い　142
認知モード　6, 24, 62, 163, 202
認知モードの違い　61, 202

[ね]
ネクサス（nexus）　173-175, 205
ネクサス／ジャンクション　181
ネッカーの立方体　30, 32

[の]
能動　220
能動／受動の変換　239
能動性　219
能動態　218, 219, 226
能動態の表現　218, 219
能動的な表現　218
能動文　61, 119, 220

[は]
パースペクティヴ　163
パートニミー（partonymy）　101, 102
俳句　90-92
背景化　61, 81, 84, 192, 242
背景化のプロセス　79
背景化の問題　82
媒体　156
場所・空間の隣接関係　105

場所・空間領域　104
場所／空間のドメイン　151
場所性　193
場所の絞り込み　152
場所のドメイン　155
場所表現　191, 192
発語内的な力　81
「発想」の違い　241
発想の違い　141, 211, 213
発話行為　69, 74, 79
発話の力　72, 78, 81
発話文脈　vi
話し言葉　10, 212, 248
話し言葉／書き言葉　9, 244
パラダイム　247
パラフレーズ　14, 17, 24, 26, 32, 34, 146
パロディ　131
判断　211
反転現象　34
反転の認知プロセス　187
反例の発見　247

[ひ]
非可算的な集合体　204
被修飾部　184
否定辞　64, 65
否定的な表現　64
否定表現　54-56, 66
被動作主（patient）　120, 156-158
非-プロ・ドロップ型　88
比喩的な意味　213
比喩的な時間表現　38
比喩的マッピング　120
比喩的モード　108
表現スタイル　88
表現モードの違い　173
表現論　205

標準的視点構成（canonical viewing arrangement）　39

[ふ]
フォーカス　158
フォーカス・シフト　162, 203
不可算化のプロセス　170
不可算的な解釈　171
不可算名詞　167
複数形の代名詞　166, 239
複数個体　166
複数の集合体　204
複数の代名詞　43, 44
普通名詞　184
物理的移動の前景化　63
不定冠詞　169
ブラックユーモアのレトリック　131
プロ・ドロップ（pro-drop）　87
プロ・ドロップ型　88
プロセス　203
プロファイル・シフト（profile shift）　182, 189, 190, 192
文学芸術　240
文学言語　vi, 3
文学作品　248
文学性の高い表現　132
文学的（な）技巧　115, 116, 235
文学的な言語表現　121, 123, 150
文学的な創造性　114
文学的なテクスト　89
文学的な表現　129
文学的な表現スタイル　88
文学的なメタファー　64
文学テクストの誇張表現　131
文化的，社会的な背景　212
文型　239
分散的スキーマ　43
分散認知　12

文体的な効果　230
文体の特性　6
文法化　79, 80, 191
文法的制約　213
分離可能な包含関係　29
分離不可能な包含関係　29

[へ]
平叙文　239
変則的一人称　182, 183
変則的三人称　182
変則的な二人称　183

[ほ]
方言　207
方向性　189
方向表現　190, 191, 208
方向を示す指示表現　194
補完的な解釈　91
補完表現　224
母語のスタイル　9, 244, 245
翻訳　211, 212, 243
翻訳スタイル　243, 244
翻訳調の構文　244
翻訳調のスタイル　9, 244
翻訳調の日本語　230
翻訳調の文体　243
翻訳的（な）文体　vi, 8, 224, 228, 230
翻訳的なスタイル　225
翻訳的な表現　230, 231
翻訳的な文体の構文　118
翻訳のプロセス　211, 213
翻訳のメカニズム　vi
翻訳文　8

[ま]
マッハの自画像　35
万葉集の相聞歌　134

[み]
味覚　23
味覚の世界　90
見たて　199
身振り　3

[む]
無生（inanimate）の名詞　120
無生物主語　7
無生物主語構文　123, 136
無生物主語の構文　114, 117
無生物主語の他動詞構文　135
無生物名詞　104, 121
村上春樹の文体　233

[め]
名詞化（nominalization）　144
名詞句的な内心構造　181
明示的　246
明示的な言語　246
明示的な遂行発話（explicit performative utterance）　72
明示的な遂行表現　83
名詞表現　145
名詞用法の不定詞句　123
命題態度　69
命題的な叙述　181
命令（order）　72
命令文　239
メタ認知的な視点　37
メタファー　95, 96, 120, 123, 198
メタファー写像　120
メタファー的（な）拡張　119, 120
メタファーの修辞的技巧　107
メタファー表現　108, 119
メタファー変換　5, 10, 242
メトニミー　95-97, 100, 101, 123, 196
メトニミー機能の有無　103

メトニミー的な意味　46, 63
メトニミー的な意味解釈　105
メトニミー的な修辞性　122
メトニミー的な用法　103
メトニミーの修辞性　122
メトニミーの認知のリンク　201
メトニミーの用法　201
メトニミー表現　46
メトニミー表現　98-102, 134, 135, 246
メトニミー変換　5, 10, 242
メトニミーリンク　122
メンタル・スキャニング（mental scanning）　201, 202

[も]
目標言語　213
文字通りの意味　96, 213
モノ　203
モノ化　145
モノ的　181
〈モノ的〉叙述　180
モノ的認知　20, 145

[や]
焼津方言　207
役割名詞　183
やまと言葉　118
大和言葉　6, 243

[よ]
洋風（の）スタイル　125, 133
洋風スタイルの修辞性　126
「呼び掛け／確認的」な発話　206

[ら]
ランドマーク（lm, landmark）　18, 19, 28, 33

[り]
離散的スキーマ　44, 165, 166
「離散的」認知　40
「離散的」認知モード　163
理想化された書き手／読み手　244
理想化された話し手／聞き手　244
理由節　78
隣接空間　102

[る]
ルビンの盃　60

[れ]
レジスター　249
恋愛に関わる表現　138
連鎖的探索表現　147, 148, 203
連続体　166, 169
連続体化　170
連続体のイメージスキーマへの変換　204
連続的スキャニング（sequential scanning）　142, 143, 202, 203
連体修飾　174, 175, 178, 180, 184, 185, 205-207, 224, 237
連体修飾の関係　173
連体修飾の構文　178, 185

[ろ]
ロシア・フォルマリズム　237, 238, 240
論文のスタイル　239
論理的世界　52

[わ]
別れの表現　139

著者紹介

山梨　正明　（やまなし・まさあき）

1948 年 静岡県生まれ
ミシガン大学（言語学，Ph.D., 1975）
ミシガン大学（言語学，M.A., 1972）
カリフォルニア大学（言語学，B.A., 1971）
京都大学名誉教授，関西外国語大学教授

（主要著書）
『生成意味論研究』（開拓社，1977, 市河三喜賞）
『発話行為』（大修館書店，1986）
『比喩と理解』（東京大学出版会，1988）
『推論と照応』（くろしお出版，1992）
『認知文法論』（ひつじ書房，1995）
『認知言語学原理』（くろしお出版，2000）
『ことばの認知空間』（開拓社，2004）
『認知構文論——文法のゲシュタルト性』（大修館書店，2009）
『認知意味論研究』（研究社，2012）
『修辞的表現論』（開拓社，2015）
『自然論理と日常言語』（ひつじ書房，2016）
『新版 推論と照応——照応研究の新展開』（くろしお出版，2017）

（監訳）
R. W. ラネカー『認知文法論序説』（研究社，2008）
W. クロフト『ラディカル構文文法』（研究社，2018）

（編著）
Cognitive Linguistics（Vol.1〜Vol.5）Edited by M. Yamanashi, London: Sage Publications, 2016.

日・英語の発想と論理
——認知モードの対照分析——

著作者　山 梨 正 明
発行者　武 村 哲 司
印刷所　日之出印刷株式会社

2019 年 11 月 27 日　第 1 版第 1 刷発行

発行所　株式会社　開 拓 社　　〒113-0023 東京都文京区向丘 1-5-2
　　　　　　　　　　　　　　　電話　(03) 5842-8900（代表）
　　　　　　　　　　　　　　　振替　00160-8-39587
　　　　　　　　　　　　　　　http://www.kaitakusha.co.jp

ⓒ 2019 Masa-aki Yamanashi　　　　　　　ISBN978-4-7589-2278-4　C3080

JCOPY ＜出版者著作権管理機構 委託出版物＞
本書の無断複製は, 著作権法上での例外を除き禁じられています。複製される場合は, そのつど事前に, 出版者著作権管理機構（電話 03-3513-6969, FAX 03-3513-6979, e-mail: info@jcopy.or.jp）の許諾を得てください。